JN125532

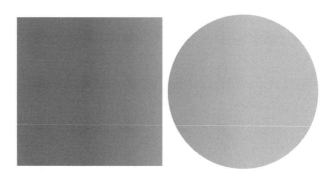

キャリアと労働の経済学

［第2版］

Career and Labor Economics
［2nd edition］

小﨑敏男・牧野文夫・吉田良生=編著

日本評論社

第2版　はじめに

　本書の第1版は2011年3月に出版され、その後10年が経過した。その間、このテキストは大学の講義などで使用されてきた。本書の特徴は、第1版のはじめにも触れているが、一般的な「労働経済学」のテキストと異なる。最大の特徴は、学生が社会人となった時にも役に立つように書かれている点である。その意味では、学術的観点と実践的観点を兼ね備えていると考えている。また本書の内部労働市場は、日本ではあまり馴染みがない"Personnel Economics"（人事経済学）の内容をふんだんに取り入れている。この試みは10年前と変わっておらず、人的資源論、人事管理論、組織の経済学、人事経済学を包含した内容として本書の「第II部　内部労働市場」が位置付けられる。無論、紙面の制約上歴史的側面が十分ではないが、最低限の知識の提供ができたと思っている。その上で、読者においてはさまざまなメディアを通じて、現在身の回りに起きていることを考察し、激動する社会を生き抜く力として、本書を活用してほしい。

　以前は「10年ひと昔」と言ったが、現在では時の流れが速く「5年ひと昔」の感覚である。10年前の制度、データはすっかり色褪せてしまったので、それらについてはできる限り更新、修正を行っている。また、コロナ感染症の拡大やIoT・DXなど情報化の波が押し寄せて来て、日本的雇用慣行は変容を迫られている。大卒でビッグデータ処理ができる人材には新卒入社でも1000万円以上の給与を支払う会社も現れてきている。また、そうした社会の需要に応える為に、データサイエンス学部などを創設した大学もある。社内の人材調達が間に合わないほど急激な社会変革に対して、社会ニーズに合った外部人材獲得に「ジョブ型」雇用システムが普及し始めてきている。また、新卒者に求める能力も今まで以上に国際化の波による語学とコンピューター言語やそれらに関連

するスキルが求められるようになってきている。したがってこの第2版は、このような変化をできる限り反映するような内容に改められている。

　なお私的な点におよぶが、この間に本書の共編者の一人である吉田良生氏が鬼籍に入られた。ここに謹んでお悔やみと哀悼の意を表するが、本書の成り立ちの経緯および第2版の内容の一部の記述内容などに鑑み、編者および著者として故人のお名前をそのまま残してある。最後に、今回の改版にあたり、日本評論社第二編集部・小西ふき子氏には大変お世話になった。記して謝意を表したい。

2021年11月

小﨑敏男・牧野文夫

はじめに

　最近よく耳にする言葉に「キャリア教育」「キャリア・デザイン」「キャリア形成」「キャリア開発」「キャリア・アップ」といった「キャリア」という言葉があると思うが、この「キャリア」という言葉を考えてみよう。原語の「Career」を辞書で引いてみると、①生涯、一生の行路；（ある分野での）経歴、履歴、活動；（一生の仕事とされる専門の）職業、②（職業での）成功、出世、③進展、進行、なりゆき、経過（『プログレッシブ英和中辞典』小学館）などの意味が並んでいて、「キャリア」という言葉は非常に多義的に使用されていることがわかる。

　「キャリア」という言葉は、一般的に職業的経歴や職業の成功や出世を指すが、学校教育における「キャリア教育」には、生涯における職業経路やその方向性という意味合いが含まれよう。人々は個々の家庭環境や社会環境と関係する中で職業選択を行いキャリアを形成する。たとえば、人々が経験する結婚・出産・育児といったライフ・イベントは、人々、特に女性のキャリア形成に大きな影響を与えている。つまり「個人的なキャリア形成」は、家庭生活や社会生活と密接に関係しており、それにはその人の人生観や社会観が色濃く反映される。

　「キャリア教育」が盛んになってきた要因としては、たぶんに時代背景が関係していると思われる。日本経済がバブル崩壊から「失われた20年」と呼ばれるようになって久しいが、その間、日本の労働市場には劇的な変化がもたらされた。失業率が２％から５％になり、雇用者の80％が正社員であったものが65％程度に低下した。つまり、その失われた20年の間で非正社員の比率が大幅に上昇し、「ニート」「フリーター」が増加して新たな社会現象として顕在化した。労働者間における格差の拡大、特に若者の間で生じる格差が社会問題化し

た。こうした中で、小学生のときから、児童・生徒1人ひとりの個性・特性を見極め将来の進路と教育活動を結び付け、社会的自立に向けた力を育むことを目的として「キャリア教育」が導入されるようになった。

大学の授業に対しても学生がその授業を受講することによりどのような社会的基礎力が身に付くのかを要求する「授業で育成する力・スキル」が求められている。たとえば、編者の1人が勤務する大学におけるこの授業では「問題発見力」「論理的政策提言力」「政府・市場・組織を理解する」ことが学習の目標として挙げられている。

働くとは？

人は、そもそも何のために働くのであろうか？　読者の方はこうした問いに自問自答してみたことがあるだろうか。大多数は単純明快に、「働かなければ飯が喰えないからだ」と答えるだろう。現代社会では多くの人は「働かなければ飯が喰えない」から確かにそのとおりである。実家が資産家でもない限り、働いて得た賃金（月給）を日々の生活の糧としている人々が大半である。人は、飯を食べる分があれば、それほどの稼ぎがなくても食べていけるかもしれないが、この時代、巷には失業者や非典型労働者が溢れ、ニートなる若者がたくさんいる。やはり、「飯を食べていくこと」は大変である。

学校を卒業し、仕事を何年間か経験した後、自分の好きな人と結婚をして子どもを持ち家庭を築くという、だれでも経験してきたライフ・イベントを実現することが、最近なかなか困難になってきている。働くということは、言い換えれば、そうしたライフ・イベントを実現するための基礎的要件であり、その人の人生そのものを形成していくことになる。働くことは、生きることそのものであり、また、働くことにより職業のキャリアを形成していくことでもあるので、働くこととキャリアの形成とはまさに表裏一体の関係にある。

就活

学生諸君には、働くことの前に「就活」という大きな関門がある。「会社」にあるタイミングで就職すれば、そこで60〜65歳まで働くことになり、働いている過程の中で、先ほど述べた人生のライフ・イベントを経験する。極論すれ

ば、どんな「会社」や「職業」に就くかは、その人が将来どのような人生を歩みたいのかという、人生観や人生哲学が関係してくることになる。就活の前に、「自分はどういう人間か」「自分にとって働くとはどういう意味を持っているのか」「自分はどのような生活スタイルを実現したいのか」ということを、時間のあるときに、読書をしたり自分なりに思索をしたり、友人と話し合うことが学生時代に必要である。また、サークルやアルバイト、友だち、恋人、先生との付き合いを通して、何を学びどんな社会的スキルの基礎を獲得したのか、一度立ち止まり考えてみることも必要である。就活に関しては第11章で取り扱っているので、参考にしてほしい。

会社と社会の仕組み

これから社会人として船出をする多くの学生が就職する「会社」の組織はどのようになっているのか。また、不幸にも失業してしまった場合、さらに、歳を重ね定年を迎えた後にどのように生活していけばよいのか。学生諸君には、「定年」の話はピンとこないかもしれないが、君たちの両親はもう十数年で定年を迎えるであろうから、両親に話を聞いてみるのもいいかもしれない。企業組織の構造や人事システム、雇用（失業）保険・年金制度を知ることは、君たちにとりこれから社会という広大な海を航海していく際に役に立つ「海図」ないし「羅針盤」の役割を果たすと思われるので、しっかりと学習してほしい。これに関しては、第6、7、8、9、10、13章で勉強することになる。

将来の日本経済

自分の人生のみがうまくいくことを願う学生もいてもいいが、もう少し大きな視野で日本の将来がどうなり、どうすれば皆が幸せに暮らしていくことができるかを、若い学生諸君に勉強してもらいたい。そして日本経済が抱えている難題に挑み、日本経済の道を切り拓いていってほしい。そのための章として第12、13、14章を用意した。

本書の特徴

本書の第1の特徴は、既存の『労働経済学』のテキストと比べ、内部労働市

場（企業内の雇用システム）と外部労働市場を説明するウエイトを同程度にしたことである。既存のテキストは、外部労働市場にウエイトを置いているために、学生にとり会社に就職した後に役立たないため、興味を持たせず勉強意欲を上げられない。大学3年生から就職活動を行なわなければならないにもかかわらず、会社の組織や「就活」の方法や意味付けを正規の授業でほとんど教えてこなかった。そこで、本書では「若者の労働市場」として新たに第11章を設け、「就職活動」、特に大学生の就職に関する事項を記述した。

　また、転職を試みたがうまくいかなかったり、就職した会社の業績が悪化して倒産したりして失業者になった場合や結婚をして子育てをしながらキャリアを積み重ねる場合、どのようなシステムが社会や企業に存在しているのかなど、学生が実社会に船出をした際に遭遇するであろうライフ・イベントに関しても触れているので、よりよい人生を送るために本書を活用してほしい。

　第2に、理論とデータをなるべくバランスよく学べるように工夫をしてある。本書の多くの章では経済理論を説明した後にその理論をデータで確認するか、データで実際の出来事を確認した後に、そうした現象が経済理論的にはどのような含意があるのかを説明している。

　第3に、経済理論を説明する際数学が苦手な学生のために（多くの学生がそうであるが）、できる限り数式を使わず、多くは図のみで説明している。

　第4に、このテキストは内部労働市場のウエイトが高いので、4単位科目の「労働経済学」のみならず2単位科目の「人的資源論」（この場合は学ぶ順を第1、2、6、11、4、7、8、9、10章と入れ替えることをすすめる）の講義にも使用できるよう工夫してある。

　最後に、執筆者の多くが、故・水野朝夫先生（中央大学）から生前多くの指導を受けた者たちであり、ここに記して感謝の意を表したい。また、本書の作成に当たり日本評論社第2編集部（経済）部長の斎藤博氏には、最初から最後までお世話になった。あらためて御礼申し上げる。

編者一同

目　次

第2版　はじめに　i
はじめに　iii

第Ⅰ部　外部労働市場

第1章　**労働供給**　人はどのように働きに出るのか ······················ 3
　　　1　労働力の統計的分類　　4
　　　2　労働供給の変化　　6
　　　3　労働供給の経済分析　　9
　　　4　既婚女性の労働供給　　14

第2章　**労働需要**　企業はどのように採用人数を決めるのか ··············· 19
　　　1　企業の行動と生産関数　　19
　　　2　短期の労働需要　　21
　　　3　長期の労働需要　　27
　　　4　就業構造の変化　　31

第3章　**労働市場**　労働供給と労働需要はどのように一致するのか ··········· 35
　　　1　完全競争市場の労働需給と余剰概念　　36
　　　2　不完全競争市場　　41
　　　3　最低賃金と雇用　　43
　　　4　弾力性と労働曲線のシフト　　46

第4章　**教育**　なぜ人々は教育を受けるのか ························· 55
　　　1　高学歴化と学歴間賃金格差　　56
　　　2　教育の人的資本理論　　58
　　　3　シグナルとしての教育　　62
　　　4　企業内教育　　64

第5章　**失業**　なぜ人々は失業するのか ·························· 71
　　　1　日本の失業と先進諸国の失業　　72
　　　2　摩擦的・構造的失業の理論：UV曲線　　78

  3　需要不足失業の理論　　82
  4　賃金と失業問題　　84

第Ⅱ部　内部労働市場

第6章　**会社組織**　日本的雇用システムの経済分析 ・・・・・・・・・・・・・・・・・・・・・・・・・ 97
  1　会社組織と雇用　　98
  2　日本的雇用システムの特徴　　100
  3　経済学から見た日本的雇用システム　　108
  4　日本的雇用システムの変化とキャリア形成　　115

第7章　**賃金**　賃金システムはどのようになっているのか ・・・・・・・・・・・・・・・・・・・・ 119
  1　賃金プロファイル　　119
  2　賃金決定の経済学　　125
  3　賃金体系の理論　　130
  4　賃金制度　　135

第8章　**働き方と労働時間**　ワーク・ライフ・バランスとは何か ・・・・・・・・・・・・ 143
  1　労働時間の制度的特徴　　144
  2　ワーク・ライフ・バランス　　148
  3　ワーク・ライフ・バランス：労働時間短縮政策にあらず　　149
  4　労働時間制約モデル　　151

第9章　**人事システムと人事評価**　人事システムおよび評価はどのようになっているのか ・・・ 157
  1　人事システム　　158
  2　人事評価　　167

第10章　**人事異動**　働く人のキャリア・パスはどのようになっているのか ・・・・ 175
  1　内定・初任配置　　175
  2　配置転換・昇進・昇格　　177
  3　出向・転籍　　187
  4　退職制度　　188

第Ⅲ部　今日の労働問題

第11章　**若者の労働市場**　仕事を見つけるにはどのようにしたらいいか …… 197
　　　1　若者の就業・非就業の実態　198
　　　2　職探し理論　199
　　　3　学校教育から労働市場　201
　　　4　統計的差別と若者の離職およびキャリア形成　207
　　　5　若者と仕事の未来　210

第12章　**労働移動**　転職と外国人労働者問題とは何か …………………………… 213
　　　1　転職者の実態調査概況　213
　　　2　労働移動の経済的効果：「労働移動モデル（2部門モデル）」　218
　　　3　外国人労働者の現状　220
　　　4　外国人労働者受入れの経済効果　225

第13章　**社会保障と労働市場**　失業と退職後のセーフティネット ………… 229
　　　1　日本の社会保障制度の概要　231
　　　2　雇用保険：失業したならば　232
　　　3　年金：引退したならば　238
　　　4　社会保障制度の労働市場への影響　248

第14章　**労働市場の未来**　日本の労働市場はどのように変化するか ……… 253
　　　1　人口減少社会と労働市場の現状と将来　253
　　　2　人口減少と女性労働政策　260
　　　3　人口減少と高齢者就業対策　264

索引　269

第Ⅰ部

外部労働市場

第 1 章

労働供給

人はどのように働きに出るのか

「働く」ということは何であるのか、何のために働くのであろうか。このような問いに対してはさまざまな立場からの回答があり得る。経済学の立場からは、現代の人々は雇用されている会社などから賃金を受け取り、それを使って必要な財貨・サービスを購入し家計あるいは生計を維持することを目的として働きに出る、と述べることができる。

家計を維持するために働くことはあらゆる時代を通じて共通している。たとえば大昔には人類は家計内部であるいは地理的に狭い共同体内部で自ら必要とするモノだけを生産していた。これが消費のための生産すなわち自給自足システムで、ここでは他からの購入あるいは交換という行動は発生しない。

しかし現在われわれは必ずしも自らが必要とするモノを生産しているのではなく、他の人よりも得意（効率的）な分野の生産に従事し（分業システム）、生産した財貨・サービスを交換あるいは販売して必要な財貨・サービスを購入している。これが交換システムあるいは市場システムである。

しかし市場を通じた交換が行われていたところであっても、大多数の人々が働きに出て賃金を受け取るというシステムが成立していたわけではない。たとえば「古代資本主義」が発展したギリシアやローマでは生産活動はおもに奴隷によって担われていた。ローマ帝国が経済的に衰退していった理由は、皮肉なことに「ローマの平和」が続いたため戦争によって調達してきた奴隷の確保ができなくなったからといわれている。その意味でも古代資本主義は「持続的なシステム」ではなかったといえよう。その後中世から18世紀半ばまでの時代は、

おおむねどこの地域でも農業がもっとも重要な産業であり、農業生産は半ば身分的に固定された農民によって担われていた。

これに対し、近代の市場経済システムにおける労働者は２つの特徴を持つ。第１に古代の奴隷や中世の農奴と異なり、近代人は生まれながらにして、特定の社会的身分に束縛されることはない。また能力や資質があれば原則として自由に職業を選ぶことができる。しかし第２に、多くの人は必要なものを自らが作り出すため（自営のため）の資金や生産手段を保有していないので、他の人あるいは会社、団体などに雇われ、そこから賃金を得なければならない。近代社会ではこのような賃金労働者が大量に発生し、それが中心となって経済活動が担われているのである。

労働市場とはこのような労働供給の主体である労働者（あるいは主たる所得の稼ぎ手である労働者を一員とする家計部門）が、労働需要の主体である企業との間で、雇用の場や賃金などの雇用条件について取引を行う場である。この章では、このうち労働供給に視点を当てる。

１ 労働力の統計的分類

この節と次の節では労働供給を統計的に観察してみる。第３節で詳しく述べるが労働供給量は、ある賃金水準のもとで働いている及び働きたいと思っている人口すなわち労働力人口を表している。これが実体としてはどのようにとらえられているのか。

総務省統計局が発表している『労働力調査』によれば労働力のもとになるのは15歳以上人口である（図１-１）。15歳からというのは、義務教育が終了するのがおおむねこの年齢であることによる。同図には示されていないが、65歳以上人口は老年人口に区分され、15歳から64歳までの人口は「生産年齢人口」と呼ばれている。

労働力人口は就業者と完全失業者からなるが、就業者については就業状態のとらえ方に２種類の異なる方式がある。すなわち月末１週間の「調査期間中」の状況を把握するものと（労働力方式）、１年を通じた「ふだん」の状況を把握するものである（有業者方式）。労働力方式に従って就業者を定義・計測し

図1-1　『労働力調査』による労働力概念

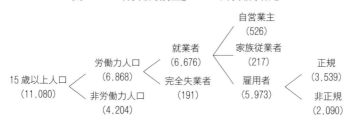

資料）総務省統計局『労働力調査』。
注)1)　数字は2020年平均の数字で単位は万人。
　　2)　正規と非正規の区分は、役員を除く雇用者が対象。
　　3)　合計値の不一致は端数処理・不詳による。

ているのが、5年間隔で実施されている『国勢調査』と毎月調査されている
『労働力調査』で、有業者方式によるものが『就業構造基本調査』（1956年から
1982年まではおおむね3年ごと、1982年以降は5年間隔で最新調査は2017年実
施）と戦前に実施された『国勢調査』である[1]。

　以下では毎月実施され雇用統計としてもっとも頻繁に利用される『労働力調
査』を中心に説明する。就業者には調査期間中に収入の伴う仕事を1時間以上
した者が数えられる。したがって、たとえば大学生や高校生が調査期間中に1
時間以上のアルバイトをしていれば、その人たちも就業者の中に含まれる。

　労働力人口の中には完全失業者も含まれる。完全失業率は労働力人口に占め
る完全失業者の割合で、雇用情勢を示す重要なマクロ経済指標の1つである。

　就業者は、自営業主（個人経営の事業を営んでいる者）、家族従業者（自営
業主の家族でその自営業主のもとで無給で働いている者）、雇用者（会社、団
体、官公庁又は自営業主や個人家庭に雇われて給料、賃金を得ている者及び会
社、団体の役員）という従業上の地位で分類される。

　近年では雇用者を「雇用形態」によって分類することが関心を集めている。
これは、会社・団体などの役員を除く雇用者を勤め先での呼称によって分ける
もので、パート、アルバイト、派遣、契約社員、嘱託などのいわゆる「非正

---

1)　ちなみに両方式の違いを同一時期で比較すると、労働力方式（労働力調査、2017年9月
　　末日）による就業者は6,596万人、有業者方式（就業構造基本調査、2017年10月1日）の
　　有業者数は6,621万人となり、25万人の差がある。また戦前と戦後の『国勢調査』の就業
　　者数を連続して利用する際には両時期の調査における定義の違いを念頭に置く必要がある。

規」雇用の拡大がその背景にある。

2 労働供給の変化

■ 労働力人口

　労働供給の大きさは、労働力人口の大きさ（人数）だけで決まるわけではない。それは就業者の働く労働時間の長さや教育・技能の水準などからも影響を受ける。したがってその大きさを決める要因には、①15歳以上人口、②労働力人口比率（労働力率：15歳以上人口に占める労働力人口の割合）、③労働時間、④教育水準などの労働力の質、の4つが挙げられる。以下ではこれらの動きを見ておこう。

　15歳以上人口は、2011年頃がピークで、その後2017年以降ゆるやかに減少しつつある。他方、労働力人口はバブル崩壊後1990年代後半から2020年代初期の期間、景気変動の影響を受けながらおよそ6,600万人から6,900万人の間で推移している。将来の労働力人口であるが、「経済成長と女性、若年層、高齢者の労働市場への参加が進む」という楽観的な前提のもとでも、2040年には6,195万人に下がるという予想がなされている[2]。ちなみにこの労働力人口の予測値はバブル最盛期の1980年代末期の水準である。

　労働力率は男女計で見ると緩やかに低下してきているが、男女間では大きく異なっている。男性の労働力率は主として大学進学率の上昇や年金制度の充実による高齢者の労働市場からの退出を反映して1970年前半のおよそ82%から2010年代半ばおよそ70%へと漸減する傾向にあったが、女性の場合はこの間48〜50%の間ではほぼ一定の水準を保っていた。しかし2010年代後半には労働力不足や景気回復の影響もあり、男女ともに労働力率は上昇傾向を示し、特に女性で顕著である（既婚女性の労働参加については、第4節で再び取り扱う）。

　労働力人口の年齢構成は、人口高齢化を反映して若年者（15〜34歳）の割合は1970年45.7%から2020年25.2%へと低下し、60歳以上は同期間に8.8%から

2）労働政策研究・研修機構『労働力需給の推計—労働力需給モデル（2018年度版）による将来推計』（JILPT 資料シリーズ No.209）2019年3月。

21.3％に増加の一途をたどった。特に高齢化が著しいのが農業で、2015年の『国勢調査』によると60歳以上の「就業者」の割合は65.9％に達している。

　従業上の地位の変化を見ると、自営業主及び家族従業者の割合は、両者の合計で1970年の35.0％から2020年の10.0％へと低下し、雇用者の割合はこの間に64.9％から89.5％へと上昇している。自営業主及び家族従業者の割合の低下は、海外からの安価な農産物の輸入が増加し、自営農家が中心である農業の地位が低下したり、ネット通販あるいはスーパーマーケットやコンビニエンス・ストアの普及によって家族経営の零細小売業の経営が不振に陥ったりしたことによるものである。

　雇用者について雇用形態（正規、非正規）別構成を見ると、特に不良債権問題によって金融機関の経営破綻が相次いで発生した1990年後半以降に、正規雇用者（役員を除く）の減少と非正規雇用者の増加という対照が顕著になった。すなわち、1997年2月から2014年第Ⅰ四半期の期間に正規雇用者は580万人減少したのに対し、非正規雇用者は820万人増加した。しかし、正規雇用者の減少傾向はそれ以後逆転し、統計数字が発表されている直近の2021年第Ⅱ四半期までは正規雇用者は320万人増加し、同期間の非正規雇用者の増加80万人を上回った。

■ 労働時間

　かつてわが国の就業者は「働き蜂」などと揶揄され、労働時間は他の先進国と比べて非常に長いことで有名であった。1980年代前半の1人当たり年間総実労働時間（製造業）は日本は2,100時間台で、アメリカ、イギリスの1,900時間台、ドイツ、フランスの1,600時間台を大きく上回っていた。たとえば1983年では日本とドイツとの間には539時間の差があったが、このうち392時間が休日と休暇日数の差、124時間が所定外労働時間（残業、休日出勤などの労働時間）の差に起因した（労働省 1985、2-36図）。その後、労働基準法の改正（1987年）によって法定週労働時間は48時間から40時間に短縮され、92年にはその円滑な実施に向けた支援措置を盛り込んだ「労働時間の短縮の促進に関する臨時措置法」（時短促進法）などが制定され、所定内労働時間（就業規則などで決められた正規の労働時間）は短縮化の傾向に向かった。現在の労働基準法では

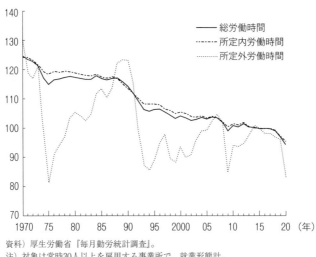

図1-2　労働時間指数（2015＝100）

資料）厚生労働省『毎月勤労統計調査』。
注）対象は常時30人以上を雇用する事業所で、就業形態計。

法定労働時間は１週40時間、１日８時間と決められている。その結果2000年代後半の日本の雇用者１人当たり年間総労働時間は1,772時間でアメリカの1,785時間を下回る水準にまで短縮された（労働政策研究・研修機構 2019、6-1表）。

　所定外労働時間は法定労働時間を超えた労働時間で、それに対しては原則として25％の割増時給を支払わなければならない[3]。それは景気変動の影響を受けて大きな変動を示すが、近年ではバブル崩壊による不況の長期化で90年代半ば、リーマンショック時の2009年、そしてコロナ禍の2020年に大幅に短くなった（図1-2）。

　労働供給量に影響を与えるこれ以外の要因に就業者の資質・能力がある。たとえば２人の就業者がいてその能力や熟練度に差があれば、同じ時間働いたとしても２人の勤務成果には自ずと差が生まれるであろう。このことは技能に差があれば、労働時間はたとえ同じであっても実質的な労働供給量は異なること

---

3) 2010年４月の法律改正によって、一定の条件付きのもとで所定外労働時間の賃金割増率は50％に引き上げられた。ただし中小企業への適用は猶予された。

を意味する。

　就業者の質にもっとも大きな影響を与えるのは学校教育や企業内教育の成果であろう。これについては第4章で詳しく説明することにして、ここでは『文部科学統計要覧』に依拠して進学率の変化を見ておこう。

　進学率の上昇によって労働力の質が上昇したであろうことは容易に想像がつく。たとえば高校進学率は1950年の42.5％から74年の90.8％までの期間に著しく上昇し、現在は96％でほぼ全入の状態にある。他方、大学・短大への進学率は、1960年頃から70年代前半（10％から38％）と90年代前半（36％から49％）の2つの時期に分かれて大きく上昇した。2020年度では58.6％で、進学先を選ばなければ、ほぼ希望者全員が入学できるようになった。なお最近の15歳以上人口の学歴水準については、後掲の表4−1を参照されたい。

3 労働供給の経済分析

■ 消費者行動の原則

　労働供給を行う経済主体は個人あるいは家計である。経済学は各経済主体（家計あるいは企業など）が「合理的」に行動することを前提としている。それでは個人あるいは家計の合理的な消費者行動とは一体何であろうか。これを大学生の佐藤君の昼食を例にとって考えてみよう。

　佐藤君は2限の講義終了後、学食のショーウインドウ前で何を食べようかと思案している。今日の財布にいくら入っているか、今夜はサークルの飲み会が予定されているからあまり昼食にはお金を費やせないなどと財布の中身と相談している。今日の日替わり定食のメニューは大好きなハンバーグだが、値段が500円と高めだから厳しい、ラーメンは300円で安いが満腹感が得られない……と考えながら、最近カレーライスを食べていないことに気付き、結局400円の大盛りカレーライスに決めた。

　経済学は佐藤君のこのような行動を、「予算（所持金）の制約のもとで、自分の満足度（効用水準）を最大化させる財貨・サービス（いまの例では大盛りカレー）を選択した」結果と解釈し、佐藤君の行動を一般化して個人や家計の消費者行動はすべてこの原則に基づくと仮定する。

9

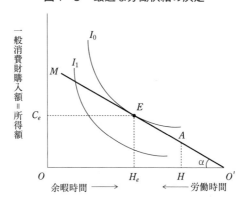

図1-3　最適な労働供給の決定

　以上の説明は購入する消費財が1種類しかない場合のものであるが、現実の消費者行動では、個人や家計は複数の種類の財貨・サービスを組み合わせて購入する。家計が購入した財貨・サービスの種類と量は他の組合せと比べて手持ちの予算のもとでもっとも高い満足感を与えるものである。言い換えれば最適な消費の組合せであると想定する。

■ 無差別曲線

　家計の消費を賄うのに必要な収入を得るために働きに出ること（労働供給）も家計の経済行動の一部であるから、それは当然上記の原則に基づいている。消費者行動の原則を用いて労働供給を解釈する場合、家計は労働時間以外の楽しむための活動である「余暇」と衣料・食料品などの「一般消費財」の2種類のタイプの消費を行う単純化されたモデルを前提にする（図1-3）。

　図1-3では左側の原点 O から横軸右側の長さによって余暇時間を計り、O からの縦軸の長さが一般消費財購入額を表す。他方もう1つの右側の原点 O' から左への長さで労働時間を計る。したがって2つの原点 OO' の距離がある一定の時間（たとえば1日24時間あるいは1カ月30日など）を表す。

　この図の中には原点 O を中心にして右下がりの曲線 I が描かれている。これが無差別曲線で、この曲線上のすべての点（余暇時間と一般消費財の購入額の組合せ）は、この家計（あるいは個人）に対し同じ水準の効用（満足感）を

与えるという意味において無差別なのである。無差別曲線の形が右下がりであるということは、余暇時間（あるいは一般消費財の購入額）を増やした場合、同じ効用水準にとどまるためには、一般消費財の購入額（あるいは余暇時間）を減らす必要があることを意味している。

図1-3には2本の無差別曲線が描かれている。原点 O から遠い無差別曲線 I_0 上の余暇時間と一般消費財の購入額の組合せの方が、無差別曲線 I_1 上の組合せよりも高い満足を家計にもたらす。

■ 最適労働供給の決定

同図には右側の原点 O' から斜め左上に向かった予算線（M）を加えてある。予算線の傾き（a）は賃金率（時給あるいは日給など）を表し、その傾きが大きくなるほど賃金率は高くなることを表している。既に述べたように O' から左に向かった横軸上の距離が労働時間（$O'H$）であるから、予算線上のたとえば A 点から横軸に向かって垂線を下ろすとその高さ（AH）が $O'H$ の労働時間から得られる所得に等しくなる。これが家計の支出能力の限界（予算制約）で、言い換えれば AH は一般消費財の購入額の最大値である。

さてこの家計にとってもっとも望ましい余暇時間と一般消費財の購入額の組合せは、予算線と無差別曲線（I_0）の接点 E で与えられる。なぜ E が最適かというと、E 点以外の予算線上の点を含む無差別曲線の位置（たとえば I_1）は、I_0 よりも原点に近く位置するので効用水準は組合せ E から得られる水準よりも低下するからである。

以上の説明からわかるように、家計にとって最適な余暇時間（OH_e）と一般消費財の購入額（OC_e）の組合せを選択するということは、余暇と労働との間の最適な時間配分を見つけることに他ならず、図1-3の事例では最適な余暇時間は OH_e、労働時間は $O'H_e$ となる。

■ 所得効果と代替効果

市場から提供される賃金率が変化するとき、家計は労働供給量（労働時間）をどのように変化させるであろうか（図1-4）。賃金率が上昇し予算線が M_1 から M_2 に変化したとする。図から明らかなように家計が合理的に行動すれば、

図1-4　所得効果と代替効果

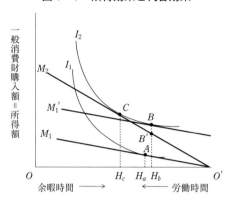

最適な余暇時間と一般消費財の購入額の組合せはA点からC点に移動し、労働時間は$O'H_a$から$O'H_c$に延びる。

　このようなAからCへの最適点の変化をAからB、BからCという2つの変化に分解してみる。ここでB点を含む新たな予算線M_1'の賃金率は以前の予算線M_1と同じであり、M_1が上方に平行移動したM_1'が描かれている。M_1'の点では以前と同じ賃金率と労働時間でより多くの収入を得ることができるから、このような予算線の平行移動は、働かなくとも得られる収入（たとえば銀行預金から得られる利子所得）が増加するような場合である。この予算線M_1'がC点を含む無差別曲線I_2に接するところがB点である。

　B点における労働時間$O'H_b$は$O'H_a$より短くなるが、これはあたかも不労所得の上昇によって労働時間を減らしたのと同じ効果を示すので、AからBへの変化を「所得効果」による変化と呼ぶ。B点からC点の動きは賃金率が上昇したときの同一無差別曲線上の変化である。賃金率が上昇しても労働時間がB点と同じ$O'H_b$であれば、家計の所得は$B'H_b$となりその効用水準はBより低下してしまう。そこで余暇時間を減らし労働時間を増やして（$O'H_b$→$O'H_c$）以前と同じ効用水準を維持するように時間配分を調整する。このようなBからCへの変化を「代替効果」による変化と呼ぶ。

　図1-4の表す状況では、賃金率上昇によって労働時間を増やそうとする代替効果が、労働時間を減らそうとする所得効果を上回っているので、全体とし

図1-5　賃金水準の変化と労働供給

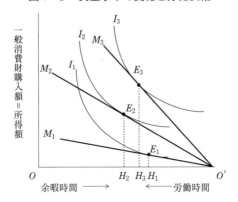

一般消費財購入額＝所得額

余暇時間　→　　←　労働時間

て労働時間が増加したと考えられる。

■ 労働供給曲線の導出

　さまざまな賃金率に応じて家計は労働供給量（労働時間）をどのように変化させるであろうか。図1-5には3本の予算線を描いてある。賃金率がもっとも低い水準にあるとき（予算線 M_1）のもとでは、家計が合理的に行動すれば最適な余暇時間と一般消費財の購入額の組合せは E_1 になる。このときの家計の労働時間の長さは $O'H_1$ である。

　次に賃金率が上昇したとする。このときの予算線は M_2 で、最適な労働時間は $O'H_2$ になる。図から明らかなように労働時間 $O'H_2$ は $O'H_1$ より長くなる。この家計では、賃金率が上昇したので余暇時間を減らして労働時間を増やし、より多くの賃金収入を得るように行動することが効用水準を高める。これは先に述べた代替効果が所得効果を上回っているからである。

　さらに賃金率が上昇して予算線が M_3 になったとする。このときの最適点は E_3 になるが、労働時間は以前の $O'H_2$ から $O'H_3$ へと短くなる。今度は賃金率が十分高くなったので労働時間を短縮しても賃金収入はさらに増加するので、余暇時間を増やした方が満足度が高まる。これは所得効果が代替効果を上回っている状況である。

　こうして賃金水準に応じて、家計は最適な労働時間を決定する。さまざまな

図1-6　後方屈曲型の労働供給曲線

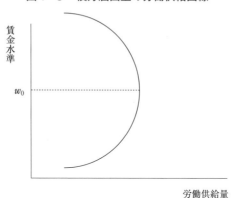

E 点に対応する賃金水準と最適な労働時間の組合せに注目して両者の関係を図示したのが図1-6の労働供給曲線で、縦軸は賃金水準、横軸はそれに対応した最適な労働時間（供給量）を表している。この図では賃金水準が w_0 に達するまでは労働供給量は増加し続けるが、それを上回ると曲線は北西の方角に向きを変え労働供給量が減少傾向に転じる状況を表している[4]。

4　既婚女性の労働供給

　前節で説明した議論は基本的に家計の主たる所得稼得者である男性世帯主の労働供給曲線の導出についてのものであるが、わが国の女性特に既婚女性の労働供給については必ずしもこの議論を直接当てはめることはできない。その理由は日本における女性の労働市場への参加パターンが男性とかなり異なるからである。

　図1-7は女性の年齢別労働力率である。これによると労働力率は結婚、出産そして育児に従事する年齢（2020年では30歳代）で落ち込み、育児が一段落

4）この種の労働供給曲線は、単純な右上がりの形状の労働供給曲線と区別する意味で、バックワード・ベンディング労働供給曲線（backward bending supply curve）あるいは後方屈曲型労働供給曲線と呼ばれる。

図1-7　女性の年齢別労働力率

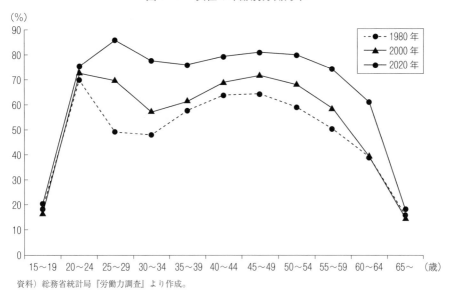

資料）総務省統計局『労働力調査』より作成。

する40歳代になると再び上昇する。これはアルファベットのMの字に形が似ていることから女性のM字型労働力率と呼ばれている。

　図には1980年と2000年の労働力率も加えられているが、20歳代後半以降のほとんどすべての年齢層で女性の労働市場への参加が進み、労働力率は時間とともに上昇してきた。それは高学歴化、晩婚化を反映して特に20歳代後半や30歳代前半で顕著である。このように時間とともにM字の形は崩れつつあるが、他の先進国の女性労働力率は特定の年齢層で一時的に落ち込むことはないので、日本の労働市場の顕著な特徴の１つとなっている[5]。

　ちなみに1920年に実施された第１回『国勢調査』においても女子のM字型に近い年齢別労働力率のパターンが観察されるが、M字の左側のピークは15〜19歳の61.8％で、M字の真ん中の底は25〜29歳の54.1％で、山と谷の差が7.7％ポイントに過ぎない。この山と谷の差は、1930年には15.1％ポイント、そして

---

[5]　韓国やオーストラリアの女性の年齢別労働力率も日本と同様の特徴を示している（労働政策研究・研修機構 2019）。

図1-8　妻の労働供給

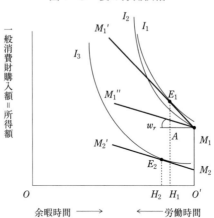

1940年には20.0%ポイントと拡大してきた。歴史的にみると、わが国のM字型労働力率（あるいは専業主婦の登場といってよいとも思うが）は、戦前期の経済発展の過程で徐々に発生した現象ということができよう。

　既婚女性の労働供給は前節で説明したモデルを使ってどのように説明できるだろうか（図1-8）。世帯主以外の世帯員が働きに出る場合の世帯の予算線は M_1M_1' のようになる。ここで $O'M_1$ は世帯主（以下では夫）が得ている収入の大きさを表し、M_1M_1' の傾きが非世帯主（以下では妻とする）に提示される賃金率の大きさを示している。妻の無差別曲線が I_1 であれば、最適点は無差別曲線と予算線 M_1M_1' が接する E_1 で、そのときに妻は $O'H_1$（あるいは AM_1）の労働時間を働きに出て E_1A の大きさの所得を得る。夫は AH_1（あるいは $O'M_1$）の収入を得ているので、この家計では夫と妻を合わせて E_1H_1 の高さの収入を得ることになる。

　妻に対して市場で提示される賃金率が M_1M_1' のケースより低下し M_1M_1'' になったとする。この場合妻の最適な選択点は M_1 で、ここでは妻は労働時間ゼロつまり専業主婦になることを選択する。言い換えれば市場で提供される賃金率が M_1M_1'' の傾きである w_r を上回ったときに初めて妻は仕事に出ることを選択する。このような賃金水準（ここでは w_r）を留保賃金という（なお留保賃金については第11章も参照）。

　夫の収入が $O'M_1$ より少ない $O'M_2$ となったときは、最適点は E_2 になり労働時間は $O'H_2$ へと増加する。このような場合、夫の収入が低下する以前の留保賃金よりも低い賃金率が提示されても妻が仕事に出る可能性がある。

　このように夫の収入の大きさも妻の就業行動に影響する。一般的には夫の収入が低い世帯ほど妻はその低収入を補うために労働力率は高くなる傾向がある。この傾向は発見者の名前をとって「ダグラス＝有沢の法則」と名付けられている。

　最近年次の『就業構造基本調査』（2017年）によれば、妻の有業率（就業状態が仕事を主にしている者の比率）は、夫の年収が100〜199万円の世帯では66.2％だが、400〜499万円の世帯になると54.7％に低下し、さらに1,000万円以上になると41.0％になる。このように夫の年収が高くなるほど妻の有業率は低下する傾向が存在する。

　妻が働きに出るか否かの決定には、夫の収入の他にも末子の年齢が大きく影響する。日本では家事労働、特に育児が妻にゆだねられている場合が多く、末子の年齢が低いほど育児の手間が取られるので労働力率は低くなる。

　特に末子の年齢が小学校入学の6歳を境にして妻の有業率に大きな差が生まれる。たとえば末子の年齢が6〜11歳であれば妻の有業率は74.4％であるが、末子が5歳未満ではこれが58.1％に低下する。この格差はすべての夫の年収階級で観察されるので、末子が学齢期に達するまでの育児が妻の労働市場への参入のネックになっていることがわかる。

　このような事実には、①末子が小学校に入学することによって、育児の手間が少なくなること、②逆に子どもの成長に伴い教育費負担が増してくるため妻が働きに出て追加収入を得ることの重要性が増すこと、の2つの原因があると思われる。これに関する情報が得られる2007年の『就業構造基本調査』によれば、末子の年齢が6歳以上であっても、夫の年収が300万円未満の世帯では妻の有業率は高いレベルに張り付いており、それは末子の年齢が15〜17歳（高校生）では84.7％、12〜15歳（中学生）では82.9％、6〜11歳（小学校）では78.0％の順で高くなっている。このことは、教育費の問題が妻の労働市場への参入にとって大きな影響を与えることを強く示唆しているようである。

参考文献

・労働省（1985）『昭和60年 労働経済の分析』（https://www.mhlw.go.jp/toukei_hakusho/hakusho/roudou/1985/dl/06.pdf　2021年12月確認）。

・労働政策研究・研修機構（2019）『データブック国際労働比較2019』（https://www.jil.go.jp/kokunai/statistics/databook/2019/06/d2019_T6-01.xlsx 2021年10月確認）。

第2章

労働需要

企業はどのように採用人数を決めるのか

　前章でも述べたように現在およそ90％の人たちが雇用者つまり他人あるいは企業などに雇われて働いている。勤め先の種類はいろいろあるだろうが、大部分の人は企業で働いている。

　1990年代半ば以降バブルが崩壊し企業の業績は落ち込み、その結果大量の失業者が発生した。大学生の就職状況も目に見えて悪化し「就職氷河期」なる用語も登場した。他方、新型コロナ感染が顕在化するまでの数年間は、かつての1980年代後半・バブル期のような労働力不足が顕在化し、学生の就活は売り手市場の様相を呈していた。

　このように雇用・失業問題の原因の多くは、企業がどのくらい従業員を増やそうとするかあるいは減らそうとするか、といった企業の労働需要（雇用意欲）の大きさに依存している。この章では企業がどのような原則に基づいて労働需要の大きさあるいは雇用量を決定しているかを中心に説明する。

1　企業の行動と生産関数

　企業とは生産要素（労働力、資本、原材料、エネルギー、情報）などを投入して、財貨・サービスを生産する経済主体である。企業は何を目的に活動しているか、という問いに対してはいろいろな回答があるだろうが、「利潤を最大化」することが企業の最大の目的であることについては、おそらく異論は出ないであろう。

図2-1　労働投入量と産出量の関係

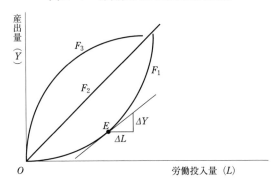

　利潤最大化とは何か、あるいはどのような条件のもとでそれが実現するかということについて理解するために、企業の生産活動を経済学がどのように説明しているか簡単に紹介しておく。

　議論を単純化するために生産活動のための必要な生産要素は、機械設備や工場建物のような資本ストックと労働力の2種類のみとし、資本ストックの量は一定で労働力のみが変化するような例を考える。これが「短期」という時間の概念で、これに対し資本ストックと労働力の投入量がともに変化するような状況を「長期」と呼ぶことにする。

　投入量と産出量の関係を表現したのが生産関数である。短期の場合は、労働力の投入量に応じて産出量の大きさが決まる。労働投入量を増やしていけば産出量も増加するが、この関係については3つのパターンが想定できる（図2-1）。ここで関数 F_1 上の点 E で接線を引いてみる。接線の傾きは、点 E における労働投入量の1単位当たりの変化に対する産出量の変化の割合（$\Delta Y / \Delta L$）を示している。これが労働の限界生産物で、生産関数を理解するための重要な概念の1つである。

　図の中の3本の線 F_1, F_2, F_3 は、労働投入量の値が大きくなるに伴って、接線の傾きすなわち限界生産物はそれぞれ増加、一定、減少している。経済学が前提としているのは F_3 線のタイプで、そこでは投入量が増加するに従って、その増加投入量1単位当たりの産出量は減少していくという「限界生産物逓減の法則」が妥当する。例を示すと、いま50人の労働者で機械を60台生産できる

とする。労働者を1人増やして51人になったとき機械の生産量が80台になったとすれば労働の限界生産物は20台ということになる。他方、労働者60人で生産量100台から労働者を61人にして生産量が115台になればこのときの限界生産物は15台で、労働者が50人のときの限界生産物20台より低下している。

2　短期の労働需要

■ 完全競争市場における企業の利潤最大化条件

　企業が利潤最大化を目的として生産活動を行う場合、短期の状況で、労働投入量すなわち雇用量はどのように決定されるのであろうか。ここでは市場における売り手と買い手が多数存在し、個別の売り手や買い手が販売量や購入量をいくら変化させても価格に対しまったく影響を与えない（価格は一定）という完全競争の市場を前提とする。

　企業の収入は産出量（Y）に販売単価（p）を乗じたもので、図2-1のF_3線が労働投入量に対応した産出量で、さらに価格（p）は一定であるから、収入は図2-2の曲線Rで表される。短期の生産要素は労働投入だけであるから、費用は1人当たり賃金率（w）に労働投入量（L）を乗じて求められる。完全競争という条件のもとでは、wも一定であるから費用は同図の傾きがwに等しい右上がりの直線Cとなる。

　利潤は企業の収入（R）と費用（C）の差額であるから、曲線Rが直線Cを上回っている限り正の利潤が発生しているが、それが最大となるのは労働投入量がLeのときで、そこではA点における接線の傾きが賃金率（w）と同じ大きさ（2本の線は平行）となり、ABの距離が最大利潤の大きさを表す。A点における接線の傾きは労働の限界生産物価値（限界生産物に販売単価pを乗じたもの）で、これは労働投入量を1単位増やしたときに得られる収入の増分（限界収入）に等しい。要するに賃金率と労働の限界生産物価値とが等しくなるように労働投入量が決まれば利潤は最大になる。この理由を図2-2の下側の図（b）を使って説明する。

　（b）図には（a）図の収入曲線から得られる限界生産物価値を独立させて描いた。限界生産物逓減の法則が働いているので、労働の限界生産物価値は図

図2-2　完全競争市場での短期の利潤極大条件

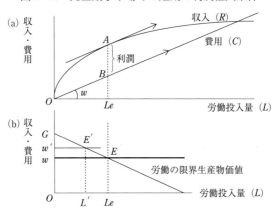

のように右下がりの直線となる。この図では賃金率の大きさは傾きではなく横軸からの高さで表現する。それは労働投入量にかかわらず常に一定なので水平の直線となる。

　労働投入量が Le より少ないときには、労働の限界生産物価値が賃金率を上回っている。労働投入量を1人増やしてもその人に支払う賃金よりそれによって増加する収入の方が大きいから、企業は労働投入量を増やすことによって利潤をさらに増やすことができる。逆に労働投入量が Le より多いときには賃金率の方が労働の限界生産物価値より大きいので労働投入量を増やすと損失が増加してしまう。以上の説明からわかるように、利潤が最大となるのは労働投入量が Le の場合で、労働の限界生産物価値と賃金率は等しくなり（E 点）、最大利潤額は EGw で囲まれた三角形の面積に等しくなる。このとき労働の限界生産物価値は賃金率に等しいので $p \times \dfrac{dY}{dL} = w$、したがって $\dfrac{dY}{dL} = \dfrac{w}{p}$ となる。これは労働の限界生産物が実質賃金率に等しいという条件で、これを満たすように労働投入量（雇用量）は決定される。

　賃金率の変化は労働投入量にどのような影響を及ぼすであろうか。図2-2（b）のように賃金率が w から w' に上昇したとすると、新しい均衡点は E から E' へと変化し、労働投入量は Le から L' へと減少する。逆に賃金率が低下

すれば雇用量は増加することも明らかである。さまざまな賃金率に応じた利潤最大化を満たす均衡点は、労働の限界生産物価値の線上に位置するので、結局これ自身が労働需要曲線に一致する。

■ 産業の労働需要曲線

　産業全体の労働需要曲線は個々の企業の労働需要曲線を集計すればよい。注意すべきは、完全競争市場では生産物の価格が、個々の企業にとっては産出量の水準にかかわらず一定（水平）であるが、産業全体では産出量の水準に対し右下がりになることである。そのため個々の企業が雇用量を増やして生産量を拡大していくと、産業全体では生産物の価格が低下していく。その結果雇用を1単位増加させたとき、個々の企業の場合よりも産業全体の場合の方が限界生産物価値の低下は著しくなる。生産物価格の変化を考慮すると、産業全体の労働需要曲線は、企業の労働需要曲線を単に集計したものよりも右下りの傾きが大きくなる。

　完全競争市場においては、個別企業の労働需要曲線が直面する労働供給曲線は水平であるが、産業全体の労働需要曲線が直面するのは右上がりの労働供給曲線である。個別企業は一定の賃金率で何人でも雇用を確保できるのに対し、産業全体では雇用を増やそうとすれば賃金率を上げる必要がある。

■ 独占企業の労働需要：生産物市場の売手独占

　生産物市場において独占状態（売手独占）にある企業の労働需要曲線は完全競争市場の企業に比べてどのような違いがあるか。独占企業が市場に供給する生産物に対する需要曲線は、完全競争市場における個々の企業が直面する水平な需要曲線（したがって生産物の価格が一定）ではなく、市場全体の右下がりの需要曲線となる。したがって、独占企業が労働投入量を増やし市場に供給する生産量を増やしていくと産出物の価格は下落していく。

　独占企業の場合、生産量を1単位増加したときに得られる収入の増分である限界収入（MR）と費用の増分である限界費用（MC）が等しいときに利潤が最大となる。完全競争市場では価格と限界収入は一致するが、独占企業では同じ生産量に対しては価格の方が限界収入より大きい（$p > MR$）[1]。

図2-3　生産物市場の売手独占企業の雇用決定

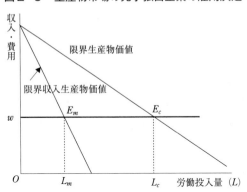

どのような条件のもとで、利潤を最大化する労働投入量が決まるのだろうか。労働力を1単位増加したときの収入の増分は、限界収入（MR）に労働の限界生産物（$\frac{dY}{dL}$）を乗じたもの（労働の限界収入生産物価値）に等しくなる。ここでは生産要素が労働力だけの短期を扱っているので、費用は賃金率（w）に労働投入量（L）を乗じて求められるから、労働投入量を1単位増加したときの費用の増分（限界費用）は賃金率に等しくなる。利潤最大化条件は労働投入量を1単位増加したときの収入の増分と賃金率が一致したときであるから、$MR \times \frac{dY}{dL} = w$ となる。注1で導出した式から同式は、$p \times \frac{dY}{dL} \times (1 + \frac{1}{\eta}) = w$ と書き直せるが、左辺の第3項に含まれる η はマイナスの値となるので、左辺全体は労働の限界生産物価値（$p \times \frac{dY}{dL}$）より小さい値をとる。これを使って完全競争の場合と比較した独占企業の利潤最大化をもたらす労働投入量の決定は図2-3のようになる。

　賃金率を w とすると、利潤最大化点は完全競争の場合は E_c 点で、独占の場合は E_m 点である。それらに対応した労働投入量は L_c、L_m となり、生産物市

1）$MR = (1 + \frac{1}{\eta}) \times p$ で、η は需要の価格弾力性（$\eta = \frac{\Delta Y}{Y} / \frac{\Delta p}{p}$）で負の値をとる。

場における独占企業の労働投入量は、同一の賃金率に対し完全競争企業の場合に比べて減少する。

■ 独占企業の労働需要：労働市場の買手独占

　狭い地域をとると、雇用機会が1つの企業に限られてしまうことがある。そこでは地域の労働市場は企業の買手独占の状態にあり、企業が直面する労働供給曲線は、賃金率の変化に対して市場全体の右上がりの供給曲線に等しくなる。したがってこの企業が労働投入量を増やそうとすれば賃金率が上昇する。

　利潤最大化の条件は、労働投入量を1単位増やしたときの収入の変化（限界生産物価値）と費用の変化（限界費用）が等しいときである。式で書くと、$p \times \dfrac{dY}{dL} = w \times (1 + \dfrac{1}{\varepsilon})$ となる。ε は労働供給の賃金弾力性（$\varepsilon = \dfrac{\Delta L}{L} / \dfrac{\Delta w}{w}$）で、労働供給曲線は賃金率に関し増加関数（賃金率が上昇すれば労働供給が増加する）であるから正の値をとる。したがって各労働投入量に対応した労働の限界費用は賃金率よりも大きい（$w \times (1 + \dfrac{1}{\varepsilon}) > w$）。この関係は労働の限界費用曲線が労働供給曲線[2]よりも常に上方にあることを表している。

　これらの関係を図2-4に示した。買手独占の利潤最大化点は労働の限界生産物価値と限界費用曲線の交点（E_p）でこのときの労働投入量は L_p で、その L_p に対応した賃金率は w_p である。これに対し完全競争の場合の利潤最大化点（E_c）の労働投入量と賃金率はそれぞれ L_c と w_c であるから、労働市場で企業が買手独占の状態にあれば、労働投入量と賃金率は完全競争市場に比べてどちらも小さくなる。

■ 短期の労働需要の変動

　現実の労働市場では労働需要はどのように変化しているであろうか。図2-2（b）のように労働投入量（労働需要）は賃金率に応じて労働需要曲線に沿って変化する。しかし現実の短期労働需要は、労働需要曲線上の変化だけでは

2）ここでは労働供給曲線は、労働投入量に応じて賃金率が決まるというタイプとして定義されている。

図2-4　買手独占企業の雇用決定

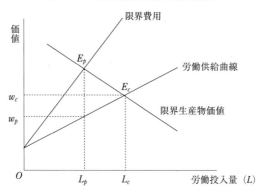

なく、景気変動などに起因する労働需要曲線自体の左右のシフトによっても変
化する。景気がよくなれば、図2-2（b）の労働需要曲線は右にシフトし、
賃金率に変化がなくても労働投入量は増大する。不況になれば労働需要曲線は
逆に左にシフトし、以前と同じ賃金率でも労働投入量は減少する。

　労働投入量の変化だけが労働需要の変化を反映しているわけではない。図1
-2に示したように労働時間とりわけ所定外労働時間の大きな変動もまた労働
需要の変化を反映している。労働需要の変化を労働時間の変化で吸収できない
ときに雇用量が変化する。図2-5は2010年から2021年第Ⅱ四半期までの期間
における四半期（3カ月）ベースの正規と非正規（パート、アルバイト、派遣
社員、契約社員・嘱託、その他）別に雇用者数の変化率（対前年同期比）を描
いた。そこにはまた短期の景気変動の指標として経済成長率（実質GDPの対
前年同期比）も加えてある。ただしGDPの変化が労働市場の雇用に変化を与
える影響には時間的ズレがあるので、経済成長率は1期（3カ月）前の計数を
使って表示してある。

　第1に非正規雇用者の増加率の変動幅は正規雇用者よりもかなり大きい。こ
の間の非正規雇用者がもっとも増加したのは6.7%（2013年10〜12月）で、逆
にもっとも減少したのは−5.7%（コロナ感染の第2波に当たる2020年7〜9
月）で、両者の間には12.4ポイントの差がある。しかし正規雇用者の増加率は
それぞれ2.0%と−2.2%で変化幅は4.2ポイントに過ぎない。第2に非正規雇

図2-5　雇用形態別雇用者数と経済成長率の対前年同期変化率

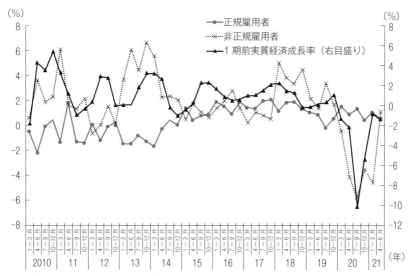

資料）総務省統計局『労働力調査』、内閣府国民経済計算 web サイト。

用者の変化率と1期前の経済成長率との動きが極めて類似していることは一見
して明白であるが（相関係数0.638）、正規雇用者と経済成長率との間には強い
相関が見られない（同 −0.209）。短期の経済変動に対しては、企業は正規雇
用者にはあまり手をつけず、非正規雇用者の採用・解雇を通じて労働需要の調
整をしているといえよう。

3　長期の労働需要

■ 最適な資本・労働比率の決定

　前節では資本ストック（資本設備）が一定という短期における企業の利潤最
大化条件から労働投入量の決定について説明した。この節では資本ストックの
量も変化する長期において労働需要はどのように決定されるかという問題を取
り扱う。短期と異なり、長期においては労働投入量と資本ストックの2種類の
生産要素の投入量が決定されるので、最適な労働投入量を決めるということは、

図2-6　費用最小条件

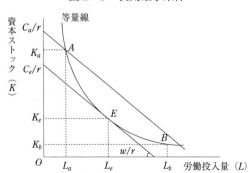

最適な資本ストックと労働投入量の組合せ（資本・労働比率）を決めることと同じと見なしてよい。

　図2-6の縦軸には資本ストック、横軸に労働投入量をとる。図中の右下がりの曲線は等量線で、同じ生産量（たとえば自動車100台）を産出するための生産要素の組合せを示したものである。この曲線上のA、B２つの点を比較してみる。Aでは資本ストックK_a（たとえば１億円の機械）とL_a（100人の労働者）を使って自動車100台を生産できるが、BではK_b（2000万円の機械）とL_b（500人の労働者）を投入して同じ台数の自動車を生産できる。AはBよりも高い資本・労働比率（労働者１人当たりの資本ストック）の技術を使って自動車を生産しているのである。

　図示されたような右下がりのなめらかな曲線で表される等量線の場合は、このような資本と労働の組合せが無数存在している。企業にとって最適な資本と労働の組合せは等量線のどの位置にあるのか。そのためには生産費用を考える必要がある。資本１単位当たりのコストの指標として、ここでは企業が投資資金を金融機関から借りることを想定し利子率（r）を用いる。労働力の価格は賃金率（w）で、利子率と賃金率は市場で決定されており、企業にとっては資本ストックや労働投入量をいくら変化させても、それらの価格は影響を受けず一定とする。

　生産費（C）は資本コストと労働コストの合計であるから、$C = r \times K + w \times L$となる。企業の合理的行動とは、等量線上の資本と労働の組合せの中

から生産費を最小化するものを選択することである[3]。この式を図2-6の縦軸に合わせて K について解くと、$K = -\left(\dfrac{w}{r}\right)L + \dfrac{C}{r}$ となる。この式は2つの生産要素、労働と資本の価格である賃金率と利子率の比率（$\dfrac{w}{r}$、以下要素価格比率と呼ぶ）を傾きとする右下がりの直線で（等費用直線）、縦軸との交点（$\dfrac{C}{r}$）が生産費の高さを表す指標となる。

　等費用直線が等量線と接するとき（E）に費用最小化は実現する。このことは次のような説明で直感的に理解できる。もしも等費用直線が等量線の E 以外の点、たとえば A 点を通るとしよう。そのときの生産費（C_a）は $C_a = r \times K_a + w \times L_a$ で、図から明らかなように縦軸との交点（$\dfrac{C_a}{r}$）は E 点と接する場合の等費用直線の縦軸との交点（$\dfrac{C_e}{r}$）を上回っているから、要素価格比率と等量線の接線の傾きすなわち技術的限界代替率[4]が等しいときに等費用直線は最小値をとる。このとき、資本の限界生産物価値は資本の価格である利子率に、労働の限界生産物価値は賃金率にそれぞれ等しくなっている。また資本と労働の組合せは、原点 O と E を結んだ直線の傾き（$\dfrac{K_e}{L_e}$）に等しい。

　長期においては賃金率の変化が労働需要にどのような影響を与えるだろうか。図2-7の C_1 費用線上の E_1 で生産が行われているとき、利子率に変化はなく賃金率のみが上昇した状況を仮定する。新しい等費用直線の傾きがたとえば C_2 線のようになったとすれば、この傾きを持った線が等量線と接する E_2 が、賃金率が上昇した後に費用が最小となる資本と労働の組合せである。賃金上昇の結果、新たな費用最小化点 E_2 は E_1 に比べて、労働投入量は減少し、その

3）短期の企業行動は「利潤最大化」行動から説明したが、一定の条件のもとでは利潤最大化（費用最小化）条件が満たされていれば、自動的に費用最小化（利潤最大化）が成立する。このことを「双対性」という。

4）一方の生産要素（たとえば労働）の投入を1単位減らしたとき、以前の生産量を維持するために、他方の生産要素（資本）の投入を何単位増加させる必要があるかを示す指標である。

図2-7　長期における賃金率の変化と労働需要

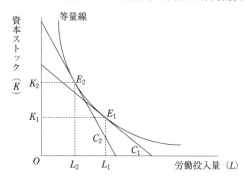

結果、資本・労働比率は上昇する。

■ 長期労働需要曲線

　長期でも短期の場合と同様に賃金率が上昇（下落）すると労働需要は減少
（増加）する。ただし同一の賃金変化に応じた労働需要の変化量は短期に比べ
ると長期の方が大きくなる。これは長期においては労働と資本ストックとの代
替関係が容易であるのに対し、短期ではそれが困難となるからである。等量線
の形状で見ると、長期の等量線はなだらかな曲線を描くのに対し、短期の等量
線は曲がり具合がきつい曲線となる[5]。賃金率上昇に伴い費用線の傾きが変化
するとき、均衡点の変化は短期では小さいが、長期では大きく変化する。賃金
の変化は同一でもそれに伴う雇用量の変化は長期の方が短期よりも大きい。し
たがって長期の労働需要曲線の右下りの傾きは短期より緩やかになる。

■ 経済発展と労働需要

　図2-7の2つの均衡点の比較はそのまま現在の先進国と発展途上国の技術
選択の違いを説明することに役立つ。先進国では金融市場の整備が進み資金も
豊富に供給されるので途上国に比べ利子率は低いが、逆に労働力は不足してお
り途上国より賃金率が高い。それを反映して要素価格比率（賃金率／利子率）

5）もっとも極端なものが直角の形状をとるレオンチェフ型である。

は先進国で高く、途上国では低い。したがって同図の E_1 点は途上国、E_2 は先進国にとっての最適な技術選択（資本・労働比率）を示す。国際分業に関するヘクシャー＝オリーンの定理（各国の貿易構造は、それぞれの国に存在する資本や労働などの生産要素の賦存条件すなわち要素価格比率の差に依存する）がまさにこのことである。

　これまでの説明は、もっぱら賃金率によって労働需要の大きさが決まるというものであった。しかし技術進歩率のスピード、生産量の変化（経済成長率）、規模の経済性の存在なども労働需要の大きさを決める重要な要因である。

　技術進歩が発生すれば、等量線が原点方向（あるいは生産関数が上方）にシフトする。新技術を採用した生産方法は、旧技術に基づく生産方法に比べより少ない生産要素の投入量で同じ生産量を産み出すことができるので、他の条件が一定ならば労働需要は減少することになる。

　他方生産量が増加すれば、等量線は原点から遠い方向にシフトしていくので労働需要は増えていく。規模の経済（不経済）とは、すべての生産要素の投入量を1％増加させたときに、生産量が1％以上（以下）増加することと定義される。規模の経済が存在していれば、生産量が増加しても等量線の変化の幅が小さくなり、必要とされる生産要素の投入量の増加は押さえられるが、規模の不経済があれば生産の増加にはより多くの生産要素の投入が必要とされる。

4　就業構造の変化

　労働需要の変化をまず産業別就業者の構成でとらえてみる。表2-1の左側部分は第1回国勢調査が実施された1920年以降の就業者の産業別構成の変化である。1920年では就業者の過半が第1次産業（農林水産業）に従事していたが、その後年平均経済成長率が10％前後の高い水準にあった高度成長期（1950年代半ばから70年代前半）に急減し、2015年現在では第1次産業の比率はわずか4％程度に過ぎない。第2次産業（鉱工業、建設業）の構成比率は、1930年代と高度成長期に増加したが、70年頃をピークに減少傾向をたどっている。他方第3次産業（電気・ガス・水道供給、運輸・通信業、卸・小売業、サービス業など）は時間の経過とともに上昇し、2015年は就業者の70％以上を吸収している。

表2-1　就業構造の変化

(%)

(年次)	産業構成				職業構成				
	第1次産業	第2次産業	第3次産業	計	農林漁業	生産・運輸	販売・サービス	事務・技術・管理	計
1920	53.8	20.8	23.4	100.0					
1940	44.3	26.4	28.6	100.0					
1950	48.5	22.4	29.0	100.0	48.0	25.3	12.6	14.1	100.0
1960	32.7	29.6	37.7	100.0	32.5	32.9	17.1	17.4	100.0
1970	19.3	34.6	46.0	100.0	19.2	36.9	19.4	24.5	100.0
1980	10.9	34.2	54.8	100.0	10.8	36.4	22.8	29.8	100.0
1990	7.1	33.8	58.5	100.0	7.0	34.8	23.2	34.4	100.0
2000	5.1	29.5	65.3	100.0	5.0	32.9	25.5	35.5	100.0
2015	4.0	25.0	71.0	100.0	3.6	31.3	26.1	37.3	100.0

注)1)　1990年までと2000年以降の産業分類は一部異なる。
　　2)　分類不能の産業・職業があるため、各内訳の合計は100に一致しない。
資料）総務省統計局『国勢調査』。

　　所得水準に伴う産業構造の変化は国際比較でも観察される。世界各国の1人当たり GDP の水準と就業構造の関係を見ると、第1次産業就業者の割合は1人当たり GDP の水準の上昇とともに減少していく。第2次産業の比率は1人当たり GDP が2万ドルくらいまでは上昇するが、所得水準がその水準を上回るとそれは低下に転じ、逆U字の形をとる。第3次産業の比率は所得水準とともに上昇している。

　　このように就業者の産業別構成には、一国の時間的経過に伴う変化においても、一時点における各国の横断面の分布においても共通の傾向が観察される。このように産業構成の中心が、経済発展に伴って第1次産業から第2次産業へ、そして第3次産業へと変化していく傾向は、最初にそれを示唆したウィリアム・ペティあるいはそれを一般化したコーリン・クラークの名をとって「ペティの法則」あるいは「ペティ＝クラークの法則」などと呼ばれている。

　　就業者（労働需要）の産業構成の変化は、所得の増加に伴ってそれぞれの産業が産み出す生産物に対する需要の変化の相違、すなわち需要の所得弾力性（所得が1％変化したとき、消費支出が何％変化するか）と各産業の労働係数（1単位当たりの付加価値額を産み出すために投入された労働者数）の変化の

違いを反映したものである。

　家計の消費支出総額に占める食料支出額の割合がエンゲル係数である。家計の所得水準が高くなるとエンゲル係数が低下することはよく知られている。これは食料需要の所得弾力性が１より小さいからで、所得が増加するとその増加した所得の大部分を食料以外の支出（たとえば耐久消費財やサービスの購入）に充てるから、所得の高い家計のエンゲル係数は所得の低い家計に比べてエンゲル係数は小さい値をとる。要するに需要の所得弾力性は、第３次産業でもっとも高く、次いで第２次産業、そして農業を中心とする第１次産業でもっとも低い。

　労働係数は労働生産性の逆数でこの値が大きい産業ほど、１単位当たりの付加価値額を産み出すために必要な労働者数が多くなる。国民経済計算ベースでのわが国の労働係数の変化を1994年の値を100とする指数で表すなら、第２次産業では2005年には77.4、2019年には64.9と低下していったのに対し、第３次産業ではそれぞれ92.3、98.6となる。労働係数の低下、したがって労働生産性の上昇は、第３次産業の方が第２次産業に比べて非常に緩やかで、これもまた第３次産業がより多くの雇用を吸収したことの要因となっている。ただしこのことは労働生産性の低い分野の雇用が増加していることでもあるので、日本経済全体の効率性の上昇は制約を受けることになる。

　産業分類は就業者が働いている事業所のおもな事業の種類によって分類したものであるが、職業分類はその仕事の内容によって区分したものである。ここでは大きく４つの分類に分けて1950年以降の変化を見る（表2-1の右側）。

　農林漁業関係の職業は第１次産業の就業動向にほぼ一致して低下している。生産・運輸関係職業は、1980年以降低下が著しい。円高やアジアの新興国などの台頭で製造拠点が海外に移ったり、海外からの製品輸入が増加したことなどがその原因である。近年増加しているのは販売・サービス関係の職業で、特に福祉関係の分野（介護、ホームヘルパーなど）の雇用増が著しい。

　1990年頃まで増加が顕著であった事務・技術・管理関係職業の就業者の割合は近年では鈍化しているが、これは一方では、情報関連や福祉関係の分野を中心に専門技術者が増えているものの、他方では長引く不況と企業内のリストラの影響で管理職が減少しているからである。

第3章

労働市場

労働供給と労働需要はどのように一致するのか

　第1章では労働供給曲線が右上がりになることを学び、第2章では労働需要曲線が右下がりになることを学んだ。そこで、この章では労働供給曲線と労働需要曲線という概念を用いながら以下のことを学ぶ。

　第1節では労働供給曲線と労働需要曲線が交わる点を均衡と呼び、均衡によって賃金と雇用量が決定される。完全競争市場の場合は、市場に任せておくと均衡に到達し（均衡の安定性）、その均衡は社会的に望ましい状態である（均衡の効率性）ことを余剰という概念を用いて説明する。第2節では不完全競争市場の例として買手独占のケースを扱い、完全競争市場のときと異なり、市場に任せておくと必ずしも社会的に最適な状態になるとは限らないことを説明する。第3節では最低賃金制度について説明した上で、完全競争市場では最低賃金制度が失業をもたらして、社会的余剰を低くすることを説明する。逆に買手独占市場であれば、最低賃金制度が雇用を増やす可能性があることを指摘する。第4節では労働供給曲線や労働需要曲線がシフトすると賃金や雇用量がどのように変化するのか、賃金や雇用量の変化の程度と弾力性にはどのような関係があるのかを説明する。さらに、労働供給曲線のシフトの応用例として課税の雇用や賃金に与える効果について見てみる。

図3-1　労働市場の余剰分析

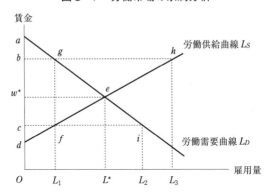

1 完全競争市場の労働需給と余剰概念

■ 労働需要曲線と労働供給曲線について

　第1章では労働供給曲線が原則としては右上がりであることを学び、第2章では労働需要曲線が右下がりであることを学んだ。労働供給曲線が右上がりであることを直観的に説明すると、賃金が上昇すると多くの労働者が長時間働く、ないしは以前より多くの労働者が働くことを望み、労働供給量を増加させるために賃金と労働供給量には正の関係がある（図1-6の曲線[1]の下半分の部分）。逆に労働需要曲線が右下がりである理由は以下のとおりである。企業側は賃金が上がると雇用量を減らす。つまり、解雇などの手段によって人数を調整したり、残業を抑えることによって労働時間を調整したりする。この結果、賃金と労働需要量には負の関係があるために右下がりの関係となる（図2-2（b））。

　図3-1を使ってこのことを説明する。右下がりの労働需要曲線 L_D と右上がりの労働供給曲線 L_S の交点 e が均衡点である。このときの雇用量は L^* であり、賃金は w^* となる。e は均衡点であるが、仮に賃金が w^* よりも高くても低くても、市場メカニズムに任せると均衡 e に収束する。以下ではこのこと

1）この章では簡単化のため直線で議論を行うが曲線であっても結論に差はない。

について説明する。

■ 均衡の安定性

　たとえば、市場賃金が均衡賃金よりも高いb点であったとしよう。そのときの労働需要量はL_1であり、労働供給量はL_3となる。この差$L_3 - L_1$は超過労働供給であり、言い換えると（非自発的）失業である。賃金が伸縮的であると仮定した場合、超過労働供給（失業）が発生した場合は賃金が低下することで、賃金は均衡賃金であるw^*まで低下する。w^*まで低下することで、失業が解消する。

　次に、市場賃金が均衡賃金よりも低いc点であったとしよう。そのときの労働需要量はL_2であり、労働供給量はL_1となる。この差$L_2 - L_1$は超過労働需要であり、言い換えると人手不足である。このとき賃金が伸縮的であると仮定した場合、超過労働需要が発生した場合は賃金が上昇することで、賃金は均衡賃金であるw^*まで上昇する。w^*まで上昇することで人手不足が解消する。

　つまり、市場賃金が均衡賃金と異なったとしても、賃金が伸縮的であるならば、賃金が調整されることで均衡に到達する。均衡では人手不足も失業も発生しない。つまり、市場に任せておくと、市場賃金が均衡賃金に収束して、均衡では人手不足も失業も解消する。

■ 賃金調整と雇用量調整

　以上の説明は賃金の変化による調整であるが、もう1つの調整方法として雇用量を調整する方法も存在する。つまり、企業が労働者を雇うために支払ってもよいとする賃金（＝労働需要曲線）の方が、労働者が働いてもよいとする賃金（＝労働供給曲線）よりも高い場合は雇用量を増やし、逆の場合は雇用量を減らす。再び、図3−1を見てみよう。雇用量がL_1のとき、企業が労働者を雇うために支払ってもよいとする賃金はbであり、労働者が働いてもよいとする賃金はcである。このため、企業が労働者に支払ってもよいとする賃金の方が、労働者が働いてもよいとする賃金よりも高いために、企業は雇用量をL^*まで増やす。

　逆に、L^*よりも現在の雇用量が多い場合、労働供給曲線が労働需要曲線よ

り上にあるために、労働者が働いてもよいと考える賃金の方は、企業が雇ってもよいと考える賃金よりも高いために企業は雇用量を L^* まで減らす。このように賃金を見て雇用量を調整する方式のことを数量調整と呼ぶ。労働市場では不均衡が発生した場合に賃金のカットのような賃金調整だけではなく、解雇のような数量調整によって均衡に到達することがある。

　それでは、日本の労働市場では均衡に到達するために、賃金と雇用量のいずれを調整することを行ってきたのか。企業の労働費用＝時間当たりの賃金×労働時間×労働者数によって定義できる。労働費用を調整するためには、賃金、労働時間、労働者数のいずれかを調整する必要がある。

　日本企業は伝統的には雇用を守ることに主眼を置いて、多少の景気変動にかかわらず雇用調整には消極的であったとされる。いくつかの実証分析が示すように、日本企業の雇用調整速度は低かったとされる。仮に労働者数を調整する必要に迫られた場合も非正規労働者を雇用の調整弁に用いて、正規職員の雇用はできるだけ保証する行動を取っていた。特に大企業においてはこのような傾向が顕著であった。さらに、日本の最高裁判所の判例では、整理解雇を実施するに際して厳格な手続きを要求している。この手続きは整理解雇の四要件と言われ、整理解雇を実施するためには人員削減の必要性、解雇回避努力、人選の合理性、手続の相当性が必要となる。

　その反面、景気が良いときでも新規に雇用者数を増やすのではなく、労働時間を調整することで対応したとされる。このため、労働時間は雇用量に比べると景気変動に大きく左右された。このことが長時間労働の背景にある。また、賃金に関しても景気が良いときにはボーナスを用いて賃金を上昇させることで、景気変動に合わせて賃金を伸縮的に変化させてきた。

　このような日本企業の労働費用の調整方法は正規職員の雇用を守る点ではある程度有効であり、日本の大企業で長期雇用慣行を行うことが要因の１つである。一方、バブル崩壊以降の長期不況下では正規職員の雇用も保証することが難しくなってきた。さらに、先ほど述べたように、正規職員の雇用を優先することは、正規・非正規の格差を拡大させる原因となった。また、労働時間による調整は長時間労働の温床でもあった。

　雇用調整に関する実証研究としては、岡崎・奥野編（1993）が戦前の雇用調

整速度は大きく、企業は需要の変動に応じて雇用量を調節していた。それに対して戦後のバブル崩壊以前までは、需要の変動に対して企業は、第1に在庫の取り崩しで対応し、第2に労働時間を減少させ、第3にパートあるいは臨時雇用を減らし、それでも対処しきれないときにはじめて正規職員の雇用調整を行ったとする。樋口（2001）も1985-89年でも日本の雇用調整速度はアメリカよりも著しく低いことを示した。しかし、1990年のバブル崩壊による景気悪化とデフレによって、名目賃金の下方硬直性が顕在化し、雇用調整が行われるようになった。つまり、賃金調整ではなく、雇用量調整が行われるようになった。このことが、フィリップス曲線の水平化の一因でもある。

　フィリップス曲線は第5章で詳しく説明があるが、縦軸に賃金変化率やインフレ率、横軸に失業率とすると、右下がりの傾向が観察される。理論的に考えると、垂直に近いことは失業率が変化するのではなく、賃金や物価が変化することを意味する。言い換えると、価格調整が行われている。水平に近いと失業率が変化する。言い換えると、数量調整が行われていることを意味する。

■ 余剰分析

　次に、完全競争市場で賃金が伸縮的であるならば、原則として市場に任せることが社会全体にとって望ましいことを余剰分析によって説明する。完全競争市場とは、労働者も企業も多数存在し、各個人や各企業の行動が市場全体の賃金に影響を与えない市場のことをいう。このため、労働者は賃金を見て雇用量を決め、逆に企業側は賃金を見て雇用量を決定する。

■ 企業の余剰

　労働需要曲線を使って企業側の余剰について説明する。ここでは、労働需要曲線とはある雇用量のときにどのぐらいの賃金を支払ってよいかを示したもの、という解釈で説明を行う。たとえば、図3-1の L_1 だけ企業が雇用したいときには企業は b まで賃金を支払ってよいと考えている。しかしながら、均衡賃金は w^* である。企業にとっては、L_1 の雇用量を得るために b までは支払うつもりであったにもかかわらず、w^* までを支払えばよいので、$b-w^*$ は企業にとっての利益と考えることができる。つまり、$b-w^*$ が企業にとっての余

剰である。さらに、労働需要曲線が w^* の水準よりも高いところにあるということは、企業にとっての支払い意思額の方が市場で決定される賃金よりも高いことを意味する。

　言い換えると、L^* のところまでは w^* よりも労働需要曲線が上にあり、企業が労働者に支払ってよいと考える賃金の方が市場で決定される賃金よりも高いために、労働者を雇用することの余剰が存在する。逆に、企業が支払ってもよいという賃金が市場賃金よりも低いならば、企業にとって労働者を雇うことは損になるので企業は労働者を雇わない。このため、企業が労働者を雇っていいと考える賃金（労働需要曲線上の線）と市場賃金が一致するところまで労働者を雇う。このため、企業の余剰の合計は労働需要曲線と市場賃金の水準で囲まれた部分であり、図3-1の $\triangle aew^*$ である。

■ 労働者の余剰

　次は労働供給曲線を使って労働者側の余剰について説明する。労働供給曲線とはあとどのぐらいの賃金ならば働いてもよいかを示したものと解釈しておく。たとえば、労働者は賃金を c までもらえれば、L_1 だけ働いてもよいと考えている。しかしながら、均衡賃金は w^* である。労働者にとってみれば、c まで企業が賃金を支払ってくれれば L_1 だけ働いてもよいと考えていたにもかかわらず、実際は w^* まで賃金をもらえるので、w^*-c は労働者にとっての利益と考えることができる。つまり、w^*-c が労働者にとっての余剰である。

　L^* のところまでは w^* よりも労働供給曲線が下にあるために、労働者がこれだけの賃金であるならば働いてもよいと考えている賃金よりも市場で決定される賃金が高いので、労働者にとって働くことの利益（余剰）が存在する。逆に、これぐらいならば働いてもよいという賃金が市場賃金よりも高いならば、労働者は働くことを選択しない。このため、労働者が働いてもいいと考える賃金（労働供給曲線の縦軸）と市場賃金が一致するところまで労働者は働く。このため、労働者の余剰の合計は労働供給曲線と市場賃金の水準で囲まれた部分であり、図3-1の $\triangle dew^*$ である。

　これらをまとめると以下のようになる。労働需要曲線とは企業が雇ってよいと考える賃金と雇用量との関係であり、企業が労働者に支払ってもよいと考え

る賃金水準と市場賃金の差が企業の余剰である。図3-1を見ると、L_1のとき
の余剰は$b-w^*$であり、企業は余剰が存在するL^*まで雇用する。この結果、
企業の総余剰は雇用量と企業の支払い意思額の関係を表した労働需要曲線と市
場賃金の水準w^*で囲まれた△aew^*となる。次に、労働者から考えてみたい。
最低限これだけの賃金をもらえれば働きたいという額と雇用量の関係が労働供
給曲線である。このため、市場賃金と労働をすることを選択する最低限の賃金
の差が労働者の余剰である。たとえば、L_1のときの労働者の余剰はw^*-cで
あり、労働者は余剰が存在するL^*まで雇用量を増やす。そこで、労働者は市
場賃金と最低限これだけの賃金をもらえれば働きたいという意思を表した直線
である労働供給曲線と市場賃金の水準の交点L^*まで働き、市場賃金の水準と
労働供給曲線で囲まれた△dew^*が労働者の総余剰となる。労働者の余剰と企
業の余剰の合計が社会的余剰である。

2　不完全競争市場

　第1節では、労働者も企業も多数存在するという完全競争市場の場合を扱っ
た。この場合、市場に任せておくと市場均衡に収束し、均衡においては社会的
に望ましい結果になる。それでは、完全競争市場の条件を満たさない不完全競
争市場の場合はどうなるのであろうか。不完全競争市場の1つの例として、企
業が1社しかいない場合である買手独占についてみてみたい。買手独占の場合、
企業が1つしか存在しないために雇用量を調整することで賃金を決定すること
ができる。この結果、完全競争市場のときと比較して、不完全競争市場では市
場で決定される賃金は低く、雇用量は少なくなる。

■ 買手独占の場合

　第2章でも説明したが、完全競争市場と買手独占市場の違いは以下の点であ
る。完全競争市場では、個々の企業の賃金への影響力は小さく、市場で決まっ
た賃金を所与と考えて企業は雇用量を決定する。逆に買手独占の場合は企業が
1つしか存在しないので、企業が雇用量を増加させると市場賃金も上昇する。
完全競争市場の場合は、雇用を1単位増加させるときの企業が直面する追加的

図3-2　買手独占のケース

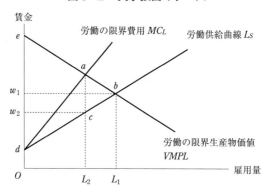

費用は賃金wである。つまり、企業が1人を7時間から8時間だけ1時間働かせるのにかかる追加的な費用は時給である1,000円である。完全競争市場では各企業の市場への影響力が小さい。このため、企業が雇用量を変化させても市場賃金を変化させない。労働供給曲線は労働の限界費用（余暇の限界不効用）と一致する。買手独占の場合は、企業が雇用拡大することは賃金に対して影響力がある。このため、雇用が拡大することで市場賃金が上昇する効果があるため、図3-2のように、企業の雇用を1単位増加させる費用（＝MC_L）は、賃金に加えて雇用が拡大することによる市場賃金の上昇分となる。

　つまり完全競争市場の場合は労働供給曲線と企業の限界費用が一致し、均衡賃金はw_1となり均衡雇用量はL_1となる。一方、不完全競争市場の場合は、雇用が拡大することによる市場賃金の上昇分だけ労働の限界費用が労働供給曲線よりも高くなる。そのため、労働の限界費用曲線と労働の限界生産物価値曲線の交点であるL_2で取引量が決定される。また、L_2の労働供給曲線に対応したw_2にて賃金が決定される。このため、完全競争市場と比較して雇用量も賃金も低い点が均衡となる。余剰は以下のようになる。死荷重とは、完全競争市場のときと比べて、どれぐらい社会的余剰が減少したかを面積で表したものである。企業の余剰は□acw_2e、労働者の余剰は△cdw_2、社会的余剰は労働者の余剰と企業の余剰である□$acde$、死荷重は完全競争市場の社会的余剰△bdeから買手独占の社会的余剰□$acde$を引いた△abcである。

③　最低賃金と雇用

■　最低賃金制度とは何か

　第1節では完全競争市場を、第2節では不完全競争市場の1つの例として、買手独占市場を取り上げた。その結果、完全競争市場では均衡が安定的で効率的であるため、市場に任せておくと均衡に到達して、その均衡が望ましいことを示した。しかし、買手独占の場合は、市場に任せておくと社会的に望ましい状態とならない。そこで、第3節では最低賃金制度という労働政策を取り上げて、完全競争市場では最低賃金制度が失業を発生させる望ましくない政策であるが、買手独占市場では雇用量を増やす社会的に望ましい政策であることを示す。そのうえで、現在の日本では最低賃金制度が失業を増やす望ましくない政策であるのか、それとも最低賃金制度が貧困を減らす望ましい政策であるのかについて分析した実証分析を紹介したい。

　最低賃金制度とは、最低賃金法に基づき国が賃金の最低限度を定め、使用者は、その最低賃金額以上の賃金を労働者に支払わなければならないとする制度である。最低賃金法は1959年に成立して1968年に一部改正が行われ、それ以来、労働協約方式と審議会方式が存在する。労働協約方式とは、労働組合が組織されていないような場合に最低賃金を労使が自主的に交渉して決め、それを広く地域に適用していくものである。審議会方式とは、行政官庁が必要であると認めたとき、最低賃金審議会の調査審議によって最低賃金を決める。最低賃金審議会は公益委員、使用者側委員、労働者側委員の三者から成り立っている。また、最低賃金には地域別最低賃金と産業別最低賃金が存在する。2021年時点のもっとも高い東京都では最低賃金は時給1,041円で、もっとも低い沖縄県、高知県では時給820円である[2]。

2）厚生労働省HP
　https://www.mhlw.go.jp/stf/seisakunitsuite/bunya/koyou_roudou/roudoukijun/minimu michiran/　2021年9月22日確認

■ 最低賃金制度が失業に与える影響の理論的説明

　初めに完全競争市場における最低賃金制度がどのような影響を与えるのかについて図3-1を使って説明する。たとえば、均衡賃金よりも現在の賃金が高い場合を考えてみよう。この場合、政府による規制がなく市場に任せておくならば賃金が下落して超過労働供給（失業）が解消される。しかしながら、政府がある一定水準以下に賃金を下げることを法律で規制するならば、賃金が減少せずに失業が解消されない。図3-1では b 以下に賃金が下落することが法律上規制されることにより、市場で取引される雇用量は L_1 となる。つまり、L_3-L_1 だけ失業が生じる。このため、市場メカニズムを重視する立場からは、最低賃金制度は現在雇用されている人の賃金を保護しているが、国が定めた最低賃金以下の水準でも働きたいと考えている失業者が働くことを阻害する制度であるとの批判もある。

　完全競争市場においては賃金を均衡賃金よりも高いところまで引き上げると失業が発生し、死荷重が発生するために望ましくない。しかしながら、買手独占市場においては最低賃金制度がむしろ雇用量を増加させる可能性がある。このような場合、最低賃金制度により賃金を引き上げると、むしろ雇用が拡大する。その理由を理解するために、第2節で説明した図3-2を見てみよう。このとき、w_2 から w_1 に賃金を引き上げると均衡雇用量が L_2 から L_1 へと上昇する。つまり、最低賃金制度により賃金を強制的に引き上げることが雇用の拡大につながる。ただし、この場合であっても w_1 よりも高く最低賃金を引き上げると失業が発生する。

■ 最低賃金制度が失業に与える影響の実証分析

　このような最低賃金制度の賛否の背景には、労働市場を完全競争的に考えるか買手独占的に考えるかという理論的な立場の違いが存在する。そこで、データに基づいた実証分析による最低賃金制度の効果に関する検証が行われている。最低賃金制度に関しては、海外や日本でいくつかの研究が行われている。完全競争市場を仮定すると最低賃金制度による賃金の上昇は失業をもたらす。つまり、最低賃金制度が存在することで、図3-1の L_3-L_1 だけ失業が生じる。90年代半ばぐらいまでの実証分析の多くは、このようなメカニズムを使って最

低賃金が上昇すると雇用が減るという結果を示した。それに対して、Card and Krueger（1994）は最低賃金の引上げが雇用を増やしたという買手独占市場モデルが想定する結果を示した。理論的根拠は、図3-2で示したように、賃金を w_2 から w_1 まで引き上げることで、雇用を L_2 から L_1 まで引き上げられることにある。この結果は、大きな論争を引き起こした。

　それでは Card and Krueger（1994）は最低賃金の引上げが雇用に与える影響をどのように検証したのであろうか[3]。彼らは DID（差の差の検定）という手法を用いた。最低賃金の引上げが雇用に与える影響を分析するために、最低賃金の引上げの前後の雇用量に着目すればいいと考えるかもしれない。しかし、これでは不十分である。なぜならば、全体的に景気が悪化傾向であり、最低賃金の引上げによって雇用量が減ったのではなく、最低賃金とは無関係に単に景気が悪くなったために雇用量が低下した可能性もある。最低賃金の効果を識別する１つの方法として彼らが採用した DID とは、最低賃金を引き上げた地域 A と、同じような経済環境であるけれども最低賃金は引き上げない地域 B の両地域における最低賃金引上げ前後の雇用量の差を比較することで効果を識別する方法である。

　表3-1の数値例を使って説明してみよう。地域 A では最低賃金引上げ前の雇用量は5、引上げ後が7で、雇用量が最低賃金引上げ前後で2上昇したとする。地域 A の前後のみを比較すると最低賃金引上げによって雇用が増えたと判断される。しかし、地域 A の景気が良かったことも雇用増の原因と考えられる。そこで、A と同じような経済環境であるが、最低賃金を引き上げない地域 B に着目する。A 地域の最低賃金の引上げ前の地域 B の雇用量が3、A 地域の最低賃金の引上げ後の賃金が6とする。このとき、B 地域の雇用量は3増加する。最低賃金を引き上げた地域 A の雇用量の増加は2、最低賃金を引き上げない B 地域の雇用量の増加は3であることから、最低賃金を引き上げた A 地域は B 地域と比較すると、相対的に雇用量が1減少しているため、最低賃金の引上げによって雇用量が1低下したと判断できる。Card and Krueger（1994）は、DID を用いて、最低賃金が雇用を減らした証拠はないことを実証

3）共著者の1人 David Card は2021年のノーベル経済学賞を受賞した。

表3-1　最低賃金引上げの雇用量に与える効果の数値例

	地域A（引上げ有）	地域B（引上げ無）
最低賃金引上げ前	5	3
最低賃金引上げ後	7	6

した。

　Card and Krueger（1994）の結果に対しては、ニューマークは短期的な影響を強調しすぎていると批判し、多くの研究では最低賃金が雇用を減少させる結果を導いているとする。なおこれらの研究状況に関して、大竹・橘木（2008）で詳しく説明されている。また、日本の最低賃金の雇用や賃金分布に対する影響を分析した論文としては、橘木・浦川（2006）、安部・玉田（2007）、Kawaguchi and Yamada（2007）、Kawaguchi and Mori（2009）などが存在する。

4　弾力性と労働曲線のシフト

■　弾力性について

　第4節では主に3つのことを説明したい。第1に、労働需要や労働供給の賃金弾力性についてである。第2に、労働供給曲線と労働需要曲線のシフトや労働課税の効果についてである。第3に労働課税の効果についてである。

　第1節では労働供給曲線が右上がり、労働需要曲線が右下がりであることを説明した。しかし、賃金が上がると「どのぐらい」労働供給量が増えるのか、賃金が上がると「どのぐらい」労働需要量が減るのかということは説明していない。この「どのぐらい」を表す概念が「弾力性」である。そこで、弾力性という概念について説明する。労働需要量の賃金弾力性と労働供給量の賃金弾力性の定義とは、賃金が1％上昇すると、労働需要量が何％下落するかである。労働供給量の賃金弾力性の定義は、賃金が1％上昇すると、労働供給量が何％上昇するかである。これを数式で書くと、労働需要量の賃金弾力性 $= -(\Delta L_D/L_D) \div \Delta w/w$ であり、労働供給量の賃金弾力性 $= \Delta L_S/L_S \div \Delta w/w$ となる。

　具体的に説明すると、賃金が上昇すると企業は労働者をより少なくしたいと

考えるので労働需要量は減少するが、どのぐらい減らしたいかは状況によって異なる。たとえば、A企業に雇われている労働者はA企業の製品を作るのに必要不可欠であり、機械と代替することはできないならば、A企業の経営者は多少賃金が上昇してもA企業の労働者をあまり減らさない。このような場合、労働需要の賃金弾力性は低いという。極端な場合は、賃金が上昇しても労働需要がまったく変化しない場合、労働需要の賃金弾力性はゼロであるという。逆に、B企業で雇われている労働者は単純作業であり機械でもできるような仕事であれば、賃金が上昇すると企業は労働者を減らして機械を使用すると考えられる。このような場合は、労働需要の賃金弾力性は高いという。

　今度は労働供給について見てみよう。たとえば、ある労働者Cは常に同じ時間だけ働きたいと考えており、多少賃金が上昇してもほとんど労働供給量を増やさないとする。このような場合は労働供給の賃金弾力性は低いという。逆に、財産所得や配偶者の収入を期待することができる場合、賃金が下がると働くことをやめたり、働く時間を短くすることにより労働供給量を大きく減らしたりする。このような場合を労働供給の賃金弾力性は高いという。

　次に、労働需要の賃金弾力性の高さによって労働需要曲線の傾きがどのように変化するのかを見てみたい。その結果が、図3-3と図3-4である。初めに労働需要の賃金弾力性が高い場合について見てみたい（この時点では労働供給曲線は無視して考えること）。労働需要の賃金弾力性が高いということは、少しの賃金の変化によって大きく労働需要が変化するということを意味する。このとき、縦軸である賃金が少し変化すると、横軸の労働需要が大きく変わるために、労働需要曲線はなだらかになる。つまり、労働需要の賃金弾力性が高いと図3-3の労働需要曲線のようになだらかになる。

　逆に、労働需要の賃金弾力性が低いということは、仮に大きな賃金の変化であったとしてもあまり労働需要が変化しないということを意味する。このため、縦軸である賃金が大きく変化しても横軸の労働需要があまり変化しないため、図3-4のように労働需要曲線は急勾配になる。また、労働供給曲線も同様に考えることができる。

　ここまでをまとめると、以下のようになる。労働需要（供給）量の賃金弾力性が高いことは、労働需要（供給）曲線の傾きがなだらかであることを意味す

図3-3　労働需要の賃金弾力性が高い場合

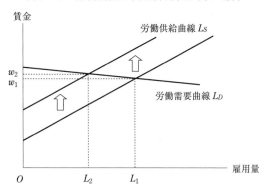

図3-4　労働需要の賃金弾力性が低い場合

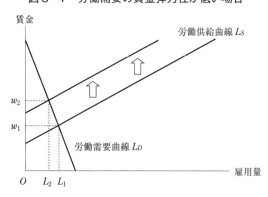

る。逆に労働需要（供給）量の賃金弾力性が低いことは、労働需要（供給）曲線の傾きが急勾配であることを意味する。

■ 労働需要曲線や労働供給曲線のシフト

　次に労働需要曲線や労働供給曲線のシフトについてみてみたい。労働需要・供給曲線のシフトに関して初めに理解すべきことは、労働需要曲線や労働供給曲線上の変化と労働需要曲線や労働供給曲線のシフトの問題を区別することである。労働需要曲線や労働供給曲線上の変化というのは、第1節で述べたように、賃金が変化すると労働供給量や労働需要量がどのように変化するのかという問題であった。つまり、賃金が上昇（下落）すると労働供給量は上昇（下

落）することで労働供給曲線が右上がりになり、逆に賃金が上昇（下落）すると労働需要量は下落（上昇）することで労働需要曲線が右下がりになる。賃金が内生変数であり、賃金や雇用量が労働需要曲線や労働供給曲線の上でどのように動くのかという問題であった。

　それでは、賃金以外の外生的な要因で労働需要量や労働供給量が変化した場合、労働需要曲線と労働供給曲線がどのように変化することで賃金がどのように変化するのだろうか。賃金以外の外生的なショックがあると、労働需要曲線や労働供給曲線がシフトして、労働賃金と雇用量が変化する。労働需要曲線と労働供給曲線がそれぞれ上下シフトするという4つのパターンがある。

　第1に、労働需要曲線が下方にシフトする場合を考える。例として、不況によって商品が売れなくなり、企業は労働者を減らすことが考えられる。このとき、労働需要曲線が下にシフトする。その結果、賃金が下落し雇用量も減少する。第2に労働需要曲線が上方にシフトする場合を考える。例として、好況によって商品が多く売れ、企業は労働者を増やすことが考えられる。この場合、労働需要曲線が上方にシフトする。その結果、賃金が上昇し雇用量も増加する。第3に、労働供給曲線が上方にシフトした場合を考える。例として、飢饉や災害によって労働力人口が減少したとする。そうすると、労働供給曲線が左上にシフトして、賃金は上昇して雇用量は減少する。つまり、労働者が相対的に稀少になり労働力の価値が上昇することで、賃金が上昇する。第4は、労働供給曲線が下方シフトした場合である。例として、移民の流入によって労働力人口が増加すると、労働供給曲線が下にシフトして、賃金は下落して雇用量は増加する。直観的な説明をすると、雇用量が増えることで労働力の価値が相対的に低下することで、賃金が下落する（より詳細な議論は第12章を参照）。

■ 労働供給曲線のシフト

　次に労働供給曲線が上方にシフトした場合を考える。先ほども述べたように、労働供給曲線が上にシフトした場合、賃金は上昇して雇用量は減少する。しかしながら、どのぐらい賃金が上昇するのかについては弾力性に依存する。図3-3の労働需要量の賃金弾力性が高い場合は労働供給曲線が上方シフトすると、雇用量は大きく減少するものの（$L_1 \rightarrow L_2$）、賃金はほとんど上昇しない（$w_1 \rightarrow$

w_2)。このことを直観的に説明すると以下のようになる。労働需要量の賃金弾力性が高いひとつの例として、単純労働であるために賃金が上昇すると機械で代替するような場合が考えられる。たとえば、飢饉などで労働人口が減少すると労働供給曲線が上にシフトする。ただし、労働力が機械などで容易に代替できるならば、企業は労働者が少なくなることによる賃金の上昇を受け入れず、労働者を雇う代わりに機械を使用する。このため、労働需要の賃金弾力性が高い場合は、雇用量が大きく減少するが賃金はあまり変化しない。

　今度は労働需要量の賃金弾力性が低い場合（図3-4）に、先ほどと同様に飢饉などで労働力人口が減少したとする。ただし、先ほどとは異なり今回のケースの労働者は熟練労働であり、機械と代替がしづらいと仮定する。この場合、労働者を雇うしか方法がないので労働力人口の減少による賃金の上昇を受け入れる。この結果、労働需要の賃金弾力性が低い場合、雇用量はほとんど減らず（$L_1 \to L_2$）、賃金が大きく上昇させる（$w_1 \to w_2$）。

■ 人手不足なのに賃金が上がらない理由

　第1節では、人手不足（超過労働需要）のときは賃金が上昇すると説明した。しかし、人手不足なのに賃金が上昇しないということが現実には起こる。近藤（2017）では、第1に労働需要の賃金弾力性が無限大（労働需要曲線が水平）の状況下で、労働供給が減ることで労働供給曲線が左シフトしたときに、賃金は上昇しないが人手不足感が生じるとする。労働需要曲線が水平とは「人手が足りないが、これ以上賃金を引き上げると採算が取れない」という状況である。第2に、右上がりの労働供給曲線、右下がりの労働需要曲線のとき、コスト削減圧力のよって労働需要曲線が左シフトするが、均衡までしか賃金を下げることができないために、人手不足感を生み出す。つまり、人手不足なのに雇用条件が改善しないのではなく、雇用条件が悪くなったために人手が足りなくなるケースである。

　そのほかの理由としては、雇用のミスマッチがあることも考えられる。つまり、企業が求めている職務に合った人材が不足していることがもたらす人手不足である。

図3-5　課税による労働供給曲線のシフト

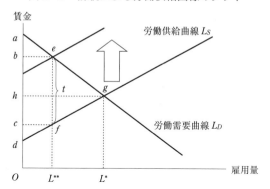

■ 課税や社会保険料による労働供給曲線のシフト

　次に政策によって労働供給曲線がシフトするケースを見てみたい。たとえば、所得税を課した場合、労働供給曲線が上方にシフトする。その理由は、所得税を課すことによって、企業が直面するある雇用量に対応するコストは賃金と税（または保険料）の合計となるために、労働供給曲線が上方にシフトする。その結果、賃金が上昇して雇用量が減少する。

　次に、所得税の課税（または社会保険料の上昇）が経済的厚生に与える効果について余剰分析を用いて説明したい。労働者に対して t だけ課税する。その結果が図3-5で示される。課税により労働供給曲線が上に t だけシフトする。その結果、課税前の均衡点は g であったが課税により労働供給曲線が左上にシフトすることで、新しい均衡点は e となり、課税後の均衡雇用量は L^{**} となる。ここで注目したいのは、課税後の均衡賃金である。企業側が直面する新しい賃金は b であるのに対して、労働者が直面する新しい賃金は $b-t=c$ である。つまり、企業は労働者を L^{**} だけ雇うときに雇用量1単位当たり b だけ支払う必要があるが、労働者が雇用量1単位当たり受け取る賃金は c となる。この差 $b-c$ が課税額 t である。

　このため、企業側が直面する賃金 b と労働需要曲線で囲まれた部分である $\triangle abe$ が企業側の余剰である。一方、労働者側が直面する賃金は c であるので、c と労働供給曲線で囲まれた $\triangle cdf$ が労働者の余剰である。さらに、雇用量1

単位につき t （図3-5では $b-c$ ）の税金が課されており、課税後の雇用量が L^{**} であることから、税収は $t \times L^{**}$ となる。これを図3-5では $\square bcfe$ の面積で表すことができる。さらに課税前の社会的余剰が $\triangle adg$ であり、そこから $\triangle abe$ と $\triangle cdf$ と $\square bcfe$ を引くと $\triangle efg$ が残る。この分が課税前と課税後の余剰の差であり、言い換えると課税によって失われる厚生の損失である。この部分が死荷重で、この結果、課税後の企業の余剰は $\triangle abe$ 、労働者の余剰は $\triangle cdf$ 、税収は $\square bcfe$ 、死荷重は $\triangle efg$ となる。

　また、所得税の課税（または社会保険料の値上げ）がどのぐらい企業と労働者の負担になるかという問題が存在する。これは、税金や保険料は労働者が支払うのか、それとも企業が支払うのかによって、実際の負担が決定されるのではなく、労働供給の賃金弾力性や労働需要の賃金弾力性によって、課税や社会保険料の値上げの負担がどちらに帰着するのかということが決定される。

　直観的に説明すると、以下のとおりとなる。図3-3のように労働需要の賃金弾力性が高い場合に労働者に税や社会保険料が課されて労働供給曲線が上方にシフトしても、企業側はあまり賃金を上昇させずに労働者を大きく減らす。このため、労働者側に負担がかかる。税金や社会保険料が課されて雇用のコストが高くなると、企業は機械などで代替するので賃金を上昇させずに負担を労働者に課すことができる。

　逆に、図3-4のように労働需要の賃金弾力性が低い場合は、政府が労働者に税や社会保険料を課すと雇用のコストが高くなる。しかしながら、企業にとって労働者は必要不可欠であり、賃金の上昇を甘受しても労働者を減らすことができない。このため、仮に労働者に税金を課しても、課税部分の多くが賃金上昇につながるので、労働者の負担を企業に転嫁できる。実質的にだれが税金の負担をするかという問題は、だれに税金や社会保険料が課されるかという形式的な問題ではなく、労働需要の弾力性と労働供給の弾力性のどちらが大きいかという問題に帰する。つまり、労働需要の賃金弾力性が労働供給の賃金弾力性よりも大きいと、労働者側の課税の負担が大きくなる。逆に、労働需要の賃金弾力性が労働供給の賃金弾力性よりも小さいと企業側の課税の負担が大きくなる[4]。

参考文献

・安部由起子・玉田桂子（2007）「最低賃金・生活保護額の地域差に関する考察」『日本労働研究雑誌』No.563、31-47頁。

・大竹文雄・橘木俊詔（2008）「最低賃金を考える」『日本労働研究雑誌』No.573、2-11頁。

・岡崎哲二・奥野正寛編（1993）『現代日本経済システムの源流』日本経済新聞社。

・近藤絢子（2017）「人手不足なのに賃金が上がらない三つの理由」（玄田有史編『人手不足なのになぜ賃金が上がらないのか』慶応義塾大学出版会）。

・橘木俊詔・浦川邦夫（2006）『日本の貧困研究』東京大学出版会。

・樋口美雄（2001）『雇用と失業の経済学』日本経済新聞社。

・別所俊一郎（2010）「税負担と労働供給」『日本労働研究雑誌』No.605、4-17頁。

・Card, D. and A. Krueger（1994）"Minimum Wages and Employment: A Case Study of the Fast-Food Industry in New Jersey and Pennsylvania," *American Economic Review*, 84(4), pp.772-793.

・Kawaguchi, D. and Y. Mori（2009）"Is Minimum Wage an Effective Anti-Poverty Policy in Japan?," *Pacific Economic Review*, 14(4), pp.532-554.

・Kawaguchi, D. and K. Yamada（2007）"The Impact of Minimum Wage on Female Employment in Japan," *Contemporary Economic Policy*, 25(1), pp.107-118.

4）所得税の労働曲線に与える影響を分析した研究としては、別所（2010）が存在する。

第4章

教　育

なぜ人々は教育を受けるのか

　いまの世の中は学ぶ機会にあふれている。「生涯教育」ということばは人々の間で広く知られているが、幼児期から高齢期に至るまで生涯にわたってさまざまなかたちで学ぶチャンスがある。ここでは労働経済学が対象とする教育として、就職までの期間に受ける学校教育と就職した後に企業で受ける企業内教育の2つを取り上げる。

　経済学の視点からは、教育は労働力の質あるいは能力に直接影響を与える機能を持つと考えられる。個人あるいは家計の立場からは、質の高い教育を受けることあるいは高い学歴を得ることは、それが高収入を得る手段となるから大きな効用を保証することになるであろう。他方企業の立場からすれば、優れた能力を持つ労働者を雇用することによって高い収益を確保することが可能となるであろう。

　教育にはコストがかかる。教育コストの大部分は国や地方自治体など公的部門が負担しているが、日本は特に高等教育の分野の教育支出における家計の負担割合は22%で、OECD 加盟国の平均値を10%ポイント上回っている（OECD 2021, p.264）。家計が負担する教育費は果たして「投資」であるのか、「消費」であるのかについては議論がある。そもそもある支出活動が投資なのか消費であるかの区別は、その金銭支出によって得られる満足が現在なのか、将来にあるのかによる。もし教育が消費財とみなされるのであれば、第1章で説明した家計の消費行動の原則をそのまま使って、予算制約のもとで教育と他の財・サービスの相対価格を考慮して、家計あるいは個人の効用水準を最大化

する教育と他の財との消費量を決定する、と説明することができる。

　教育サービスを受けることによって、人は働くために必要な技能を身に付けたりそれを向上させたりすることができる。この技能はいくつかの特徴を持つ。第1に修得までにかなり長い時間を必要とする。第2に技能はそれを獲得した人に対し長期にわたる収入をもたらす。第3に技能は時間とともに劣化したり、社会全体の技術進歩のスピードによっては時代から取り残されていく。したがって学校教育だけでなく、再教育のための社会人向け大学院や企業内教育などが必要になる。これらの特徴から、技能というものが機械や設備のような「物的資本」に似た性格を持っていることがわかる。すなわち物的資本も建設から稼働するまでには時間がかかり、いったん据え付けられれば何年にもわたって稼働し、時に修理・修繕が必要となるからである。こうした共通の性格から技能あるいは熟練が「人的資本」と呼ばれることになる。以下では教育を受けることを人的投資と見なす立場から議論を進める。

1 高学歴化と学歴間賃金格差

　人的資本の水準を目に見える形で表現するのは難しいが、とりあえず労働力人口の学歴水準を指標に取ってみよう。既に第1章で簡単に紹介したが、わが国の大学進学率は現在ほぼ50％の水準に達している。これは新規就業者についての学歴動向を見る際の指標となり得るが、労働力人口や就業者全体の学歴水準はどのようになっているのであろうか。

　表4-1は在学者を除いた卒業者を対象に学歴別分布の変化をまとめたものである。最大の比率が後期中等教育（高校・旧制中学）卒業者であることは、この30年間で変化はない。1987年には義務教育卒業生の比率は高等教育機関卒業生を上回っていたが、97年には両者はほぼ同じ水準になり、07年には両者の関係は完全に逆転した。

　高等教育卒業者の比率自体は1997年から07年にあまり大きく変化しなかったものの、その内訳には大きな変化があった。大学・大学院卒が伸びる一方で、2年制の短大や中卒者を受け入れ5年間の教育を行う高等専門学校（高専）は逆に減少した。また07年から17年までの期間は4年制大学卒以上の割合の増加

表4-1　15歳以上人口の最終学歴分布

(%)

| | 義務教育
(小学校・中学校) | 後期中等教育
(高校・旧制中) | 専門学校 | 高等教育 | | |
				計	短大・高専	大学・大学院
1987 年	34.9	45.4	–	19.7	8.5	11.2
1997 年	26.6	46.4	–	26.9	12.3	14.6
2007 年	19.5	42.5	9.8	27.5	8.4	19.1
2017 年	14.8	39.7	11.7	33.1	8.8	24.3
男性	13.7	39.1	9.8	36.7	3.0	33.7
女性	15.7	40.2	13.4	29.8	14.2	15.6

資料）総務省統計局『就業構造基本調査』。
注）1）在学者を含まない、また学歴不明がいるため各学歴の合計は100にならない。
　　2）専門学校が調査票の回答選択肢に含まれるのは2007年以降。

が目立った。

　専門学校は専門課程を置く専修学校で、中学校あるいは高校卒業後に入学できる。近年、企業ですぐに役に立つ能力を身に付けることが就職で有利になってきたことから人気を集めており、労働統計の最終学歴の項目にそれが加えられるようになった。2007年ではこの専門学校を最終学歴とする人も15歳以上人口のおよそ10％を占め、17年にはその割合は若干増加した。

　2017年について男女別に見ると、高等教育卒の割合は男性36.7％、女性29.8％で若干男性が高いが、その内訳を見ると男性は4年制大学以上がもっとも多い。これに対し女性は07年までは短大の割合の方が大きかったが、17年には4年制大学以上が短大・高専を上回った。

　日本の学歴水準は先進国の中でどのような水準にあるのか。OECD 統計を使って（OECD 2021, p.48）、高等教育機関の卒業者の25〜64歳人口に占める割合を指標とし、先進国の中での日本の位置を確認してみる。

　2020年における高等教育卒業者の割合は、日本は52％で OECD 加盟国の平均値40％を大きく上回る。しかし日本では女性の高等教育機関への進学先としては、1990年代中頃まで短期大学への進学者数が4年制大学のそれを上回っていた。表4-1からもわかるように、2017年における15歳以上の女性の場合は、2年制の短大卒の割合は4年制大学以上の割合よりも小さいもののその差はわずかである。そこで4年制大学以上の学歴に限定してその割合の国際比較をし

てみると（対象は25〜64歳）、日本は31％に低下し OECD の平均値33％を逆に下回ってしまうのである。

2　教育の人的資本理論

■ 教育投資モデル

　人的資本理論は1960年代初めの T.W.シュルツの議論に由来するもので（Schultz 1961）、教育が労働力の限界生産物を向上させる効果を持つ、というものである。したがって高学歴な人ほど限界生産物が高く、低学歴の人よりも高い賃金が支払われることになり、学歴間の賃金格差が発生する。

　図4−1は2020年の一般労働者[1]を例にとって、大学卒と高校卒の年齢別の年収の変化（賃金・年齢プロファイル）を描いた。既に20〜24歳の段階で、わずかではあるが大学卒の賃金が高校卒の年収を上回っており、その後の年齢の上昇に伴う収入の増加も大学卒の方が大きく、学歴間の年収格差は年齢とともに拡大していく。それは50〜54歳でピーク（1.7倍弱）を迎える。この年齢層は教育費がもっともかさむ大学生の子どもを持つ平均的な親世代にあたる。また近年の IT 技術や金融面における急速な技術革新の影響で、この学歴間賃金格差は時間と共に拡大傾向にある（南・牧野 2018, 54-55頁）。

　たしかに学歴間の収入格差があることはわかった。しかし上級学校に進学して学び、卒業するためには教育費を支払わなければならない。これが教育投資で、先ほどの学歴間の所得格差は上級学校に進学した際の投資がもたらした収益と見なすことができる。

　この関係を高校から大学への進学を例にモデル化したものが図4−2である。横軸は時間を表し、高校卒業時を18歳、大学卒業時を22歳、定年時を65歳としておく。Y_u、Y_h はそれぞれ大卒、高卒の収入を表し、この図では後の説明を簡単にするためにすべての年齢で一定と想定している。Y_u が Y_h を上回る R の部分が学歴間の収入格差（投資収益）を示す。

1）　1日当たり所定労働時間あるいは1週間当たり所定日数が短くないもの、と定義されている。正規・非正規の区分と厳密には異なる。

図4-1　学歴別年収の格差（男女計、2020年）

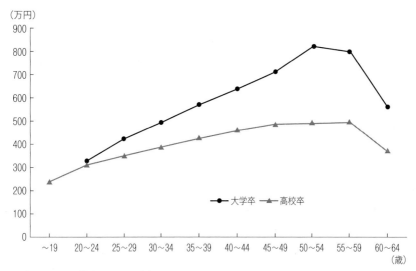

資料）厚生労働省『賃金構造基本調査』。
注）1）対象は企業規模10人以上の一般労働者。
　2）年収＝きまって支給する現金給与額×12＋年間賞与その他特別給与額。

図4-2　教育投資と教育収益

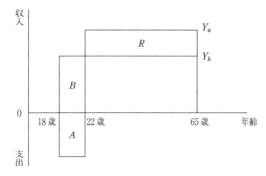

　縦軸の０から下のマイナス部分は支出があったことを表す。18歳から22歳までの A の部分は大学で学ぶことに伴って発生する費用で、入学金、授業料、書籍代等が含まれる。図ではこれも毎年同額を支払うように仮定してある。

　大学進学に要する「費用」は A の部分だけではない。大学に進学しないで高校卒業後直ちに就職したならば、大学在学の期間に獲得したであろう収入部

分 B も大学進学に伴う間接的な費用と考える。B は大学進学によって失った収入で、経済学では一般的にこのような間接的費用を「機会費用」と呼ぶ。

したがって大学進学のための投資額は直接費用（A）と失った収入（B）の合計（C）で、これと投資収益（R）を比較することによって、大学進学の収益性を決定することになる。

しかしながら既に述べたように投資の支出と回収には長い時間を要する。大学進学を例にとれば投資期間は 4 年で、回収期間は65歳まで働き続けるとすれば40年以上を要する。そのため「お金が表す価値」は時間とともに変化していくので、異時点間のお金の価値をどのように評価したらよいのかという問題が出てくる。ただしこれはインフレのような通貨の購買力の変化ということではない。わかりやすいたとえで説明する。現在保有しているお金を銀行預金で運用した場合、一定の利子率のもとで元利合計額は時間とともに変化していく。たとえば現在手元に100万円持っていた人が金利 1 ％で預金すると、元利合計額は 1 年後に101万（＝100万×1.01）、2 年後には102万100円（＝100万×$(1.01)^2$）……と変化していく。したがって現在の100万円と 1 年後あるいは 2 年後の100万円は当然のことながら価値が異なる。利子率が 1 ％のもとでは 1 年後の101万円あるいは 2 年後の102万100円が現在時点の100万円に等しい、ということになる。

このように異時点間のお金の評価は、額面どおりに単純比較することはできないので、通常はすべての将来時点のお金を現在時点（あるいは初期時点）のお金の価値に換算する。このことを現在時点の価値に「割り引く（discount）」という。先ほどの例を使えば、1 年後の101万円あるいは 2 年後の102万100円を金利 1 ％で割り引いて現在価値に換算すると、それぞれは100万円に等しいのである。

■ 純現在価値と内部収益率

投資プロジェクトを実施するか否かの決定に先立つ事前評価の方法には、投資の純現在価値、内部収益率あるいはミンサー型賃金関数のパラメータ推定などの測定などがある。

純現在価値法を使った投資の意思決定とは、投資費用の現在価値と収益の現

在価値を比較し、後者が前者を上回っていれば投資を実行するというものである。大学進学の場合について、高校卒業時（18歳）でどのような意思決定（大学進学か就職か）を下すか、図4-2の記号を使って説明する。投資の現在価値（I_d）を式で表すと、$I_d = C_{18} + \dfrac{C_{19}}{(1+\delta)} + \dfrac{C_{20}}{(1+\delta)^2} + \dfrac{C_{21}}{(1+\delta)^3}$、収益の現在価値（$R_d$）は、22歳で就職し65歳まで働き続けると仮定すれば、$R_d = \dfrac{R_{22}}{(1+\delta)^{(22-18)}} + \dfrac{R_{23}}{(1+\delta)^{(23-18)}} + \cdots\cdots + \dfrac{R_{60}}{(1+\delta)^{(65-18)}}$ となる。ここでδは割引率を意味するが、利子率が使われることが多い。収益の現在価値（R_d）が投資の現在価値（I_d）を上回っていれば、大学に進学することが経済的に有利になる。

　教育投資の内部収益率とは、投資の現在価値（I_d）＝収益の現在価値（R_d）となる割引率（δ）のことである。これがたとえば市場の利子率を上回っていれば、教育に投資した方が有利で、逆の場合であれば資金を教育以外のたとえば金融投資に振り向けた方がよいと判断する。

　教育費の負担は家計ばかりでなく政府も財政支出を通じて行っている。それを考慮して、教育の収益率は家計部門の支出のみを使って計算した私的収益率とそれに加えて政府の教育に対する財政負担もコストに含めて計算した社会的収益率とに分けられる。

　ミンサー型賃金関数は、賃金率（w）の自然対数値を被説明変数とし、教育年数（E）およびその他の変数によってそれを説明する推定式を想定する。この推定式を使って推定された教育年数のパラメータの値（$\dfrac{dw}{dE} \div w$）が、教育年数が1年伸びたことに起因する賃金上昇率を表し、教育の収益率とみなされる。

　表4-2は若干古いが2000年前後におけるいくつかの先進国の高校から大学への進学の内部収益率の推計結果である。日本の内部収益率は他の先進国に比べると低いが[2]、この時期の日本の長期国債（10年）の利回りが1.3%前後という超低金利であることを考慮すれば、教育投資の収益率は金融投資に比べる

2）矢野（2005）295-296頁は、その理由として、日本企業の平等的処遇、大学の大衆化などを挙げている。

表4-2　大学教育の内部収益率（1999～2000年）

(%)

	私的収益率		社会的収益率	
	男性	女性	男性	女性
日本	7.5	6.7	6.7	5.7
カナダ	8.1	9.4	6.8	7.9
デンマーク	13.9	10.1	6.3	4.2
フランス	12.2	11.7	13.2	13.1
ドイツ	9.0	8.3	6.5	6.9
イタリア	6.5	–	7.0	–
オランダ	12.0	12.3	10.0	6.3
スウェーデン	11.4	10.8	7.5	5.7
イギリス	17.3	15.2	15.2	13.6
アメリカ	14.9	14.7	13.7	12.3

資料）OECD（2003）Table 14.3, 14.4.

と高い水準にあったといえそうである。

　先に書いた私的収益率と社会的収益率の定義から明らかなように、通常は社会的収益率の方が私的収益率より低くなる。またこの2つの収益率の定義から、両者の差が大きい国ほど教育に対する公的支援が手厚いことがわかる。日本はOECD諸国の中で高等教育に対する政府の負担が少ないことでよく知られているが、そのことは表4-2の数字にも反映されている。

　1973～96年の期間の日本の大学の内部収益率を推計した論文によると、内部収益率は1980年頃までは緩やかに低下するが、80年代以降は6％前後でほぼ安定している（島　1999, 108頁）。しかし大学進学率は90年頃から急激に上昇し現在に至っている。内部収益率の推計が正しければ、大学進学率の上昇は必ずしも内部収益率の動向とは関係なく起こったわけで、大学進学の目的が金銭的収益の追求のみではないことを示唆している。

3　シグナルとしての教育

　人的資本モデルに対してはいくつもの批判がある。たとえば人的資本モデルは、人々が将来の自分の所得の動向についての確実な情報を持っていることを想定しているが、それは正しいのか。教育投資額が同じであっても、教育成果

には個人によってかなりの相違が出るのではないか、あるいは別の表現だが能力の高い人ほど低い教育投資で一定の教育成果を得ることができるのではないか、などである。

　その代表がシグナリング仮説で、人的資本理論が想定している教育による生産性上昇効果を否定した上で、以下の3点にそれを要約する。第1に、学歴さらには出身大学名は、その人が難しい試験を勝ち抜いてきたという高い潜在能力を持っているという情報を発信するであろう。第2に、能力がもともと低い人は、わざわざ高いコストをかけて大学に進学するようなことはしないであろう、したがって結果として高い能力を持つ人が大学に進学することになる。第3に、学歴間の賃金格差はそのような能力の差の反映に過ぎない。

　このようなシグナリング仮説が登場してくる背景には、企業が人を採用する際、応募者の能力について十分に情報を持っていないという情報の非対称性の存在がある。企業が応募者を短時間で選別するために、あるいは選抜のための時間とコストを減らすために、学歴あるいは出身大学名という極めてシンプルな情報を手がかりにしていることは否定できない。

　雑誌『PRESIDENT』が毎年10月に大手企業の人事採用担当者を集めた座談会形式の記事を載せている。その中での電機メーカー社員の発言を紹介すると「世間では学歴不問採用が流行っているが、30分、1時間の面接を2〜3回やるだけではわからないよ……。学歴が大きな目安であることは間違いないし、企業から見たら安心感がある。大学に入るまでに努力してきたわけだし、しかもちゃんと卒業できるという人は最小限の安心感がある」（2008年10.13号、37頁）。

　もちろんこの発言を大企業がシグナリング仮説に基づいて採用人事を行っている論拠とすることは短絡的である。逆に採用コストの軽減策を経済学の理論で正当化しているという側面があることも否定はできない。いずれにしても競争相手から差別化して自分を売り込みたい学生側と学生に対する情報が欠如している企業側の双方にとって、もっとも簡単な解決法が学歴を基準にした採用であるといえるであろう。

　シグナリング理論は、教育は労働力の限界生産物を上昇させるのではなく、教育水準は労働力の質的差別化を図るための単なる手段に過ぎないことを主張

している。しかし人的資本理論とシグナリング理論とは矛盾するものではないことにも留意すべきである。たとえばいわゆる銘柄大学に入学した学生は高い能力を持つので、大学に入って高度な内容の教育が施され、その結果として人的資本理論が想定するように就職後に高い生産性を発揮するかもしれないからである。たしかに銘柄大学出身者の年収が他大学出身者に比べ有意に高いという計量分析がある（橘木・松浦 2009, 第1章）。しかしその原因が人的資本理論の想定に基づくものなのか、あるいはシグナリング理論の想定によるのかは必ずしもはっきりしていない[3]。

4 企業内教育

　これまでは学校教育について説明してきた。しかし人的資本の形成の場はそれだけに限られない。その他の有力な訓練機関には、政府がサービスを提供している公共職業訓練、そして何よりも企業自身がある。この節では仕事に就いた後に企業が主体となって従業員を教育する企業内教育について説明する。

　日本の企業は従業員の教育に対し非常に熱心である。新人研修から始まり節目の勤続年数を経過した後の研修、管理職研修等々それぞれのキャリアに応じた多様な企業内教育の機会が提供されている。またそれを請け負う専門会社や団体も多く存在するし、訓練用にさまざまな教材が販売されている。以下では企業内訓練をいくつかの視点から類型化してみる。

■ 一般的訓練と企業特殊的訓練

　まず訓練を受ける場所に従って分類すると、OJT と Off-JT に分けられる。OJT（On the Job Training）とは仕事をしながらあるいは仕事を通じて受ける訓練である。職場の隣席にいる先輩社員や作業グループのリーダーなどから直接・間接に日常業務を遂行する過程での経験を通じて行われるもので、訓練のために通常業務を休んだり職場を離れたりする必要はない。これに対し Off-JT（Off the Job Training）は業務命令によって通常の仕事を一時的に離れて

3）経済学の視点から学校教育についてより専門的に学ぶために小塩（2002）が参考になる。

図4-3　一般的訓練と企業特殊的訓練のモデル

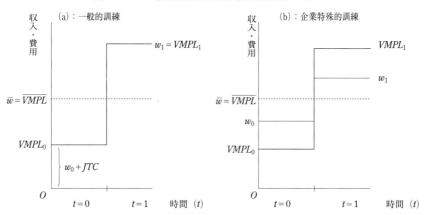

受ける訓練で、たとえば自社内の施設、民間教育訓練機関、商工会・業界団体などで行われる場合が多い。厚生労働省が毎年実施している『能力開発基本調査』によると、コロナ禍による企業活動への本格的な影響が現れる前の2019年度の場合、正社員または正社員以外にOff-JTを実施している企業は76.0%、同じく計画的なOJTを実施している企業は66.2%に達している。それぞれ10年前に比べ8〜9%ポイント増加しているが、後述するように、この変化が企業内教育がより重視されてきたことを反映したものではないことを留意すべきである。

　訓練内容に従うと、一般的訓練と企業特殊的訓練に分けられる。一般的訓練とは、受けている訓練が勤務している企業向けに専門化された内容ではなくどの企業に勤めても通用するような訓練で、外国語の習得や市販されているコンピュータ・ソフトの操作に対する習熟などがそれに当たる。これらの技能は一端身に付ければ、転職してもおそらく役立つであろう。他方、企業特殊的訓練とは、自分が勤務している企業にしか通用しないような技能を身に付けるための訓練である。たとえばその企業が特注した機械やソフトウェアの操作に関する訓練などがそれに該当する。

　ただし現実には一般的訓練と企業特殊的訓練は、実態としてはかなりオーバーラップしているから、ある訓練プログラムがどちらに分類されるかを特定す

ることは難しい。

　企業内訓練のための費用の負担はだれがどのくらい負担するのか、また訓練前後で賃金はどのように変化するであろうか（図4-3）。就業期間を単純に技能を向上させるための訓練中期間（$t=0$）と技能が向上した後の訓練後期間（$t=1$）との2期に分ける。賃金をw、訓練費用をJTC、労働の限界生産物価値を$VMPL$という記号で表す。また訓練を受けない場合の賃金と労働の限界生産物価値をそれぞれ$\overline{w}$、$\overline{VMPL}$と表し、$\overline{w}=\overline{VMPL}$とする。

　企業が訓練費を負担すると仮定すると、訓練中に企業が負担するコストは従業員の賃金（w_0）と訓練費（JTC）で、訓練終了後は賃金のみ（w_1）となる。企業は訓練中と訓練後の全期間を通じた利潤最大化を実現するように行動すると仮定すれば、利潤最大化のための条件は、全期間を通じた労働力の限界費用と限界生産物価値が等しくなることである。すなわち、$w_0+JTC+w_1=VMPL_0+VMPL_1$となる。

　さて訓練の内容が一般的訓練であれば、訓練後の賃金と労働の限界生産物価値は等しくなる（$w_1=VMPL_1$）。なぜならばもし従業員が一般的訓練を受けた後に、自分の限界生産物価値より低い賃金しか受け取ることができないならば（$w_1<VMPL_1$）、この従業員が獲得した技能はどの企業でも通用するから、より高い賃金を求めて別の企業に転職してしまうだろう。そうなれば訓練が無駄な投資になってしまうから、訓練を行った企業は、結局限界生産物価値に等しい賃金を支払うことになる。

　訓練後の利潤最大化条件$w_1=VMPL_1$を上の式に代入して整理すると、$JTC=VMPL_0-w_0$となる。すなわち企業が訓練費を負担する場合は、訓練期間中の賃金が労働の限界生産物価値を下回っている限りである。賃金が労働の限界生産物価値に等しければ企業は訓練費を負担せず、従業員が自己負担することになる。ただし一般的訓練による技能の向上は、どの企業に対しても通用し職場が変わっても高い賃金を得ることができるから、従業員自身は一般的訓練に対する費用を自己負担する高いインセンティブ（誘因）を持つ。

　これに対し、企業特殊的訓練の場合は、従業員は訓練費を負担するインセンティブを持たないか自己負担に対するインセンティブは非常に低い。もしその企業を解雇されたら訓練によって向上した技能は他の企業では役立たない。解

雇リスクの可能性があるような場合、他の企業で通用しない技能を向上させるための費用を自己負担するようなリスクはだれしも負わないであろう。

　他方、特殊的訓練終了後にその従業員が他の企業から高い賃金を提示されることはないから、企業は上昇した限界生産物価値に等しい賃金を支払う必要はない。むしろ限界生産物価値よりも低い賃金を支払い、その差額を超過利潤として獲得しようと努める。そのためには訓練を受けた従業員が離職しないようにコントロールする必要が出てくる。

　企業特殊的訓練には常にこのような2種類のリスクが付きまとうが、それを避けて企業特殊的訓練の成果を双方で得るためには、リスクを分け合う必要がある。訓練中には従業員は、訓練を受けないで普通に働いていた場合に得たであろう賃金よりは低いが、訓練を受けているために低下した限界生産物価値よりは高い賃金（$\overline{w} > w_0 > VMPL_0$）を受け取る。訓練後には、上昇した限界生産物価値よりは低いが訓練を受けないで普通に働いていた場合に得たであろう賃金よりは高い額の賃金（$\overline{w} < w_1 < VMPL_1$）を受け取る。このような状況であれば、従業員は企業特殊的訓練を受けて企業にとどまろうとするし、企業は訓練費を負担しても訓練後にそれを超過利潤（$VMPL_1 - w_1$）によってカバーできる。

■ 技術的技能と組織的技能

　この分類方法は必ずしも広く知られてはいないが、日本企業がなぜ企業内訓練に熱心であるかを理解する上で重要な区分である（梅谷 1987）。技術的技能とはこれまで例に挙げてきたような技能で、一定の仕事を遂行するための技術的知識あるいは能力である。これに対し、組織的技能とは組織の能率を向上させるような従業員の知識、能力と定義される。具体的には、組織に対する忠誠心、規律、チームワーク、職場における良好な人間関係である。日本企業の強みは効率的な集団的行動にあるといわれているから、このような組織的技能の向上こそ実は企業特殊的訓練の核心といえるであろう。組織的技能は業務を通じて形成されるだけでなく、現在はやや下火になったが、職場単位の飲み会、慰安旅行、花見、運動会、会社所属のスポーツクラブの応援などさまざまな機会を通じて知らず知らずに従業員ひいてはその家族に蓄積されていく。

図4-4　民間企業における教育訓練費の推移

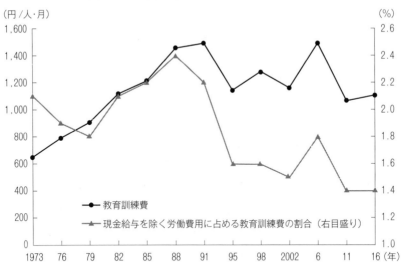

資料）厚生労働省『人材開発政策関係資料集』f.27（https://www.mhlw.go.jp/content/11801000/000554151.
　　pdf　2021年10月確認）。デフレーターは内閣府国民経済計算 web サイト。
注）教育訓練費とは、労働者の施設に関する用指導員対手当や謝金委託要等の合計額で、GDP デフレーター
　　で実質化した 1 人 1 か月当たりの金額。

　また既に述べたように従業員の訓練費用を企業が負担するためには、訓練を受けた後に技能が向上した従業員が転職しないことが前提条件となる。その意味では、組織的技能の養成自体が企業内訓練に常に伴う転職リスクを軽減させることに貢献している。したがって長期雇用制度が企業内訓練を施す際のセーフティネットになっているといえよう。

■ 最近の企業内教育

　近年は労働移動率が高まり、企業への定着率が低下しつつあるといわれている。企業内教育は従業員の定着を前提とするが、労働市場の流動化は企業内教育に対して影響を与えているだろうか。

　図4-4は民間企業による長期的な教育訓練費の推移で、実額と給与を除いた労働費用全体に占めるその割合の 2 つのデータで示した。実額は経時点な通貨価値変動の影響を除くために、GDP デフレーターで実質化してある。2 つ

の指標ともにバブル最盛期の1990年頃までは上昇したが、それ以降は下落ないしは横ばい傾向にあり、企業は従業員に対する教育訓練支出を削減したことが読み取れる。これにはコスト切り下げのために企業内訓練の対象とならない非正規従業員の割合が増加したことも影響しているが、人材育成を通じて生産性向上をどのように図るか企業にとって大きな課題である。

参考文献

・梅谷俊一郎（1987）「企業内教育・訓練の行方」（市川昭午編『教育の効果』東信堂）。

・小塩隆士（2002）『教育の経済分析』日本評論社。

・島一則（1999）「大学進学行動の経済分析：収益率研究の成果・現状・課題」『教育社会学研究』64集。

・橘木俊詔・松浦司（2009）『学歴格差の経済学』勁草書房。

・南亮進・牧野文夫（2018）「所得と資産の分配」（深尾京司・中村尚史・中林真幸（編）『岩波講座　日本経済の歴史 第6巻 現代2 — 安定成長期から構造改革期（1973−2010）』岩波書店）。

・矢野眞和（2005）『大学改革の海図』玉川大学出版部。

・OECD（2003）*Education at a Glance 2003.*

・OECD（2021）*Education at a Glance 2021.*

・Schultz, T. W.（1961）"Investment in Human Capital," *American Economic Review*, 51(1), pp.1-17.

第5章

失　業

なぜ人々は失業するのか

　この本で学んでいる人の何人かは、就職した後、会社からリストラの対象者として解雇されてしまうかもしれない。また、運悪く、就職した会社が何年か勤めた後、倒産して失業してしまうかもしれない。あるいは、よりよい条件の会社に転職を試みるため現在勤めている会社を辞めたが転職が思うようにいかず失業の憂き目に遭うかもしれない。はたまた、いままで、結婚をして専業主婦をしていたが、夫の収入が減ったので、専業主婦から労働市場に参加して、仕事を見つけようと試みたが仕事が見つからず失業状態になることも考えられる。失業問題は、我々の生活の身近なところに存在している。

　初めに失業の定義を確認し、その後1991年以降の各国の失業率の動向を概観しながら、その時代における経済社会の出来事を見ていく。最後に、失業がなぜ生じるかを説明する理論をいくつか紹介した後に、失業対策について考えることにする。

　失業問題に関心を寄せる経済学者は多い。それは、経済学を通して、少しでも人々の幸福に貢献できることを望んでいるからである。多くの人々に知られている経済学者の中でも、イギリスの経済学者ケインズ（J. M. Keynes）は、その著書『雇用・利子および貨幣の一般理論』（1936年）において失業を生みだす経済的メカニズムを解明し、それを克服する有効需要理論を明らかにした。彼の考えは、その後の経済学に多大な影響を及ぼした。

　ケインズの考えは、2008年の秋に起きたリーマン・ショックに対する、各国の政策対応の基調として活かされたといっても過言ではない。もしケインズの

有効需要政策の考えを人類が持ち合わせていなければ、2008年の金融ショックによる不況の波は大恐慌にまで発展して世界経済に大きな被害をもたらしていたかもしれない。そうした意味では、この章で説明される失業理論は人類の幸福に貢献したといってよい。

　また、2020年には、新型コロナウイルス感染症（COVID-19）の拡大により世界経済が大きな混乱を来した。その結果、各国で失業率が上昇した。しかし、失業率の上昇は各国で異なる動きを見せている。そうした異なる動きはなぜ生じているのかなどを考察することにする。

1 日本の失業と先進諸国の失業

■ 失業者・失業率の定義

　労働力人口の中で、仕事を探したが見つからなかった人を完全失業者と呼んでいる。第1章で学んだように、労働力人口は就業者と完全失業者から成っている。労働力人口に占める完全失業者の割合は完全失業率と定義される。日本では、総務省統計局が毎月末に「労働力調査」を実施して、わが国の失業者や失業率を把握している。

　それによれば、次に挙げる3つの条件を満たす者を完全失業者と呼んでいる。①「仕事がなく調査週間中に少しも仕事をしなかった」者、②「仕事があればすぐに就くことができる」者、③「調査週間中に、仕事を探す活動や事業を始める準備をしていた（過去の求職活動の結果を待っている場合を含む）」者、と定義している。それゆえ、月末にアルバイトを探した大学生や主婦でパートを探していた人は、失業者に分類される。ただし、月末にアルバイトをしない大学生や専業主婦は、非労働力人口に分類されるので注意されたい。

　また、仕事を探し始めた理由（求職理由）により、完全失業者を「非自発的な離職」と「自発的な離職」に分けることができる。非自発的な離職は「定年又は雇用契約の満了による離職」と「勤め先や事業の都合による離職」を合わせた離職失業者である。一方、自発的な離職（自己都合）は自分又は家族の都合による離職失業者のことである。新たな求職は「学卒未就職」、「収入を得る必要が生じたから」及び「その他」を合わせたものとなっている。

　たとえば、2009年の完全失業者は336万人（完全失業率5.1％）であるが、コロナ禍の2020年の完全失業者は191万人（完全失業率2.8％）となっている。リーマン・ショックと今回のコロナ・ショックとを比較すると、完全失業者は145万人少なく、完全失業率は2.3％ポイントも少なくなっている。今回、雇用調整助成金の給付により、就業者に含まれる「休業者」の増加により失業者が抑制されたと言われている。

■ 各国の失業率の動向

　失業統計には労働力調査方式（第1章参照）と職業安定所登録者方式の2つがある。前者は日本とアメリカで行われている方式であり、後者は西欧諸国で行われている方式である。方式が異なるので、本来ならば直接に失業率の推移や水準を比較することはできない。そこで、OECD（経済協力開発機構）は、各国の失業率をなるべくILO基準に近い形にした調整失業率（Harmonised Unemployment Rate）を公表している。実際の失業率と調整失業率とはそれほど大きくは乖離していないことが知られている。7カ国の失業率の動向を1991年以降示したものが図5-1である。この30年間はわが国では「失われた30年」と呼ばれている。1985年頃から90年まではわが国はバブル経済となり景気の拡大と地価・株価の上昇が観察された。名目GDPの成長率は平均5〜7％、実質成長率で3〜5％の成長を達成していた。2020年以降のわが国の成長率は名目・実質で1.2〜1.3％程度である。2020年はコロナ禍により4.5％のマイナス成長となっている。こうした経済成長の動向と密接な動きをするものとして失業率がある。

　一般的には、景気が良くなれば、労働需給がタイトになり失業率は低下する一方、リーマン・ショックやコロナ感染症の拡大のように負の外的ショックがあれば、労働需給が緩慢となり失業率は上昇する。その証拠にアメリカの失業率の動向を見ると、2009年の失業率は2008年の5.8％から9.3％に、また2020年は2019年の3.7％から8.1％へと2倍以上に上昇している。一方、わが国の失業率の動向を観察すると、2008年の4.0％から2009年5.1％に、2019年2.4％から2.8％へと上昇している。ただし、アメリカのように2倍に増加する失業率は観察されない。同じ負の外的ショックを受けても、国により失業率の増加幅は

図5-1　各国の失業率（1991-2020年）単位：％

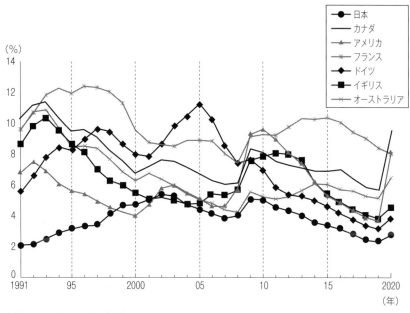

資料）OECD『OECD主要統計』。

異なる。なぜ、国により失業率の動向が異なるのか？　基本的には、その国が受けた負のショックの大きさや採用された政策、雇用システム・社会システムの差異が失業率の動向を左右すると考えられる。わが国は日本的雇用システムを採用しているので、企業の業績悪化により、即座に労働者を解雇できない。一方、アメリカでは企業業績の悪化と共に雇用者に対する解雇ができる。それゆえ、負の外的ショックが起きた場合の失業率が異なる動きとなる。アメリカ型社会と日本型社会および北欧型社会のメリットとデメリットを、みんなで一度議論してみて欲しい。

■ 失業のフロー分析

　失業期間は国により異なることが知られている。たとえば、アメリカと日本を比較すると日本の方が失業者になりにくいが、いったん失業者になると再び就業者になるには時間がかかる。すなわち、日本の失業者はアメリカの失業者と比べて失業期間が長く、失業から離脱する確率が低いことなどが明らかとな

っている（水野 1992）。

　このように失業者を時点間の変化から明らかにすることは重要である。そのためには労働市場全体の流れ（フロー）を体系的に理解しなければならない。労働市場におけるストックとフローの関係を示すと、ある時点の失業者（U）、就業者（E）、非労働力人口（N）の数はストックである。フローとは、失業者から就業者（UE）、就業者から失業者（EU）、非労働力から失業者（NU）、失業者から非労働力（UN）、非労働力から就業者（NE）、就業者から非労働力（EN）への流れを指している。また、同じ労働力状態とは、たとえば、$t-1$期からt期において非労働力状態の者（NN）、引き続き就業者状態である者（EE）、失業者継続状態（UU）を表している。ストックに対するフローの変化する確率を計算したものを、推移確率（Transition Probabilities）という。図5-2で、euは$t-1$期に就業者でt期に失業者になる確率（EU_t/E_{t-1}）、ueは$t-1$期に失業者でt期に就業者になる確率（UE_t/U_{t-1}）を表している。たとえば、前期の就業から今期の失業への移行確率（eu）は、各期のフロー量を前期のストック量で除したものである。前期の就業者は今期、失業者か就業者および非労働力人口に必ずなるため、$E_{t-1}=EU_t+EE_t+EN_t$となる。一般的には、次式で定式化される。

$$eu=\frac{EU_t}{E_{t-1}}=\frac{EU_t}{EU_t+EE_t+EN_t}$$

　図5-2は、2019年平均（1カ月当たり）の就業状態を示したものである。まず、ストックから見ると、2019年のわが国の就業者（E）は6,724万人、完全失業者（U）162万人、非労働力人口（N）4,197万人である。就業者から完全失業者（EU）への移動は20万人、完全失業者から就業者（UE）への移動は21万人、完全失業者から非労働力（UN）への移動は21万人、非労働力人口から完全失業者（NU）への移動は24万人である。また、就業者から非労働力人口（EN）への移動は75万人、非労働力人口から就業者（NE）の移動は74万人である。

　上述した推移確率の値が図5-2の括弧内の数字である。括弧内の左側の数字は2019年の値であり、右側の数字は2009年の数字である。初めに、1）失業からの推移確率（ue, uu, un）から考察する。失業プールに留まる確率（uu）

図5-2　失業のストック・フローモデル

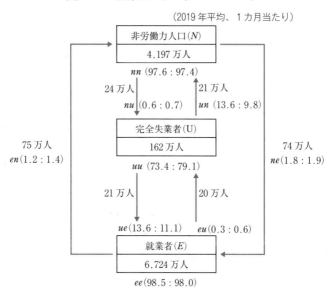

（2019年平均、1カ月当たり）

資料）労働政策研究・研修機構（2020b）『ユースフル労働統計2020』。
注）1）著者（小﨑）が『ユースフル労働統計2020』の図表から作成。
　　2）（　：　）内の左側の値は2019年、右側の値は2009年の値。
　　3）就業者、完全失業者、非労働人口は年平均、三つの状態間を移動する人数は、
　　　　ある月の調査時点から翌月の調査時点までの変化で、1カ月当たりの移動。

は2019年と2009を比較すると、2009年が2019年と比較して約6％ポイント高くなっている。つまり、リーマン・ショックの影響で、失業プールに滞留する確率が高くなった。失業プールへの滞留確率は男性が女性より高い。次に、失業から就業者への推移確率（ue）は、2019年より2009年で2.5％ポイント低くなっている[1]。性別では男性より女性でその推移確率を高めている。推察するに、男性は非正規より正規の仕事を探す一方、女性は非正規労働の職探しをする傾向があり、非正規労働の職は正規より就業確率が高いので女性の就業確率が高い。こうしたことが、男性の就業確率が低い要因の一つと考えられる。完全失業者から非労働力人口の推移（un）は、2019年と比較して2009年で低下して

――――――――――
1）以下の男女別に関する記述は労働政策研究・研修機構（2020b）『ユースフル労働統計2020』に基づいている。

いる。つまり、多くの労働者が労働市場に留まって職を探したということである。特に、男性は2019年と比較してその値が半分の6.6％となっている。失業のフロー分析からリーマン・ショックの労働市場に与えた大きさがわかる。

次に、就業からの推移確率（ee,eu,en）を考察する。就業継続確率（ee）は、2019年と比較して2009年は0.5％ポイント低くなっている。就業者から完全失業者への推移確率（eu）は、2009年は2019年の2倍となっている。如何に大量の人々が職を失ったか理解される。2009年の完全失業者は336万人である。コロナ禍の2020年の失業者は191万人、前年の2019年は165万人であるから、2009年の失業者はその2倍の数字となっている。就業者から非労働力人口への推移は、2019年が1.2％、2009年では1.4％となっていて、非労働力人口への推移が2009年に増加している。性別では、女性の推移確率は男性より高い。2009年のその値は、男性が0.9％である一方で女性は2％となっている。一般的に、不景気のときは、職を探しても職が見つからず、労働市場から退出して非労働力人口へと移行する確率を高める。

■ 失業のフローと失業期間別構成比

水野（1992）は、わが国の労働市場と他国の労働市場の違いを失業フローの分析から明らかにした。アメリカ型社会（アメリカ、カナダ、オーストラリア）は就業から失業への推移確率（eu）が高く、失業プールに滞留する確率（uu）ないし失業完結期間が短く、失業から就業への推移確率（ue）が高い社会である。一方、わが国は就業から失業への推移確率（eu）は低いものの、一旦、失業のプールに入ると失業からの離脱確率が低い社会である。すなわち、失業から就業への推移確率（ue）が低い社会であることを明らかにしている。水野（1992）によればこうした推移確率の相違は、それぞれの労働市場の労働需給逼迫度、雇用慣行のあり方、職業紹介制度の効率性や職探しの際の情報の普及度、失業保険制度の仕組み、あるいは就業構造の近代化の程度など、きわめて多様な環境条件と結びついているとしている。

表5-1は、各国の失業期間別構成比を示している。わが国とアメリカ、カナダ、オーストラリアを比較すると、1年以上の失業期間の比率が日本で高くなっている。図5-1の失業の動向をみても、アメリカ、カナダ、オーストラ

表5-1　失業期間別構成比（2018年）

(%)

	1 か月未満	1 ～ 3 か月	3 ～ 6 か月	6 ～ 12 か月	1 年以上	計
日本	15.4	23.7	14.8	14.2	32.0	100.0
アメリカ	34.4	29.7	14.5	8.0	13.3	100.0
カナダ	38.7	26.4	15.7	9.1	10.1	100.0
イギリス	17.4	23.3	17.6	15.5	26.3	100.0
ドイツ	11.9	17.5	14.7	14.6	41.4	100.0
フランス	5.5	18.8	17.0	18.3	40.4	100.0
EU-28	9.6	16.9	15.2	14.9	43.4	100.0
オーストラリア	24.8	19.8	16.0	20.0	19.4	100.0

出所）労働政策研究・研修（2020）『データブック　国際労働比較』第4-15表。
資料）OECD *database*（https://data.oecd.org/）

リアの失業率の動向は類似していることがわかる。一方、1カ月未満の失業期間比率はアメリカ、カナダ、オーストラリアで多くなっている。就業から失業への推移確率が高い国は、概して失業率が高くなっている。一方、わが国のような就業から失業への推移確率が低い国は、概して失業率が低い。このことから、アメリカ型社会では日本以上に再分配政策が重要な政策となる。

■ 未活用労働指標[2]

　失業に関連した労働指標として、未活用労働指標が存在する。2013年10月ILO主催の「第19回国際労働統計家会議」で、経済が利用可能な人的資源をどの程度活用しているか、つまり、経済が労働力人口を最大可能性までに雇用する機会をどの程度与えているかを評価するために未活用労働（Labour Underutilization）に関する指標の設定を含む、新たな議決が採択された。これを受けてわが国は2018年1月から労働力調査の調査事項を変更している。

2 摩擦的・構造的失業の理論：UV 曲線

■ 失業の種類

　失業は、労働者の意思によって自発的失業と非自発的失業に分けることがで

2）詳細は https://www.stat.go.jp/data/roudou/pdf/mikatuyok.pdf を参照のこと（2021年10月確認）。

きる。自発的失業とは、自分の限界生産力より高い賃金を求めて、自らの意思で失業している失業者である。それゆえ、社会的にはあまり問題にならない。一方、非自発的失業者とは、景気後退などにより十分に働く職場がなく、労働者本人は働く意思を持ちながら、職に就けない人々である。それゆえ、大きな社会問題となる。

　また失業は発生理由によって次の3つに分けることもできる。第1は、摩擦的失業である。この失業は、失業者が新しい職を見つけるまでに一定の時間を要するために生じる失業で、一時的失業である。第2は、労働の需要と供給におけるミスマッチ失業（構造的失業）である。第3は、景気後退によって生じる需要不足失業である。この節では摩擦的失業と構造的失業を説明し、需要不足失業については第3節で説明する。

■ 摩擦的失業（Frictional Unemployment）

　摩擦的失業は、転職や労働市場への参入・退出、労働市場における情報の不完全性、失業者が仕事を見つけたり雇用主が欠員を補充するのに一定の時間がかかることなどによって生じる。労働市場で需要と供給の数が等しいときでさえ、労働者が就職したい会社と会社が求めている人材とが一致するには時間がかかり、そのために、失業が生じる。もし情報が完全で移動に費用がかからなければ、こうした事態は生じず、失業は発生しないと考えられる。しかし、現実社会においては、情報は不完全で移動には費用がかかるため、一定の摩擦的失業が発生せざるを得ない。

　摩擦的失業は、いくつかの特徴を持つ。第1に、特定の年齢グループ、産業、地域に大きな影響を与える。たとえば、相対的に転職率の高い宿泊業、飲食サービス業あるいは卸・小売業、また年齢では、とりわけ十代で多い。第2は、相対的に失業期間が短い。仕事を変えるために職を求める多くの人々は、現在勤めている会社に在籍しながら転職先を探そうとする。この場合、仮に失業しても短期間で仕事を見つける。第3に、一定量の摩擦的失業は避けられない。というのは、労働市場が需要超過の状態にあるときでさえ、労働市場から退出する人、労働市場に参加する人、転職する人は必ず一定量存在するので失業をゼロにすることは不可能である。最後に、摩擦的失業は、産業構造の変化によ

りある産業や地域から別の産業や地域へ労働者の効率的な再配分を実現する過程で生じるため、一定の経済的合理性を持っている。

　摩擦的失業を減らすための政策対応としては、職業紹介のコンピュータ化とそのネットワークの確立、ハローワークにおける情報提供サービスの改善、企業説明会の頻繁な開催支援といった仕事の情報を適切に提供するための機会を増やすことが考えられる。

■ 構造的失業（Structural Unemployment）

　構造的失業は、仕事を探している人々の持つスキルと企業が採用したい労働者のタイプの間のミスマッチから生じる。このミスマッチは、熟練、教育、年齢、地域等と関連する。たとえば、労働市場で、熟練を必要とするコンピュータ・プログラマー、専門的知識を必要とするエンジニアや会社組織のマネージャーなどに求人がある一方、職を求めている労働者は若くしかも経験が少なく、教育もあまり受けていない場合などで生じる。あるいは、東京は人手不足だが、地方では雇用機会が少なく職を求めている人が多い場合である。こうした失業は、情報の不足によって生じるというより、地域間の労働移動あるいは職種間の労働移動が困難なことによって生じる。したがって構造的失業を解決するには、長い時間を要するのが一般的である。

　構造的失業は、技術変化が急速な場合、斜陽産業、特定の地域で顕著となる。新しい技術の導入あるいは工場閉鎖によって生じた失業者は、あまり仕事がない地域で雇用機会を見出さなければならないので、職探しには多くの時間が必要である。こうした点は、摩擦的失業と異なる。

　構造的失業への政策対応としては、第1に、政府による訓練プログラムの提供や補助金などが考えられる。就業困難な若者に対して、企業で役立つ技能を職業訓練校を通じて提供したり、就業困難な労働者に対し訓練を提供する企業に税を軽減するといったものである。第2は、職が少ない地域から職が多い地域への移動促進策が考えられる。第3に、政府が長期の失業者を労働者として公共サービスの仕事に就かせることも考えられる。

図5-3　*UV*曲線

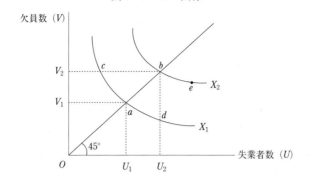

■ UV 曲線による摩擦的・構造的失業

　摩擦的・構造的失業を図5-3で説明することにする。横軸に失業者数もしくは失業率をとり、縦軸には欠員数もしくは欠員率をとると、右下がりの曲線が描ける。45度線は、失業数と欠員数が等しい線で、完全雇用の状態を示している。45度線より左側では、欠員数 > 失業者数（たとえば、図の c 点）となっているので、労働市場は超過需要状態となっている。逆に、45度線より右側では、失業者数 > 欠員数（たとえば、図の d 点）となっているので、労働市場は超過供給の状態にある。

　図5-3の a 点は、需給が等しい完全雇用の点であるが、U_1 の失業が存在している。こうした失業率を均衡失業率と呼ぶ。この U_1 の失業が摩擦的・構造的失業であるが、どちらの失業なのか区別がつかない。たとえば、この U_1 の失業は、集計すると欠員 V_1 に等しくなるが、摩擦的失業のように素早く V_1 と等しくなるのか、あるいは構造的失業のように、V_1 と等しくなるのに長い時間を必要とするかはこのモデルからはわからない。U_1 の失業は、摩擦的失業と構造的失業が混在した失業であるといわなければならない。また、図の b 点に対応する U_2 の失業は、U_1 より高い U_2 の均衡失業率に対応している。以前の均衡失業率の状態と比べて、労働者の転職による増加、失業者の失業期間が長くなっている状態、失業者が持つスキルと雇用主が求めているスキルの間のアンバランスが拡大してきたことが考えられる。こうした場合、政府による雇用や職業訓練及びハローワークのサービスの改善等を通して、b 点の状態か

ら a 点の状態に改善することが可能である。最後に、図中の点 d から点 e への移動は、需要不足失業に摩擦的・構造的失業が加わった状態を示している。

3 需要不足失業の理論

■ 需要不足失業 (Demand-deficient Unemployment)

　需要不足失業と呼ばれている失業を考察する。その失業は仕事を求めている人々に十分な仕事を提供できない経済状態で生じる。図5-3の d 点や e 点のように45度線の右側に位置している状態がこの失業である。この需要不足失業は、しばしば循環的失業と呼ばれることもある (Kaufman and Hotchkiss 2003)。景気循環の過程で好景気のときは、企業は新規採用者などの労働者を増やすことにより失業が減少する一方、景気後退期には、企業はリストラを行ったり新規採用を抑制するため、失業者が増加する。こうした循環的失業 (需要不足失業) は、非循環的になる場合もある。たとえば、現在の日本が直面しているような、長く持続的な低成長状態から、需要不足失業が発生することも考えられる。

　循環的失業 (需要不足失業) の特徴は、景気変動に連動するので摩擦的・構造的失業と比較して年々の変動幅が大きい。摩擦的失業と異なり、需要不足失業は特定の産業や地域、あるいは労働者グループに集中するわけではなく、経済の広い範囲に及ぶ。しかしながら、一般的に観察される事実としては、景気後退期には、製造業で働く人や工場の密集している地域でより多くの失業者が生じる傾向にある。また、教育をあまり受けていない労働者の方が、教育を多く受けている労働者より景気後退期には失業者になりやすい。これは、より教育を多く受けた人々が、企業や会社組織で重要な位置を占めていたり、たとえリストラに遭っても、より専門的な知識を生かし転職等が容易であることと関係している。失業期間に関しては、短期の循環的失業 (需要不足失業) の場合は、一時的な摩擦的失業よりも長期化する傾向がある一方で、より時間のかかる構造的失業より失業期間が短い (Kaufman and Hotchkiss 2003)。

　こうした需要不足失業に対しては、需要を拡大するための財政支出の拡大、低金利政策などが採用される。高速道路の建設や都市の再開発をすることによ

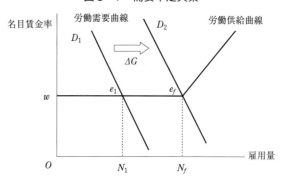

図5-4　需要不足失業

り、失業者を減らすことができる。また、政府が「ワーク・シェアリング」を促進することで、1人当たりの労働時間を短縮する代わりに雇用を維持することが可能となり、景気後退局面での失業を一定程度抑えることが可能となる。

■ ケインズ派による失業

　図5-4では、ケインズによる需要不足失業の発生メカニズムとその克服方法が示されている。ケインズ以前の古典派および現在の新古典派は、価格メカニズムを重視する考えを持ち、労働市場で超過供給すなわち失業が発生すると、市場メカニズムが働き実質賃金が低下して労働の供給と需要が一致すると考える。したがって労働の需要曲線と供給曲線が一致するところでは、失業は発生しない。もしそこに失業があるのであれば、その失業は摩擦的・構造的失業ないしは自発的失業であると考えている。

　一方、ケインズは、完全雇用（働きたいと望む労働者がすべて雇用されている状態）を想定し（図では N_f で示される）、それを下回る労働の需要と供給曲線の交点 e_1 における雇用量 N_1 では、(N_f-N_1) の需要不足失業が発生すると考えた。そこで、景気後退期には不足している総需要の拡大を提唱したのである。総需要を構成しているものは、消費、投資、政府支出、純輸出（輸出－輸入）で、これらを拡大すれば、総需要の不足が改善される。しかし、景気後退期には往々にして消費や投資が低迷し、海外需要も低迷することが一般的であり、そこで政府支出の増加（ΔG）を提唱したのである。ΔG の事例が前

述した高速道路や情報通信網の整備、あるいは都市の再生のための支出などの社会資本投資である。こうした政府支出等の拡大を通じて雇用の増大に結び付く政策を「有効需要政策」と呼んでいる。こられの政策の効果を図5-4でとらえれば労働需要が拡大して需要曲線は D_1 から D_2 へとシフトする。そこでの雇用量は完全雇用量 N_f となり失業は発生しない。ケインズモデルでは、完全雇用を超えない限り賃金率や物価上昇がないことを想定している。また、古典派と異なり、ケインズ派は縦軸に実質賃金率ではなく名目賃金率をとっていることに注意されたい[3]。

4 賃金と失業問題

■ フィリップス曲線と修正フィリップス曲線

　賃金と失業の関係は、A.W. Philips によって提示されたフィリップス曲線として知られているところである。縦軸に名目（貨幣）賃金の変化率をとり、横軸に失業率をとると右下がりの曲線を描くことができる。わが国のフィリップス曲線（1991〜2019年）を描いたものが、図5-5である。図5-5で示されていないが、第1次石油危機（1973〜1974年）では、名目賃金が20〜30％上昇した。その後、名目賃金の変化率の低下とともに、失業率の増加が観察される。こうした現象の背景は、失業率が低いとき労働市場の需給バランスがタイトであることを意味し、賃金の上昇率が大きくなるためである。賃金上昇率が10％以上の時期は1971〜76年で、他の時期とは明らかに異なっていることがわかる。第1次石油危機が起きた1973年の10月以降、景気悪化とインフレを伴うスタグフレーションが生じたのを受け、政府は景気悪化を理由にケインズ政策を行った。その結果、1973年の消費者物価の上昇率が11.7％であったものが、翌年には23％にまで跳ね上がってしまった。

　こうした、スタグフレーションのメカニズムを解明したのが経済学者ミルト

3）ケインズは、労働者が実質賃金を知ることは極めて難しいことから名目賃金を重視した。一方、古典派では、実質的な機能を持つのは、やはり実質賃金であると考えて実質賃金を採用している。

図5-5　わが国のフィリップス曲線（1991〜2019年）

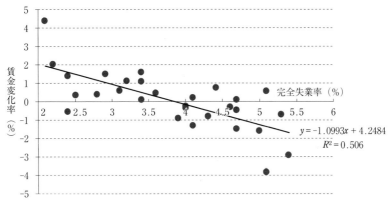

資料）厚生労働省『毎月勤労統計』、総務省統計局『労働力調査』。

ン・フリードマン（M. Friedman）の「自然失業率仮説」である。図5-6を用いて説明することにしよう[4]。

　フリードマンは、フィリップス曲線では名目賃金率が労働市場を調整することを前提にしているが、本来実質賃金率が調整するのであるから、名目賃金率と物価が同時に同じだけ上昇すれば実質賃金率は変わらないので、失業率は変化しないと主張する。人々の労働供給は名目賃金ではなく、実質賃金で決まるものと仮定する。したがって、労働供給は、名目賃金の変化率だけではなく、物価上昇率であるインフレ率によって影響を受けることになる。ここで、人々はインフレが今期は生じないと考えて行動しているものと仮定しよう。このことは、現在の経済状況が人々の期待インフレ率0％での「修正フィリップス曲線」（フィリップス曲線に期待インフレ率を導入した曲線）U_1 上にあることを意味する。そして、期待インフレ率が0％のときの失業率が5％であったと仮定する。政府は、この現在の失業率5％を高すぎて許容できない水準と判断した場合、政府支出を拡大する（ΔG）。その結果、1/（1− 限界消費性向）倍だ

4）図5-6で、縦軸にインフレ率（物価の変化率）を採用しているのは、価格の変化（インフレ率）は、賃金変化率から労働生産性の変化率を引くと求めることができる。ここで、労働生産性を一定と仮定すると賃金変化率＝物価の変化率となる。さらに勉強したい人は小﨑（2001）を参照してほしい。

図5-6　修正フィリップス曲線

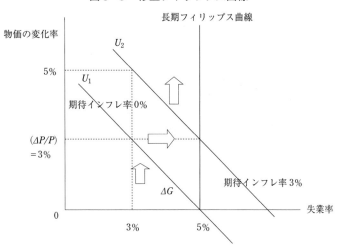

け国民所得が増加し、失業率が５％から３％に減少したとする。このとき、物価の上昇とともに名目賃金の上昇が生じるため、人々は実質賃金の上昇と誤解して、労働供給を増加させている。人々の期待インフレ率が０％にもかかわらず、現実の物価は３％の上昇となっている。そこで、人々は自分たちの期待インフレ率を修正して３％とする。期待インフレ率の引上げは、修正フィリップス曲線を U_1 から U_2 へシフトさせることになる。U_2 の修正フィリップス曲線では、インフレ率が３％のとき失業率は５％に戻ってしまっている。これは、人々の期待インフレ率が上方修正されたことでその分だけ実質賃金の下落を認識し、結果として労働供給が減少するためである。そして、政府は再び５％に上昇した失業率を減らすために再度財政を拡大する。すると、失業率は３％に減少するが経済は５％のインフレ状態になっている。人々の期待インフレ率は、３％であったので、人々は現実に合わせて５％の期待インフレ率に修正を行うことになり、長期的には失業率が減らず、インフレ率のみが高くなっている。

　長期の失業率を「自然失業率」と呼んでいる。ここでは５％の失業率がそれに当たる。こうした事態のため、マネタリスト（経済政策の運営に当たり、貨幣供給量を重視する学派）は、短期的には人々のインフレに対する錯覚によって財政政策は有効となり得るが、人々のインフレに対する認識が正しく修正さ

れる長期においては無効を主張している。金融政策に関しては、経済成長に見合う、ある一定のマネー・サプライ（X%ルール）の供給を提示している。

■ 暗黙の契約理論（Implicit Contracts Theory）

　1970年の半ば以降、ミクロ経済学に基礎付けられたマクロ経済学を提起したニュー・ケインジアンが登場してくる。彼らの主張は、経済合理性に基づく実質賃金の下方硬直性により、失業が発生するというものである。ニュー・ケインジアンを形成している理論には、アザリアディス（Azariadis 1975）によって代表される「暗黙の契約理論」（Implicit Contracts Theory）、「効率賃金仮説」（Efficiency Wage Hypothesis）、リンドベック＝スノウァー（Lindbeck and Snower 1988）による「インサイダー・アウトサイダー理論」がある。

　暗黙の契約理論は景気変動に左右されない安定した賃金を保証するような賃金契約を結ぶ傾向が労使双方にあることを説明する理論である。労働者は企業家と比べ資産が少ないためにリスク回避的行動をとる一方で、企業はリスク中立的行動をとるものと仮定する。双方が不確実な賃金契約より、賃金の額は少ないが確実に一定の賃金が支払われる契約を結ぶことで、労働者と企業側の双方にとってより好ましい賃金契約の状態が生まれる。そこで双方が賃金契約を結ぶと、景気変動と関係なく、賃金の下方硬直性が生じる。

　図5-7は、暗黙の契約理論を説明するための図であり、曲線 U は不確実性を導入したフォン・ノイマン＝モルゲンシュテルンの期待効用関数である。横軸に実質賃金率 w を、縦軸には期待効用水準 U が取られている。労働者は、賃金率が高くなるほど満足度が高いと仮定されており、その効用関数は右上がりの曲線で表される。一方、企業の効用は、リスクに対して中立的なため、その効用関数は直線として表される。

　いま、2つのタイプの労働契約が企業から提示されていると仮定しよう。1つは景気変動により賃金が変動するタイプの賃金契約である。来年好景気であれば、賃金20万円が労働者に支払われ、不景気であれば10万円が労働者に支払われる契約 a である。ただし、来年の景気のよし悪しは、それぞれ2分の1の確率である。もう一方の契約 b は、景気いかんにかかわらず、15万円を労働者に支払うという契約である。この場合、労働者は契約 a と契約 b のどちらを選

図5-7　暗黙の契約理論

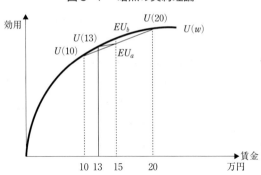

択するか。契約 a の期待賃金は15（＝ $1/2 \times 20 + 1/2 \times 10$）万円である。契約 b は、確実に15万円支払われるので、期待賃金は15（＝ 1×15）万円である。どちらの契約も期待賃金は同じである。

　こうした場合、労働者は契約 b を選択することになる。なぜなら、図を見ると、不確実な状況での期待賃金15万円は、確実な13万円と同等の満足を持っていることが示されている。それゆえ、もし確実に14万円支払われるなら、不確実な15万円の支払いより満足度が高い。こうしたことがなぜ生じるのかは、労働者と企業家のリスクに対する態度が異なることに起因している。

　リスク中立的な企業は、不確実な契約を結んだときに支払わなければならない期待賃金より、不確実性がない低い賃金を労働者に提示することにより、人件費の節約を行うことができる一方、リスク回避的労働者は、その提示された不確実性のない低い賃金が、不確実な期待賃金より期待効用が高いのであれば、その契約を結ぶメリットが生じる。ここでは、企業家が景気変動にかかわらず14万円の賃金を確実に労働者に提示を行うことにより、企業は不確実な状況で、期待賃金15万円を支払わなければならないが、その提示により１万円節約ができる。一方、労働者側は、確実に13万円以上なら契約を結ぶメリットがあり、ここでの提案では１万円のメリットが発生していることになる。ここに、企業と労働者との間には、景気変動にかかわらず、一定の賃金契約が生まれることとなり、賃金は不景気のときでも下落せずに下方硬直的となる[5]。

■ 効率賃金論（Efficiency Wage Hypothesis）

　効率賃金仮説は、企業が均衡賃金よりも高い賃金を提示する傾向があること
を以下の4つの異なるミクロ経済的基礎付けの理論により記述される。第1は、
シャピロ＝スティグリッツ（Shapiro and Stiglitz 1984）による「怠け者のモデ
ル（Shirking Model）」である。労働者のあらゆる行動を規定する雇用契約と
いうものはない。労働者は、ある程度まで自分の仕事を怠けるか否かの自由裁
量を持っている。企業は、労働者の行動に関して不確実な情報しか持っていな
い。それゆえ、出来高払いには監視にコストがかかり、加えて不正確にしか労
働者の努力水準を把握できない。完全雇用の状態であれば、もし怠けた労働者
を見つけ解雇しても彼らはすぐに仕事を見つけてしまう。彼らを怠けないよう
誘導するためには、企業は他の企業で支払われている水準より高い賃金を提供
することによって「解雇されたら損だ」と思わせるようにしなければならない。

　もし、すべての企業が同一の行動を取るなら、その企業の労働者は他の企業
の労働者に比べてより高い賃金を得ることはできないが、以前と比較すれば彼
らの賃金は上昇しているので労働需要は減少し失業が増加する。それゆえ、失
業手当の水準が市場賃金以下である限り失業の恐怖が労働者を怠けさせないよ
うにする。つまり、企業による均衡賃金を超える賃金は、労働者に勤勉に働く
ことへのインセンティブを与える有効な方法となり得る。

　第2は、サロップ（Salop 1979）やスティグリッツ（Stiglitz 1984, 1985）ら
による「労働移動モデル」（Labor Turnover Model）である。このモデルは、
賃金が低ければ低いほど労働移動（自発的離職）率が高くなることに注目する。
労働者が離職することにより企業が損失を被る限り、自発的な離職をできるだ
け少なくするために、企業は均衡を超える賃金を支払うことによって労働者の
労働移動コストを高めるというものである。

　第3は、ワイス（Weiss 1980）らによる「逆選択モデル」（Adverse Selec-
tion Model）である。この逆選択モデルは、生産性と賃金との間の関係にさら

5）暗黙の契約理論は、労働者と企業家のリスクに対する態度が変化すれば賃金の硬直性の
　理論が成り立たなくなることに注意されたい。暗黙の契約理論に関してより詳細な議論と
　文献を確認したい人は小崎（1992）を参考にしてほしい。

なる理由を提供している。仕事の出来不出来は労働者の能力に依存し、しかも個々の労働者の能力は異なっていると仮定する。このとき、もし労働者の能力とその労働者の留保賃金が正の関係にあるなら、より高い賃金を提示している企業はより有能な労働者を採用できる。もし個々の企業が低い賃金で労働者を雇い入れようとすれば、能力の高い労働者は集まらない。いわゆる逆選択が生じる。一方で、現行賃金以下でも働く意思のある労働者を企業は採用しない。なぜなら、そうした労働者を企業はレモン（能力のない人）と見なすからである。こうして、高い能力の労働者を確保するためには、均衡賃金を超える水準の効率的な賃金が存在することになる。

　第4は、アカロフ（Akerlof 1982）らによる「社会学モデル」（Sociological Model）である。個々の労働者の努力は、労働者の所属グループの労働規範に依存しているという社会学の研究を使用する。この「ギフト交換モデル」（Gift Exchange Model）とも呼ばれるモデルは、企業が労働者にとって必要水準を上回る賃金をギフトとして労働者に支払い、これによってそのグループ労働者の規範や平均的努力の引上げに成功すると主張する。

　水準以上の効率賃金仮説は、図5-8を用いて説明される。図5-8の（a）は努力水準と実質賃金との関係を示したものである。縦軸に努力水準をとり、横軸に実質賃金をとると、図に示されるような努力曲線が描かれる。賃金の低いときは労働者はあまり努力をせず、賃金の上昇とともに努力が逓増すると仮定すれば、企業にとっては賃金1円当たり労働者の努力が最大になる水準に賃金を設定することがもっとも効率的となる。この図での効率賃金は、賃金 $(w/p)_1$ であり、労働市場を均衡させる賃金 $(w/p)^*$ とは必ずしも一致しない。もし均衡賃金より高い場合は、図5-8の（b）に描かれているように $(b-a)$ だけの失業が発生することになる。

■ インサイダー・アウトサイダー・モデル

　賃金の硬直性に関してはリンドベックとスノウァー（Lindbeck and Snower 1988）による「インサイダー・アウトサイダー・モデル」がある。このモデルは企業が何ゆえに低い賃金を提示する失業者を高賃金の雇用者に置き換えないで、賃金を高水準で維持するかを理論的に説明する。賃金硬直性の原因は、①

図5-8　賃金硬直性と失業

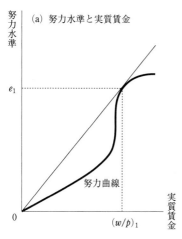

(a) 努力水準と実質賃金

努力水準

e_1

努力曲線

実質賃金

0　　　　$(w/p)_1$

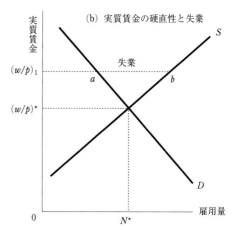

(b) 実質賃金の硬直性と失業

実質賃金

S

失業

$(w/p)_1$　　a　　　　b

$(w/p)^*$

D

雇用量

0　　　　N^*

　失業者（アウトサイダー）が企業の正社員（インサイダー）になるときに生じる企業の費用負担、②インサイダーがアウトサイダーになるときに生じる企業の費用負担、③インサイダーがアウトサイダーの利害を考慮せずに自分たちの賃金引上げを行うという３つの前提に依拠する。①②の労働移動コストに関しては、第１は採用と訓練および解雇にかかわる企業の費用負担に関してである。すなわち、企業は従業員を公募し、費用をかけ応募者を選別した後に新規に雇用者を採用する。新規雇用者は職業訓練の後に正社員となる。正社員の解雇は退職手当と費用のかかる解雇手続きが必要である。第２は協調といやがらせから生じる企業の費用負担である。インサイダーが賃金を押し上げ、あるいはその引下げに抵抗するため、正社員は生産の現場において相互の協調を選択する一方で、新規雇用者との協調を選択しないかもしれない。それゆえ、既存の正社員と新規雇用者との間に生産性の格差が生じる。同じ理由で、既存の正社員は新規雇用者にいやがらせをするかもしれない。それによって、新規雇用者の生産性は低下し、その分だけ企業は費用負担が生じる。第３は労働移動と労働者の努力に関係する企業の費用負担である。効率賃金論と同様に、企業は不完全にしか労働者の努力水準を監視できないと仮定される。しかし、効率賃金論との相違点は、効率賃金論は賃金を通して労働者の努力水準に影響を与えるの

に対して、このモデルにおいては、労働移動のコントロールを通して労働者の努力水準に影響を与える。つまり、企業は労働者を容易に解雇せずにインサイダーにとどまらせることで、彼らの高い努力水準を引き出そうとする。実際、労働者の現行努力が高ければ高いほど解雇の機会が低くなる。労働者の努力は労働移動と逆相関する。以上説明された①と②に関する労働移動に関する企業側の費用負担の存在により、賃金の高止まりが生じる。

　最後に、③に関しては、労働組合は失業者（アウトサイダー）のことを考慮しながら賃金交渉をするのではなく、自分たちインサイダーの賃金を自分たちが解雇されない程度にまで上昇させることを目的に行動することを意味する。こうした理由により、賃金が高止まりとなり、失業が発生する。

■ 失業対策

　それでは、現在の失業対策を考えてみよう。現在の失業を摩擦的・構造的失業、需要不足失業に分類すると、1990年以降、摩擦的・構造的失業が増加するとともに、2008年以降はさらに需要不足失業の増加も観察される。需要不足失業の増加には、ケインズ政策による、財政・金融政策が有効であることは周知の事実であるが、現在のわが国の財政状況、すなわち国・地方の借金は約1,200兆円に上り、加えてわが国の少子高齢化を考えると、安易な財政拡張政策は行えず、もう一方の金融政策は低金利政策が長く続いていて、金利低下の余地はほとんど残されていない。手詰まり状態といってもよい状況にあるが、これ以上に潜在 GDP と実質 GDP の乖離幅が大きくなった場合は、短期的に財政支出の拡大と金融政策とりわけ貨幣供給量の増加政策が必要である。また、円高による失業対策としては、緩やかな円安への為替政策ないし円高による海外投資促進政策が考えられる。さらに、長期的には円高に強い経済構造改革への政策が必要となろう。

　近年、注目されている労働政策として、積極的労働政策がある。従来型の雇用政策のように、失業した労働者への失業給付中心の政策ではなく、失業者や未熟練労働者に対して、職業紹介のみならず、積極的に職業訓練や教育を提供し、企業に雇用補助金を出し、雇用促進を促す政策のことである。リーマン・ショック後に多くの派遣労働者が解雇され住まいを失う人たちが多数出てきた。

そうした人々に対して東京都が仮住まいを提供して、そこを拠点として就職活動を行って、就職できた人々が多くいることがニュースとして流れている。失業して住まいまでなくしてしまった人には、国や都道府県が積極的に介入して、住まいを提供し、職探しができる環境整備を行うことも重要な政策である。

　また、コロナ感染症の拡大に関する雇用対策として、コロナ禍の雇用対策とコロナ後の対策を考えなければならない。コロナ禍の雇用対策に関しては、コロナ感染症拡大の影響を緩和すべく、雇用調整助成金（雇用維持が目的、休業者を含む）、産業間移動への産業雇用安定助成金（在籍型出向等による雇用の維持）など国の助成金政策が極めて重要である。一方、コロナ後の雇用対策に関しては、雇用のミスマッチ対策が最大の課題となる。コロナ感染拡大により苦境に立たされている産業・業種の人手過剰状態とデジタル化により情報産業のような産業および医療・介護業界のような人手不足状態の二極化現象が起きているため労働（雇用）の流動化政策が重要となる（小崎 近刊）。但し、産業をまたぐ労働移動は多くの困難を伴う。今までの知識やスキルが使えないばかりではなく、全く異なる新しい知識とスキルが必要となる。その為に、社会人の学び直し（リカレント教育）の充実や職業訓練が必要となる。現在の職業訓練が情報化社会に適応したものか、あるいはハローワークへの登録・職業紹介などハローワークまで出かけて職探しをしなければならないのか？　自宅からのパソコンで行うことができるように行政の情報化の対応への利便性や操作性の改善が急務である。また、リカレント教育を受けられる大学教育システムの改革も必要であろう。

参考文献

・太田聡一・橘木俊詔（2004）『労働経済学入門』有斐閣。

・大森義明・永瀬伸子（2021）『労働経済学をつかむ』有斐閣。

・小野旭（1994）『労働経済学』東洋経済新報社。

・大橋勇雄・中村二朗（2004）『労働市場の経済学』有斐閣。

・大橋勇雄・荒井一博・中馬宏之・西島益幸（1989）『労働経済学』有斐閣。

・黒田祥子（2002）「わが国失業率の変動について―フロー統計からのアプローチ―」『金融研究』第21巻、第4号、153-201頁。

・小﨑敏男（1992）「賃金硬直性の理論的考察」『中央大学大学院研究年報』第21号、47-61頁。

・小﨑敏男（2001）「ニュー・ケインジアンと労働市場」『行動科学研究』第53号、東海大学社会科学研究所、101-110頁。

・小﨑敏男（2004）「都道府県別の失業率と雇用変動」『東海大学紀要政治経済学部』第36号、81-105頁。

・小﨑敏男（近刊）「コロナ禍の雇用変動と経済格差拡大のメカニズムに関する考察」。

・清家篤（2002）『労働経済』東洋経済新報社。

・樋口美雄（1996）『労働経済学』東洋経済新報社。

・藤井宏一・天利浩・太田聰一・中村二朗・坂口尚文（2008）『失業率の理論的分析に関する研究―中間報告』（労働政策研究報告書 No.95）。

・古郡鞆子（1998）『働くことの経済学』有斐閣ブックス。

・水野朝夫（1992）『日本の失業行動』中央大学出版部。

・労働政策研究・研修機構（2020a）「データブック国際労働比較」。

・労働政策研究・研修機構（2020b）『ユースフル労働統計2020―労働統計加工指標集―』

・Borjas, G. J.（2010）*Labor Economics*, McGrawHill.

・Kaufman, B. E. and J. L. Hotchkiss（2003）*The Economics of Labor Markets*, Thomson/South-Western.

・Philips, A. W.（1958）"The Relation between Unemployment and the Rate of Change of Money Wage Rates in the United Kingdom, 1862-1957," *Economica*, 25(100), pp.283-299.

第Ⅱ部

内部労働市場

第6章

会社組織

日本的雇用システムの経済分析

　第1章から第5章までは労働市場の需要と供給のメカニズムを学んできた。労働市場では完全競争と完全情報が前提であった。完全競争とは企業と労働者が対等の立場に立って自由に交渉できるという条件である。完全情報とは（1）労働者はどの企業がどこにあり、労働時間はどのくらいで、どれだけの賃金を出すのかという企業側の条件が完全にわかっていること、そして（2）企業側は労働者がどこにおり、かれらがどれだけの知識と技能を持っているのかすべてわかっていることである。このような市場では、市場賃金さえわかっていれば、企業はいつでもどこでも必要なだけ労働者を雇用することができるし、労働者はいつでも働く企業を見つけることができるので、継続的な雇用関係を結ぶ必要はない。商品の売買と同じくその場で契約し、仕事が完了すれば、契約は解消すればよい。これが完全競争的な労働市場における企業と労働者の行動であり、外部労働市場と呼ばれている。

　実際はどうか。労働市場は不完全であり、労働者の数に比べて企業の数は圧倒的に少ないので、雇用関係において労働者は弱い立場にある。企業に関する情報も労働者に関する情報も不完全である。すなわち、労働者から見ると、自分が希望するような仕事をさせてくれる企業はどこにあるのか、賃金はどれだけか、労働時間はどうか、会社の人間関係はどうか、昇進の可能性はあるのか、など実際にその会社で働いてみないとわからないことばかりである。企業も応募してきた労働者がどれだけの知識と経験を持っており、どれだけ仕事ができるのか、企業組織になじむタイプなのかそれとも反抗的なタイプなのか、わか

らない。情報が不完全な中で行動しなければならないがゆえに、雇用契約は長期的になりやすい。このような市場は内部労働市場と呼ばれる。

　この章から第10章までは会社組織の中での労働力の配分と賃金の決定を説明する。すなわち、だれを採用するかから始まって、労働者をどこの部署に配属するか、一人一人の賃金をどのように決めるか、だれを昇進させるか、ボーナスをどのように決めるかなどを説明する。企業の外では市場メカニズムが配属（どの企業に就職するか）と賃金を決定した。企業内部では市場メカニズムは働かない。企業内部では労働者の配属は命令によって決まり、賃金は規定によって決まる。いわば会社組織の中は計画経済の世界である。この章の第1節では会社組織はどうなっているのかを概観し、第2節では雇用システムの基本的な構造について説明し、第3節では日本的雇用システムを経済学の視点から説明し、第4節では日本的雇用システムの変化とキャリア形成について考える。

　なお、この章ではこれまでの「企業」ではなく「会社」という呼び方をするが、基本的には同じ意味である。企業組織というと仕入⇒生産⇒販売というヨコの関係をイメージする人が多いと思うが、労働経済では企業の中の上司と部下というタテの人間関係をイメージしてほしいので「企業」組織ではなく「会社」組織という用語を使用する。

1 会社組織と雇用

　今日、仕事をすることとはすなわち会社で働くことを意味するようになった。会社では多くの人がいろいろな仕事をしながらお互いに協力して会社の目的である利益を追求する。もちろん会社は利益だけ追求している訳ではない。従業員の生活を守る、地域社会の安全や安心のために貢献する、なども社是として掲げる会社も多い。しかし、会社は利益が出なければ、継続できないし、継続できなければ、社員の生活も守れないし、地域社会に貢献することもできない。それゆえ、利益追求は会社にとってもっとも重要な目的である。

　では、会社で働くとはどういうことか。会社は多くの人がいろんな仕事をしているが、単に人が集まっているだけでは仕事はできない。よく出るたとえ話がある。ここに100キロの石板があり、これを50メートル先の現場まで運ぶと

図6-1　会社の組織図

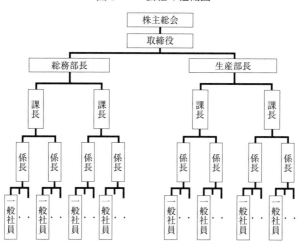

　いう仕事があるとしよう。100キロを1人で運ぶのはどんな怪力の持ち主でも
できないだろう。しかし、2人が協力するなら何とかできるかもしれない。4
人ならもっと楽にできるだろう。人が協力するなら1人ではできないことでも
楽にできるようになる。これが組織の基本原理である。したがって、会社とは
労働者が協力して会社の目的を実現することであり、会社で働くということは
それぞれに与えられた仕事をこなすということである。

　会社は複数の人が協力する組織である。この協力関係を社員一人一人の持ち
場＝役割として体系化したのが組織図である。図6-1の組織図を使って会社
組織の特徴を整理しておこう。

　(1) 会社の所有者は株主であり、会社を管理する人は経営者である。現代企
業の多くは株主と経営者が分離している。これは「所有と経営の分離」といわ
れる。株主と経営者が同じ会社はオーナー企業と呼ばれる。取締役会は会社の
戦略と目標を決定するところであり、株主総会で選任された人たちである。

　(2) この会社に雇われて働くのが雇用者である。図には総務部門と生産部門
の2つの部門が描かれているが、生産部門は直接部門と呼ばれ、総務部門は間
接部門と呼ばれる。

　(3) 上記の2つの部門はさらに細かく分類されて、それぞれに人員が配置さ

れる。一般に、生産工場で働く人はブルーカラー、間接部門で働く人はホワイトカラーと呼ばれる。

　このように体系化された組織はそれぞれに役割を与えられている。すなわち社員の数だけ仕事の内容が決められている。ただ、それぞれの仕事の決め方にはさまざまなやり方がある。たとえば、アメリカでは1人の労働者がやるべき仕事はきめ細かに決められており、他人の仕事には手を出さない。それに対して日本の会社では仕事の決め方の範囲が曖昧であり、必要ならば他人の仕事でもやることがある。また、日本の会社では1人の人が複数の仕事をこなすことが多い。会社は人事異動によって従業員に複数の仕事ができるように人材を育成する。こうした人材はブルーカラーの場合には多能工、ホワイトカラーの場合はジェネラリストと呼ばれている。

　上述した、会社組織の「組織」にウエイトを置いて分類することもある。例えば、人事、経理、営業、製造と言った具合に職能に基づく組織を職能別組織という。また、社内で幾つかの製品を同時に製造・販売をするような大きな会社では、人事と財務を担当する本社と現場を担当する事業部とを分ける事業部制組織がある。また、多国籍企業のように、一人の部下が複数の上司と報告ラインを形成するマトリックス組織を導入している企業もある（八代 2014）。

2　日本的雇用システムの特徴

■ 雇用システムとは

　雇用システムとは労働者の採用、処遇、退職に至るまでの一連の出来事を有機的に関係付ける仕組みのことである[1]。それはおもに企業内部の雇用システムを指している。しかし、それだけでは労働市場はうまく機能しない。企業外の労働市場もシステム化する必要がある。学校を卒業して初めて労働市場に出るときや不幸にして解雇されてしまったとき、仕事を見つけられるような仕組みが必要である。病気で仕事ができなくなったときや定年退職した後も生活できるような仕組みを用意する必要がある。労働者が1つの企業を離れても次の

1）以下の説明については吉田（2006）を参照した。

仕事が見つけられるとか、賃金収入以外にも生活資金を保障する仕組みがうまくシステム化されていなければ、企業内の雇用システムもうまく機能しない。そこで、以下では雇用システムを2つに分けて考える。企業内部の雇用システムを狭義の雇用システムと呼び、社会全体の雇用システムを広義の雇用システムと呼ぶことにして、順次説明しよう。

■ 狭義の雇用システム

　一般に、日本的雇用システムと呼ばれるのは狭義の雇用システムのことである。ここで「日本的」とは、文字どおり、日本は他の国とは違う雇用システムを持っているということである。ただし、これは第3節で見るように日本の雇用システムが他の国に比べて特殊であるということを意味するのではない。日本の雇用システムはアメリカのそれとは異なるし、ヨーロッパの国々のそれとも違う。国によってそれぞれの歴史的違い、産業構造の違いなどを反映して作り上げられてきたものである。また、日本の雇用システムも第二次世界大戦前、高度成長期、今日と変化しているのであり、未来永劫不変な雇用システムというものはないということを忘れてはならない。

　日本的雇用システムは一般には「三種の神器」と呼ばれる①終身雇用制度、②年功賃金制度、③企業別組合からなる。これら3つの制度が三位一体となって「学校を卒業して就職したらその会社で定年まで勤め、賃金は年齢とともに上がり、労働組合は従業員の代わりに経営者と交渉してくれる」「社員は家族も同様だ。会社は社員とその家族の面倒を見るのは当然だ」という日本的雇用システムの常識を作り上げた。この三位一体のメカニズムを詳しく見てみよう。

■ 内部育成制度

　「企業は人なり」といわれる。その意味は企業が成長していくためには人材が必要不可欠であり、有能な人材を確保しなければならないということである。人材の確保には2つの方法がある。企業の外部から調達する外部育成型と企業の内部で育成する内部育成型である。日本的雇用システムの特徴は内部育成型に特化していることである。それを概念化したのが図6-2である。日本的雇用システムは教育訓練システム、人事管理システム、そして人材活用・育成シ

図6-2　狭義の日本的雇用システム

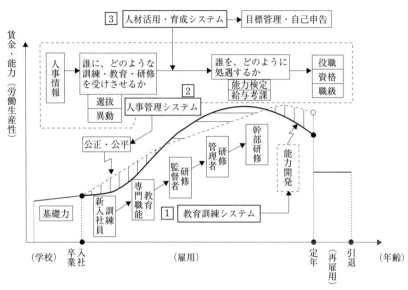

出所）吉田（2006）74頁。

ステムという3つのサブシステムから構成されている。これは、企業が人を雇い入れた後その人にキャリアを提供するモデルを示している。労働者はこのキャリアに従っていれば勤続年数とともに能力を向上させ、収入を上げることができる。企業は企業が必要とする人材を確実に確保できる。両者ともにメリットである。サブシステムについてもう少し詳しく見ていく。

（1）教育訓練システム：第4章で見たように、企業内の教育訓練にはOJTとOff-JTという2つの方法がある。OJTを基本にしながら図中のような新入社員訓練、専門職能教育、監督者研修、管理者研修、幹部研修などのOff-JTを組み合わせながら能力開発プログラムに従って労働者の能力を開発する。その結果としての能力曲線は図中の太い線で示されている。ある年齢に達すると下降するようになっているのは体力的な限界がくることを考慮したからである。従業員の能力の向上は生産性を向上させ、企業収益にも貢献することになる。

（2）人事管理システム：教育訓練は人的投資である。人的投資を効率的にするにはどうすればよいか。（ア）だれにどのような訓練を受けさせるか、（イ）

どのように選抜し、（ウ）どこに異動させるか、（エ）教育訓練の成果をどのように査定して昇進や昇格に反映させればよいか、などの制度を整備する（第4章参照）。

（3）人材活用・育成システム：労働者に対して目標管理制度や自己申告制度を活用することによってキャリア形成にある程度労働者の意見を入れることによって社員のやる気を引き出す。これについては第9章と第10章で詳しく説明する。

　このような内部育成型の雇用システムを採用する結果として三種の神器が生まれる。第1に、日本の賃金制度の基本にあるのは労働者の能力を高めて生産性を向上させ、その生産性に応じて賃金を支払うというものである。図6-2の破線は賃金曲線であり、能力曲線にほぼ平行するように描かれている。能力曲線と賃金曲線の差はそれを合計するとゼロになるように描かれている。その理由については第10章の後払い賃金契約で詳しく説明するが、年齢と賃金との関係を一見すると、年功型賃金に見えるが、その本質は能力主義的であるということである。

　第2に、内部育成制度を中核とする雇用システムでは労働者に施した人的投資の費用はすべて企業が負担する。であれば、投資した後ですぐに辞められると投資費用を回収できないということになるので、企業としてはできるだけ従業員には長く勤めてもらいたいと考える。また、第4章でも言及したように、企業内での訓練は企業特殊的技能の向上を目的とするから、他の企業では通用しないことが多く、他の企業に移れば、この技能を活かすことができないので、労働者としてもできるだけ長く同じ会社で働きたいと考える。結果として企業も労働者も長期雇用をよしとするので雇用期間は長くなり、終身雇用制度につながるのである。

　最後に、企業別労働組合の役割を考えてみよう。内部育成型雇用システムの下では雇用期間は長期化し、キャリア形成は企業主導型になりやすい。しかし、企業が期待するキャリア形成と労働者が考えるそれが一致するとは限らない。一致しなければ、労働者にも企業にも不満が残り、摩擦が生じる。具体的には、企業の査定である。査定の結果は短期的にはボーナスに反映し、中期的には賃金を決定する昇格に反映され、長期的にはポストを決定する昇進に影響してく

る。したがって、この査定＝企業の従業員に対する評価は労働者には非常に重要である。企業はすべての従業員の希望を叶えることはできない。たとえばすべての大卒の従業員に課長のポストを与えることはできないので、労働者と企業はどこかで妥協しなければならない。そのためには労働者と経営者の意思疎通が重要になる。小さな企業であれば、直接に話し合うことも可能であろうが、労働者の数が多くなれば時間的に不可能であろう。もしそうなら、労働者の代表を選んで、その人に経営者と交渉してもらえばよい。それが労働組合である。加えて、査定内容というのは内部情報であるから、企業外部に出すことはできない。企業は信頼できる労働組合でなければこの情報を提示することはできないであろう。信頼できる労働組合は企業と一連託生である企業別組合であれば、安心である。ただし、この役割は労働組合でなくてもよい。労働組合のない企業では労使委員会がこの役割を果たしている。したがって、三種の神器でいう企業別組合は安定した労使関係の代理変数と考えるのがよいだろう。

■ 内部昇進制度

　２つの昇進制度を比較する。これは実際にはもっと複雑であるが単純化すれば図６−３のように比較することができる。詳しい説明は第10章を参照してほしい。

　組織はピラミッド型であり、T は経営層、M は中間管理職、L は平社員である。従業員は平社員から中間管理職へ、さらに経営層へと昇進する。内部昇進制（日本型）とは外部からの入口は平社員層で１つだけ開いており、中間管理職と経営層へはすべて内部昇進で決まる制度である。出口は昇進しないままで退職することがあるので、すべての階層で起こる。一方、外部昇進制（欧米型）では、すべての階層で入口が用意されており、出口も同様である。しかし、内部での昇進はない。A 社と B 社があって A 社の平社員が昇進して賃金を上げたいと考えるケースを想定する。労働者は外部の教育機関たとえば経営大学院（MBA）に入って勉強して能力を高めて B 社に中間管理職として就職する。外部昇進型の場合、教育機関が実践的であること、そして別の企業での実績や外部の教育機関で習得した実務能力を評価する基準を持っていることがポイントである。

図6-3　内部昇進型と外部昇進型

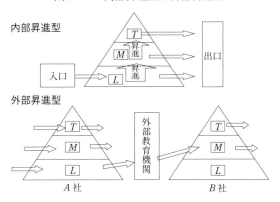

　なお、入口に関しては新規学卒一括採用という日本的特徴があるので、この
ことについて説明しておきたい。新規学卒一括採用とは新卒者を4月に一括し
て採用する採用方法である。採用後は社員としての心構えから始まって礼儀作
法、社員としての責任と義務などの教育と訓練を集団で行った後で部署ごとに
配属される。この採用方法は企業にとっては採用時期を短期集中で行えるので
採用費用が節約できること、研修が集中して行えるので効率的であること、新
卒者は会社の風土などを受け入れやすいことなどの利点がある。しかし、この
方法については批判も出ている。企業にとっては、同じようなタイプの人材が
入社してくるので多様な人材が確保できないこと、社会的には不況期に就職で
きなかった人がその後厳しい就職状況に置かれるいわゆる「就職氷河期」問題
が起こっている。後者に関しては、卒業後3年は新卒者扱としている。

　新規学卒一括採用は長期勤続を前提にした採用であり、内部育成によって企
業内で職業能力を高めていくことが期待されている。したがって、企業は途中
で辞められては困るので、辞めないような人を採用したいと考える。統計学的
な平均的行動を見ると、男性と比較して女性は出産や育児を契機に辞めていく
人が多い。そのために「女性は一人前に育ったころに辞めてしまうので、女性
には大事な仕事は任せられない」と判断され、採用に際してはできれば男性を
優先的に採用したいというのが企業の本音である。個人の真の行動を評価する
のではなく女性一般を一括して評価することによって生じる差別は統計的差別

図6-4　広義の日本的雇用システム

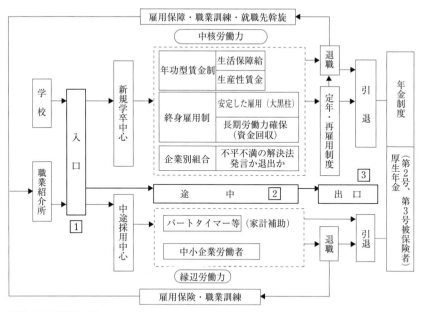

出所）吉田（2006）72頁。

といわれている。要約すれば、人の能力を正確に測定するには時間と費用がかかるので、性や年齢や学歴など費用のかからない情報でもってその人の能力を評価するというものである。

■ 広義の雇用システム

　図6-4は広義の雇用システムを示している。特徴を3点に分けて説明する。第1は中核労働力と縁辺労働力という労働市場の二重構造である。狭義の雇用システムは中核労働力のための雇用システムである。学校を卒業して入社した後、処遇は先に説明した三種の神器に従って行われる。定年退職後は引退して年金暮らしに入る人、同じ会社に再雇用される人、関連会社に移る人などさまざまである。重要なことは企業が労働者の生活を保障していることである。一方、縁辺労働力は日本的雇用システムが適用されない①中小零細企業に働く人、②パートタイマー、③契約社員、④派遣社員である。採用は中途採用が中心で

ある。賃金は時給制あるいは月給制であるが、月給制でも中核労働者ほどには上がらない。雇用保障は薄く、就業と失業を繰り返す人が多い。仕事能力（人的資本）は職業訓練を受講するか、自分で勉強するか、国や県や市町村が行うセミナーに出るなどして習得する。縁辺労働力は中核労働力とは違って外部労働市場に近い雇用システムの中で働いている。

　第2は労働市場と学校の関係である。高度成長期には中卒は「金の卵」といわれるほどの人手不足であったために学校から社会への移行は円滑であり、学校卒業⇒社会人＝正社員というキャリア・パスが開かれていた。高卒についても同様である。この時代、中学・高校の就職の斡旋は専ら職業安定所の職員の手で行われていた。会社の紹介は「一人一社」が原則であり、生徒と企業の自由競争という市場原理による労働力配分方式ではなく計画経済的配分方式であった。1999年に職業安定法が改正されて、職業紹介の規制が緩和されて、市場原理が取り入れられるようになった。また、バブル経済崩壊以後、労働市場は労働需要不足が基調になり、失業問題が深刻化し、学校から社会への移行のメカニズムがうまく機能しなくなった。なお、大学や専修学校では所轄の公共職業安定所に届け出をすれば職業紹介ができるので、学内の就職部あるいはキャリアセンターによる職業紹介が認められている。

　第3は労働市場と社会保障制度の関係である。われわれは一生の間にはさまざまな不幸や困難に直面する。そのとき支えてくれるのが家族であり、コミュニティーである。しかし、現代社会では核家族化し、コミュニティーが崩壊したために、こうした相互扶助の仕組みが機能しなくなり、家族やコミュニティーに代わって社会全体で相互に助け合う仕組みが生まれた。それが社会保障制度である。病気をして働けなくなったときは健康保険制度、失業して収入がなくなったときは雇用保険制度、親や配偶者が要介護になったときは介護保険制度、そして高齢により現役を引退した後は公的年金制度が労働者の生活を保障する。こうした制度がきちんと機能していれば、一生涯を安心して送ることができる。しかし、無年金問題、ワーキングプア、無保険問題が発生するに至って、この制度にさまざまな問題があることが次第に明らかになってきた。また、退職後、年金だけで生活するには2千万円程度不足する事態になることも明らかになってきた。これらの問題については第11章と第13章で説明する。

3 経済学から見た日本的雇用システム

　日本的雇用システムの特徴は狭義の雇用システムである。このシステムのもとでは終身雇用制度によって雇用は保障されているが、会社内のどの部門で働くかは会社の人事戦略によって決まるし、賃金は賃金表のような規則によって決められる。これは経済合理性に適っているのであろうか。この節ではこの問題をめぐる理論を4つ説明する。

　それを説明する前に狭義の雇用システムが日本だけに固有の現象ではないということを確かめておきたい。労働政策研究・研修機構（2019）（155ページ）によれば、従業員の勤続年数（2017年）が10年以上のその割合は、日本は45.8％で、先進9か国の中ではイタリアに次いで高く、イギリス（31.6％）やアメリカ（28.8％）を大きく上回る。

　また、賃金も勤続年数が長くなるにつれて各国ともに高くなる傾向がある。これに関連するデータについては第7章を参照されたい。

■ 人的資本理論と雇用システム

　人的資本の概念については第4章で詳しく説明してあるので、ここでは繰り返さない。ここで注目したいのは人的資本がどのように形成されるかということである。人的資本形成には費用がかかるが、その費用を個人が負担する場合と企業が負担する場合とがある。個人の負担は主として学校教育の費用であるが、学校での教育の効果を評価するのは企業である。企業が評価するのは潜在的能力であろう。たとえば、IT技術者が欲しいと考える企業は大学で学んだ学生がすぐに戦力として活躍できるとは考えない。入社後の教育訓練によって企業が求める知識と経験の習得に耐えられるかどうかを重視する。入社後の企業内での教育訓練は企業の費用負担で行われるので、投下資金を回収しなければならないが、そのためには長い時間が必要である。また、ある社員がAという技能を身に付けたら次はこれに関連するもっと高度なBという技能に挑戦させる、というように企業内部にはプログラム化された教育訓練のモデルがある。これを効率的に行うのが人事管理の仕事である。こうして、雇用関係は長期化

するので終身雇用的になり、賃金は労働者の能力に従って支払われるので年功型になる。要約すれば、人的資本の観点から見れば、日本的雇用システムは経済合理性に適ったシステムであるということになる。

■ 企業特殊技能と内部労働市場[2]

　ドーリンジャー＝ピオレ（2007）は新古典派経済学の批判者として知られているが、内部労働市場の賃金管理や労働力配置は組織を通じて行われているのであり、その組織は新古典派経済学がいうように経済的合理性から生まれたものではないと主張する。内部労働市場は雇用保障もあり、賃金水準も高く、キャリア形成の可能性もある良好な雇用機会である。それに対して外部労働市場は雇用保障もなく、低賃金で、つらい労働が多い。いわゆる労働市場の二重構造である。なぜこのような二重構造が起こるのか。新古典派経済学ならば、労働組合の独占力によって説明するだろうが、内部労働市場は「生産過程を通じて自然に形成された有機体」であると主張している。どういうことか。人は個々に独立して行動するのではない。集団を作って行動する。集団は人と人のコミュニケーションによって生まれるが、人と人との関係は相互の取決めによって成立する。職場では、職場の慣習や取決めが生産活動を通じて生まれる。特にOJTを通じて先輩と後輩のコミュニケーションを通じてそれぞれの職場に固有の慣習や取決めがなされるようになる。だから、組織は働きやすい場になり、働きやすいから生産性が上がり、労働条件も改善する。こうした慣習や取決めという制度はピーターズ＝ウォーターマン（2003）のいう「エクセレント・カンパニー」を生み出したという。この主張の重要な点は独占でもなく新古典派的労働市場でもない別の動機で生まれる効率的な組織が存在するということである。したがって、この二重構造をなくするには公共政策による独占禁止的な手段では解決できない。組織の考え方自体を変えるような政策でなければならない。

2）ドーリンジャー＝ピオレ（2007）参照。

■ ゲーム理論と「協力」財[3]

　以上２つの理論は、日本的雇用システムが（1）人的資本蓄積の結果として、（2）ドーリンジャーとピオレの理論では組織形成の過程で生まれてくると主張する。他方、荒井（1996）は、終身雇用制度や年功型賃金制度は企業の生産性を上昇させるための手段だと主張する。主張は（1）第１節で見たように、企業は労働者が互いに協力することで１人ではできない難しい仕事を可能にする、換言すれば協力は生産性を引き上げる効果を持っている、（2）協力は長期的な雇用関係から生み出される、という２つの部分で構成されている。

　初めに、協力がいかにして生産性を上げるのか見てみよう。荒井（1996）はこの関係をゲームの理論を使って説明している。ゲームの理論とは各主体の得る結果が相互に依存し合う場合にそれぞれがどのように行動するかを分析する理論である。この理論には３つの重要な要素がある。１つはプレーヤーである。ここでは同じ会社で働いているＡさんとＢさんとしよう。第２は戦略である。すなわち、ＡさんとＢさんの利用可能な選択肢である。ここでは協力するかしないか、具体的にはお互いに情報提供するか否かである。第３は利得（payoff）である。これは貨幣価値であったり、満足（経済学では効用）であったりする。

　荒井に従ってここでは「他のプレーヤーに有用情報を提供する」「他のプレーヤーに有用情報を提供しない」という戦略ゲームを考える。表6-1の中のⅠは「他のプレーヤーに有用情報を提供する」という協力の選択肢であり、Ⅱは「他のプレーヤーに有用情報を提供しない」という非協力の選択肢である。ＡさんとＢさんの利得表は次のようである。ＡさんとＢさんがともに情報を提供する場合（左上）はともに利得３を得る。逆に、ともに提供しない場合（右下）はともに２である。Ａさんは提供するがＢさんは提供しない場合（右上）はＡさんの利得は１、Ｂさんは４である。Ａさんは提供しないがＢさんは提供する場合（左下）はＡさんの利得は４、Ｂさんは１である。

　ここでＡさんとＢさんはまったく相談せずに同時に選択しなければならない場合を考えよう。（1）Ａさんの選択を考える。ＢさんがⅠという選択をした場

3）荒井（1996）を参照した。

表6-1　情報提供ゲームの利得表

		Bさん	
		I	II
Aさん	I	(A, 3 : B, 3)	(A, 1 : B, 4)
	II	(A, 4 : B, 1)	(A, 2 : B, 2)

資料）荒井（1996）64頁を参考にして作成した。

合、AさんはIとIIのどちらを選択するか。IIの利得の方が大きいのでIIを選択する。では、BさんがIIを選択した場合のAさんの利得はやはりIIの方が大きい。したがって、AさんはBさんの選択に関係なくIIという行動を、すなわち協力しないという選択をする。(2) 次に、Bさんの選択を考える。AさんがIという選択をした場合、BさんはIとIIのどちらを選択するか。IIの利得の方が大きいのでIIを選択する。では、AさんがIIを選択した場合のBさんの利得はやはりIIの方が大きい。したがって、BさんはAさんの選択に関係なくIIという行動を、すなわち協力しないという選択をする。(3) 結果的に相互に相談しない場合にはAさんもBさんも選択肢IIという選択をするので、2人の利得はともに2になってしまう。もし協力していれば得られた利得3を失っている。これは囚人のジレンマ・ゲームと呼ばれる。

　次に第2の協力が生み出される問題を考えよう。一回限りのゲームでは協力は行われない。現実問題としても短期雇用の場合には労働者はすぐに別々の企業に移ってしまうので協力しようとはしないであろう。逆に、終身雇用制度のように学校を卒業してから定年まで、さらに企業年金や健康保険組合を通じて定年後も会社の世話になるとすれば、生涯を通じて1つの会社と長くかかわることになる。同じ船に乗り込んだ同志のようなものであるから、協力しなければ船が沈んでしまうかもしれないので、協力が得やすい。したがって、日本的雇用システムは生産性を上げる手段として有効である。

　以上ゲーム理論から荒井が導いた結論は次のようなものである。第1に、経済が発展するとともに仕事の複雑化・非定型化が増大するが、このような仕事は協力することによって生産性が高くなる。したがって、経済が成熟した今日において終身雇用制度の重要性は増大している。第2に、単純・定型的な仕事

は協力による生産性効果は小さいので、単純・定型型産業と複雑・非定型型産業との間の二重構造が生まれる。第3に、協力的な文化のある国とそうでない国とでは前者の国の方が終身雇用制度の協力が引き出しやすいので雇用保障は強い。付言しておけば、中国に進出する日本企業は多いが、2010年の時点では日系企業での労働者のストライキが頻発していることが報道されている。これは非協力的な文化では日本的な雇用システムは効率的に機能しないということであろう。非協力的な文化を前提にした雇用システムをもって海外に進出する必要がある。

■ プリンシパル＝エージェンシー理論[4]

外部労働市場

　雇用とは企業と労働者が雇用契約を結ぶことである。雇用契約には長期と短期がある。学生アルバイトは短期の雇用契約である。アルバイトの情報誌で居酒屋の求人を見つけたとしよう。簡単な面接の後で採用になり、時給と労働時間と出勤曜日を決めて、大抵は2、3日後から仕事に出る。「あなたの仕事はこれです」と仕事の範囲は明確に決まっている。仕事はまじめにやってください、もしサボっているのを見つけたときは辞めてもらうこともあります、といわれる。仕事ぶりは店長が見ている。このように仕事の範囲が決まっており、上司（ここの例では店長）が従業員の仕事ぶりを容易に監視できる場合には短期の雇用契約になりやすい。これは外部労働市場である。こうした仕事にはパートタイマーや派遣労働などがある。

取引費用と内部労働市場

　しかし、今日のように高度に発達した経済では仕事の内容は複雑であり、きめ細かくこれとこれをやってくださいというように決めることは難しい。複雑な仕事をこなしてくれる有能な人材を探すには情報を集めなければならない。募集や面接にはかなりの費用と時間をかけなければならないだろうし、さまざまな情報網を通じて情報を集めなければならないだろう。この過程で発生するのが取引費用である。取引費用はこのような直接的な費用だけでなく、人材の

4）岩田（1993）第18章参照。

採用ができないで生産が遅れて損失を被った場合の費用、すなわち機会費用も含む。企業は取引費用が高い人材は外部労働市場を利用した短期雇用契約ではなく長期の雇用契約によって囲い込むすなわち内部化する。これが内部労働市場である。

プリンシパル＝エージェンシーモデル[5]

企業内で決定される賃金は、従業員の業績や成果を無視した形で決定されるなら、間違いなく従業員の労働意欲を削ぎ、労働生産性の低下を導くこととなる。一方、従業員の労働意欲を引き出す賃金システムの一形態として、成果に基づく出来高制がある。しかし、この出来高制は、従業員には制御できない外的な出来事によって、従業員の成果に影響を及ぼした場合、従業員の所得に影響を与えることとなる。別言すれば、賃金と業績や成果を関連させることにより、従業員にリスク負担を強いらせることとなる。それゆえ、これらを勘案した賃金契約を考える手助けとして、プリンシパル＝エージェンシーモデルを利用することができる。

企業組織における経営者と従業員の雇用関係をモデル化したものに、プリンシパル（Principal）＝エージェンシー（Agency）理論がある。経営者がプリンシパル（依頼人）として従業員にエージェント（代理人）に仕事の実行を依頼するエージェンシー関係としてモデル化される。

ある企業の製品の総売上 S が、エージェント（従業員）の努力水準 e に依存すると仮定する。S は e の関数 $S(e)$ として示される。プリンシパル（経営者）はエージェント（従業員）の努力水準 e を直接モニターできないが、製品の総売上で観察できると仮定する。つまり、シグナルに誤差がなく、$S(e) = e$ を仮定する。また、エージェントは、努力水準 e を行うのに費用 $C(e)$ かかると仮定される[6]。

プリンシパルは製品の売り上げ $S(e)$ に依存して賃金を支払うとする。ここで、単純化のために以下のような線形の賃金スケジュール W を仮定する。

5）以下のモデルは、青木・奥野編著（1996）を基に、小﨑（1998）がまとめたものを参考にした。このようなモデル化は「人事経済学」（Personal Economics）などで使用されていて、Kuhn（2018）などで上述した考えが使用されている。

図6-5　プリンシパル＝エージェンシーモデル

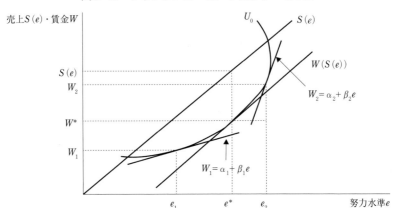

出所）小﨑（1998）128頁。

注）青木・奥野編著（1996）を参考に小﨑作成。

$$W(S(e)) = \alpha + \beta S(e)$$

ただし、αは基本給、βは出来高払いの強度で従業員へのインセンティブとなる。

　以上の仮定の下で、賃金の最適契約を定型化するには、プリンシパルの効用を極大化することを目的として、次の2つの制約条件が満たされなければならない。第1は、エージェントが所与の賃金スケジュールの下で、期待効用が最大になる努力水準e^*を選択する（誘因制約）。第2は、エージェントが持つ最低水準の効用を保障し、プリンシパルが提示する契約に参加する選択（参加条件）。この条件を満たす賃金スケジュールは図6-5で示される。

　図6-5では、エージェントの効用水準がU_0になるような賃金と努力水準が描かれている。図から賃金W_1は、エージェントに努力水準e_1を行うインセンティブを与える。なぜなら、エージェントが努力水準e_1以外を選択したな

6）大きな努力には大きな費用がかかり、努力水準が高いほど追加費用がかかる（$C' = \dfrac{dC}{de}$ >0, $C'' = \dfrac{d^2C}{de^2} > 0$）と仮定。また、シグナルに誤差が無いとは、不確実性がない仮定の世界を示している。つまり、情報が完全である。

らば、必ず効用が低下するため誘因制約により e_1 を選択する。また、従業員の努力を多く引き出すためには、インセンティブ強度 β を大きくすれば、より多くの努力水準を引き出すことができる。賃金 W_2 がそれである。

　次に、プリンシパルは、エージェントに少なくとも U_0 の効用を与え、利潤を最大化するには無差別曲線 U_0 と S の差が最大になる努力水準と賃金水準が必要である。つまり、努力の限界生産性（製品の売上 $S(e)$ 曲線の傾き）とエージェントの努力の限界費用（U_0 の傾き）が等しいことが条件となる。加えて、最適な努力水準 e^* を行うインセンティブをエージェントに与えるために、賃金スケジュールの傾きと無差別曲線の傾きが等しくなければならない。

4　日本的雇用システムの変化とキャリア形成[7]

　わが国の経済のグローバル化・人口動態・技術革新が劇的に変化している。日本のバブル最盛期の1989年の会社の世界時価総額ランキング100位以内に国内企業が53社であったが、約10年前の2009年では6社、2018年では1社（トヨタ自動車）のみとなった。劇的に世界の市場が変化している。この間にGAFA（Google, Apple, Facebook, Amazon）[8] によって代表される巨大IT企業が急成長し、日本企業の凋落は目を覆いたくなるほどである。こうしたIT企業人材は地理的、言語的制約が比較的少なく、世界規模で人材の流動化や報酬金額の標準化が進んでいる。IT系専門職の初級管理職の年間報酬は、アメリカが約1,340万円、ドイツ約1,120万円、日本約785万円程度とわが国の年間報酬はアメリカの約半分程度の金額となっている。IT専門職の人材獲得はこの状況では困難と言わざるをえない。

　IT人材の流動性の高い職種では、現行の日本的雇用慣行に特徴付けられる年齢・年功賃金による人材の確保は困難である。そこで、第9章で解説するジョブ型制度や役割等級制度を採用し、職務やその役割および能力に応じた賃金

7）本項は、マーサージャパン『企業の戦略的人事機能の強化に関する調査（2019年）』（2018年度産業経済研究委託事業報告書）に依拠している。

8）2021年10月28日、Facebook が社名を「Meta（メタ）」に変更すると発表した。そのため、現在では GAFAM と呼ばれている。

報酬を適用することにより、高度人材を確保することが必要となる。

　また、2021年から高年齢雇用安定法が改正され、企業主に70歳までの就業機会の確保の努力義務が発生している。政府はさらなる高齢化も考慮して75歳まで働ける雇用システムの構築を考えている。男女平均の健康寿命が73歳程度であることを考えれば、まさしく「生涯現役」時代である。そうなれば、大学を卒業してからの労働期間は50年以上となり、生涯を通じて特定の1社に「就社」する働き方ではなく、複数の会社で働く事態が当たり前になる可能性が高くなる。こうした就業期間の長期化は、個人にとって就労可能性（Employability）を高めるためのキャリア形成が必要となる。DX（Digital Transformation）と呼ばれている「デジタルによる変革」で、IT の進化に伴い既存の業務の陳腐化と新たな業務の展開が起こる。社会・会社が必要とするこうしたスキルの知識・技術習得及びグローバル化に対応するキャリア形成が望まれる。また、こうした知識・技術の習得は、従来のような会社に全面的に依存するのではなく、自律型のキャリア形成となる。

　大学生に関しては、新卒一括採用が変容する可能性も含まれる。これほどの技術革新が起こることにより、労働者が必要なくなる仕事も出てきている。継続的に新卒一括採用を行う企業は現在より少なくなり、通年で会社が必要とする時に、必要なスキルを持つジョブ型の人事システムの広がりが考えられる。そのために、大学生は社会・会社で必要とされる知識・技術が何であるかを察知し、その知識・技術の習得が必要である。新聞報道によれば、NEC は新卒を含む優秀な研究者に年収1,000万円以上、NTT データは IT 人材に年収2,000万円以上、くら寿司は新卒で幹部候補生に年収1,000万円、ソニーはデジタル人材の初任給最大2割増し、ファーストティリングは入社3〜5年の幹部候補生に年収1,000万以上など、多くの企業が年功賃金を見直し、優秀な人材を獲得しようとしている（『日本経済新聞』2019年12月26日）。

　最近では、日本的雇用慣行も急速に変化をとげはじめている。2020年のコロナ禍で通勤もままならなくなり、会社ではなく自宅で仕事を行う勤務スタイルが珍しくなくなった。それに関連して、勤務態度など十分監視できないため、成果を中心とした仕事の評価に重点が移りつつある。また、もう一つの大きな流れは DX 化により、ビッグデータ処理や IT 関連のスキル需要が急拡大する

ことにより、そうした情報関連の労働力不足が叫ばれ、日本的雇用システムを持つ企業内で人材を調達できず、外部労働市場から人材を調達せざるを得なくなり、そうした人材の獲得競争が激しくなり、日本型（メンバー型）雇用システムからジョブ型雇用システム（第9章参照）に移行する企業も出始めている。こうした、社会の変化を察知して社会が求めているスキルを自分で修得することが、キャリア形成において極めて重要となっている。

参考文献

・青木昌彦・奥野正寛編（1996）『経済システムの比較制度分析』東京大学出版会。
・荒井一博（1996）『雇用制度の経済学』中央経済社。
・岩田規久男（1993）『ゼミナール　ミクロ経済学入門』日本経済新聞出版社。
・小﨑敏男（1998）「日本的雇用慣行に関する考察(2)」『東海大学紀要政治経済学部』第30号、119-135頁。
・ドーリンジャー, P. B.＝ M. J. ピオレ（2007）『内部労働市場とマンパワー分析』（白木三秀監訳）早稲田大学出版部。
・ピーターズ, T.＝ R. ウォーターマン（2003）『エクセレント・カンパニー』（大前研一訳）英治出版。
・八代充史（2014）『人的資源管理論：理論と制度』中央経済社。
・吉田良生（2006）「労働法制度改革と日本的雇用システム」『ポスト産業資本主義下の制度改革』成文堂、60-87頁。
・労働政策研究・研修機構（2019）『データブック国際労働比較2019』（https://www.jil.go.jp/kokunai/statistics/databook/2019/06/d201 9_T6-01.xlsx 2021年10月確認）。
・Kuhn, P.（2018）*Personnel Economics*, Oxford University Press.

第7章

賃　金

賃金システムはどのようになっているのか

　「学生アルバイト募集。1日8,000円。倉庫内の整理、軽作業」——このような
アルバイト広告募集を、学生ならば一度は目にしたことがあるだろう。これ
は1日倉庫で荷物整理の仕事をして8,000円のアルバイト代で働いてみません
か、という求人の誘いである。8,000円が1日の労働への対価として提示され
ている。就職部にきている求人票なら「初任給月20万円。交通費等の手当あり。
昇給制度あり」というような募集要項が一般的であろう。この「昇給制度」と
は一体何か。この文面だけでは中味はわからない。それでも、学生諸君は昇給
制度の文言から「会社に入れば、賃金は年々上がって当然だ」と思っているで
あろう。大企業であれば、賃金の上がり方も大きい。親は人生経験でそのこと
を知っているので、「よい大学を出てよい会社に入りなさい」というのである。
なぜ日本の企業は賃金を定期的に上げるのか。これを説明するのが内部労働市
場における賃金決定方式である。この章ではこの内部労働市場における賃金決
定の理論と制度を説明する。第1節で賃金の実態を見た後、第2節と第3節で
は賃金制度を経済学的に分析する。第4節では実際の賃金制度について説明す
る。

1 賃金プロファイル

■ 賃金決定の理論と現実

　第1～3章では労働市場における賃金決定の過程と結果を理論的に考察した。

均衡においては、名目賃金率は労働需要サイドから見れば労働の限界生産物価値に等しくなる。労働供給サイドから見れば、この賃金のもとでは効用が最大になっている。要するに、均衡賃金のもとでは企業も労働者も満足している。言い方を変えれば、労働市場では企業と労働者が「ウィン・ウィン」の関係にあるというのがこの理論の主要な結論であった。

　しかし現実は必ずしも理論どおりにはいかない。賃金は第5章で説明したような理由から下方硬直的になりやすく、需給調整機能の速度が遅いために均衡に至るまでに長い時間がかかるので、失業が発生しやすい。ではなぜ調整に時間がかかるのか。賃金は労働の対価である。労働力は特殊な商品であり、他の市場の価格決定とは異なる特徴がある。第1に、消費財は消費と同時に価値はなくなるが、労働は使用することによって価値が生まれる。労働者は仕事をしながら知識を蓄え、経験を重ねて労働の価値を高める。それゆえ、企業は時間とお金をかけてでも優秀な人材を育てたいと考える。この意味で、労働は人的資本（Human Capital）と呼ばれる（第4章参照）。第2に、労働市場は長期の取引になりやすい。アルバイトなら夏休み中に働いてお金を稼いで本を買って勉強するのが目的であるから短期間だけ働きたいと考えるだろう。しかし、先述したように社会人になるということは一生の仕事を持つということである。学校を卒業して正社員になって「せめて課長ぐらいまではなりたい」「結婚して子どもを大学まで行かせたい」「老後は年金だけでは心配なので貯金もしておきたい」と考えるために労働者は長期の雇用関係を望む傾向がある。労働力のこのような性質のために企業も労働者も賃金を短期的に変動させたくないと考える傾向がある。

■ 世界の中の日本の賃金

　最近、わが国の賃金水準が低いとしばしば話題になる。そこで、デフレ脱却のために賃金の大幅値上げをすべきとの話をよく聞く。最低賃金[1]の大幅値上げを主張する論者と、それに反対する論者がいる。賛成論者は、最低賃金の大幅な値上げは、消費を喚起させ景気を回復させると言う。一方、反対論者は、

1）最低賃金に関する詳細な議論は、第3章を参考にしてほしい。

図7-1　世界の平均賃金（2020年）

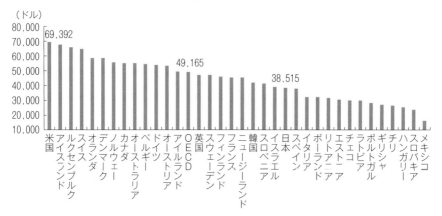

出所）OECD data base（https://data.oecd.org）
注）国民経済計算に基づく賃金総額を、経済全体の平均雇用者数で割り、全雇用者の週平均労働時間に対するフルタイム雇用者1人当たりの週平均労働時間の割合をかけたもの。2016年を基準年とする購買力平価（PPP）に基づくドルベースでの金額。

賃金の大幅な上げは失業者を生むので反対であると言う。こうした議論は、どちらにも一部真実が含まれていて、どちらか一方の議論が間違っていると断定できない。わが国が置かれている経済状況を冷静に分析し調べる必要がある。

　2021年10月から、わが国の最低賃金は全国的に引き上げられる[2]。全国の加重平均額は前年より28円増の時給930円となる。企業経営者は、コロナ禍で経営が立ち行かない中で、賃金の値上げは企業側にとり大きな負担となり、到底容認できないとしている。しかし、日本の最低賃金は先進7か国中、相対的に低水準にある。フランスの最低賃金と比べ、わが国の賃金は3割程度低い。また、アメリカのカリフォルニア州は14ドル（約1,530円）が最低賃金となっている。

　最低賃金の水準が低いばかりではなく平均賃金も相対的に低い水準にある。図7-1は、OECD加盟国の2020年における購買力平価ベースの平均賃金（年額ベース）を高い順に並べたものである。もっとも高い国はアメリカで約6.9万ドル、OECD平均では約4.9万ドルである。一方、わが国はOECD平均よ

2）以下の記述は一部『週刊　ダイヤモンド』2020年8月28日号を参照した。

図7-2　賃金プロファイル（2020年）：所定内給与（男性）

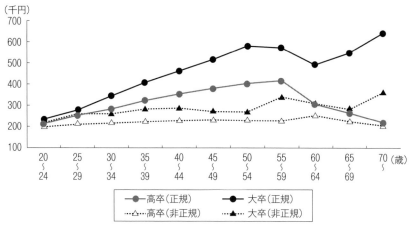

資料）厚生労働省『賃金構造基本統計調査』。

り低く、約3.8万ドルで、韓国より下位の35カ国中22番目となっている。2000年と比較して、韓国1.45倍、アメリカ、イギリス、ドイツ、フランス1.2倍に対し、日本は1.02倍でほとんど賃金上昇がない。こうした賃金上昇がほとんどない現象は30年以上持続しており、1990年と比較してもわずかに4.4％の上昇にとどまっている。この点は研究者の間でも話題になっているが（玄田編2017）、必ずしも十分な解明がなされていないのが現状である。

■ 賃金プロファイル

　就職すれば賃金は勤続年数に従って上がる、と考えるのが日本的雇用システムのもとで働く人の常識といってよい。それは、第6章で説明したように、日本的雇用システムが内部育成制度を中核とするシステムだからである。

　図7-2と図7-3はそれぞれ男女別に横軸に年齢階級を、縦軸に賃金率を、学歴別・雇用形態別（正社員と非正社員、規模1,000人以上、産業計）に測った賃金プロファイルと呼ばれる曲線である。

　その特徴は、次の4点にまとめられる。（1）正規大学卒は男女ともに右上がりの曲線を描いている。（2）男性の正規高卒と非正規の大学卒はわずかながら右上がりになっている。（3）女性の正規高卒と非正規大学卒はほとんど上がら

図7-3　賃金プロファイル（2020年）：所定内給与（女性）

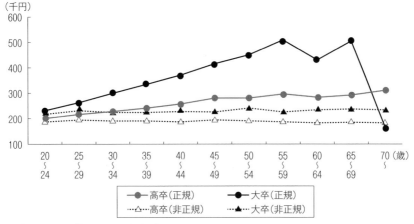

資料）厚生労働省『賃金構造基本統計調査』。

ない。(4) 非正規高卒は男女とも年齢間で差がない。つまり、年功型賃金制度は雇用者すべてに適用されるのではなく正規の従業員に限って適用される制度であるということができる。

■ 賃金プロファイルの国際比較

　勤続年数とともに賃金が上昇する。これは日本の賃金だけではない。表7-1には、製造業の勤続年数1～5年を100として日本、ドイツ、フランス、イギリス、イタリアの勤続年数と賃金格差の関係が描かれている。男性の場合、5カ国いずれも上昇しているが、勤続年数30年以上では日本を除く4カ国が1.2倍から1.4倍の小さな格差であるのに対して日本は1.8倍近くまで拡大する。女性の場合は男性に比べて格差は小さいが、それでも勤続年数30年以上では日本の格差は1.5培近くになっており、ドイツを除く他の3カ国の格差よりも大きい。日本の賃金は勤続年数の増加とともに急速に上がり、かつかなり長い間上がり続ける。

■ 同一労働同一賃金

　政府は、同一企業・団体内における雇用形態の違いによる不合理な賃金格差

表7-1　勤続年数別賃金格差の国際比較（製造業、2014 年）

（勤続年数 1 ～ 5 年の賃金＝100）

国	性別	勤続年数（年）						
		0	1 ～ 5	6 ～ 9	10～14	15～19	20～29	30～
日本	男	91.8	a100	b117.2	130.1	145.8	173.7	181.5
	女	95.6	a100	b110.6	112.1	120.0	141.7	151.3
イギリス	男	82.8	100	111.9	115.2	122.4	131.9	131.1
	女	89.9	100	107.0	111.4	111.3	115.1	107.8
ドイツ	男	88.4	100	119.5	129.2	136.3	143.2	148.5
	女	87.4	100	120.2	128.5	131.3	144.3	158.2
フランス	男	84.9	100	108.3	114.5	114.8	125.8	127.1
	女	87.0	100	103.7	105.2	110.3	116.4	113.6
イタリア	男	88.1	100	104.1	109.7	118.1	124.6	135.1
	女	97.7	100	102.6	112.3	111.5	116.0	121.6

出所）労働政策研究・研修機構『国際比較データブック』。
資料）1）日本：厚生労働省（2015.2）『2014年賃金構造基本統計調査』。
　　　2）その他：Eurostat（2017.10）*Structure of Earnings Survey 2014*
注）規模10人以上の民営事業所が対象。日本は所定内給与額、欧州は月間平均収入額をもとに算出。a は勤続 1 年以上 5 年未満、b は勤続 5 年以上10年未満。

是正を目的として、「パートタイム・有期雇用労働法」を制定した（大企業は2020年 4 月 1 日施行、中小企業は2021年 4 月 1 日施行）。どのような雇用形態であっても、待遇に納得して働き続けられるようにすることで、多様で柔軟な働き方を「選択」できるようにすることが意図されている。同一の会社内では、同じ仕事に従事する労働者は、同一水準の賃金が支払われるべきだという考え方である。また「同一労働同一賃金の考えを進めて将来はパートと正社員の待遇をなくす」取り組みを始めている企業もある。「時間当たり成果」という考えを導入し、1 日 6 時間、8 時間の成果を上司に報告し、時間と成果の関係が評価できる仕組みを設け、正社員、パートなど「身分制度」をなくし、成果に基づく処遇をする制度に転換する企業も出始めている（『日本経済新聞』2019年12月19日）。

　2020年10月13日と15日に、上記法律の主旨とはいささか異なる裁判判決が出された。その結果によれば、一定の賃金項目や休暇を人材確保目的で正社員にのみ認めることを肯定し、特に、退職金や賞与の趣旨を、正社員としての職務を遂行しうる人材の確保や定着を目的とするものととらえ、非正社員への支給

を否定した。しかし、退職金や賞与のような基本給の後払い的なもの以外に、特殊勤務手当のような職務関連手当、住宅手当のような生活関連手当は、非正規社員にも該当する限り、原則支払うべきとしている[3]。

2 賃金決定の経済学

■ 雇用契約と賃金

賃金は雇用契約に従って支払われ、どのように契約するのかによって違ってくる。必要に応じて労働者を採用し、仕事が終われば契約は解消するという契約の仕方もある。日雇い労働はこの形に近い。このような契約はスポット労働市場といわれる。しかし、多くの雇用契約は書面でなされ、契約の内容もさまざまである。パートタイマーやアルバイトの契約と多くの学生が希望する大企業正社員の契約とは違っている。この節ではどのような賃金支払い形態があるのかを理論的に考えてみる。

■ 労働の成果測定と賃金理論

労働の限界生産物価値とはその企業で働く労働者が生産に貢献した量を表す。賃金がこの水準より高ければ、人件費が高くなり過ぎて利潤は減少し、これよりも低ければもっと多くの労働者を雇って生産し販売していれば得られたであろう利潤をみすみす逃してしまうことになる。したがって、賃金設計に当たっては労働の限界生産物価値と賃金とが等しくなるように配慮しなければならない。

労働者の生産への貢献度をどのように測るのか。大別すれば2つの方法がある。第2章で説明した生産関数 $Y = F(L)$（Y は生産量、L は労働投入量である）をベースにして考えてみよう。アウトプットである生産量 Y を規準に支払う賃金とインプットである労働投入量 L を規準に支払う方法とがある。前者は出来高給とか歩合給と呼ばれる制度であり、後者は時間給とか年功給と呼ばれるものである。

3）大内伸哉「同一労働同一賃金どう進める」『日本経済新聞』2020年11月12日。

図7-4　歩合給の賃金決定モデル

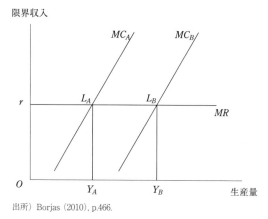

出所）Borjas（2010），p.466.

■ 歩合給制度の経済学[4]

　初めに労働をその成果に結び付けて評価しやすい歩合給の賃金決定を見てみる。2つのケースを見てみる。第1のケースでは、AとBという2人のセールスマンがいるとしよう。2人とも車1台当たりr円の歩合が支給されるものとする。Aは能率の悪いセールスマンであり、Bは優秀なセールスマンである。しかし、Aは優秀なBに対抗しようとは思っていない。自分なりの成果が出ればよいと考えているとしよう。2人にとって歩合r円は限界収入（第2章参照）である。車を売るには時間とセールス努力が必要である。それはつらい仕事であり、仕事に投入する時間と努力が多くなるほど苦痛は大きくなるとする。すなわち、限界費用は逓増する。これを図示したのが図7-4である。横軸には生産量を、縦軸には限界収入（円単位）を測っている。MRは労働者の限界収入、右上がりの直線は限界費用であり、MC_AはAの、MC_BはBの限界費用である。限界費用と限界収入とが等しくなるL_AとL_Bにおいてそれぞれの生産量（ここでは車の販売台数）がY_AとY_Bで決まる。Aは$R_A = r \times Y_A$、Bは$R_B = r \times Y_B$の収入を稼ぐ。AとBはそれぞれの能力と努力に応じて賃金が支払われている。賃金格差はこの場合には能力の格差である。

4）この説明については Borjas（2010）を参照した。

図7-5　歩合給の賃金制度選択モデル

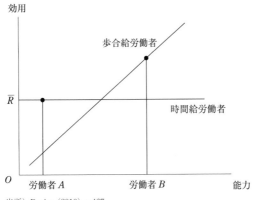

出所）Borjas（2010），p.467.

　第2に、能力に差がある2人に異なる賃金形態を提示すれば、違った選択を
するのではないか。能力の異なる A と B の選好を考えよう。横軸に労働者の
能力（1時間当たりの生産量）を測り、縦軸に効用水準を測る（図7-5）。右
上がりの直線は歩合給のときの効用関数であり、横軸に平行な直線は時間給の
効用関数である。ただし、歩合給労働者の効用は収入の大きさに等しくなるも
のとし、時間給労働者の時給（$\overline{R}$）は最低生産量（$\overline{Y}$）に歩合 r をかけた金額
になる（$\overline{R} = r \times \overline{Y}$）。なお、1時間当たりの生産量が $\overline{Y}$ 以下の場合、厳しい
罰則、たとえば解雇がある。A の能力は原点に近い点で、B のそれは右方向
に移動した点で示す。この場合、B は歩合給を採用した方が有利であり、A
は時間給を採用した方が有利である。したがって、B は歩合給制度を採用す
る企業で仕事をしようとするし、A は時間給制度を採用する企業に就職しよ
うとする。こうして労働者はそれぞれの能力に応じた賃金制度を有する企業に
配分される。

　歩合給制度は成果と収入が直結するので労働者の生産性を向上させるといわ
れているが、実際の労働市場で採用されないのはなぜか。いくつかの欠陥があ
るからである。(1) チームで生産する職場では全体のバランスが必要なので1
人の能力だけが高くてもチーム全体の生産性は上がらない。たとえば、自動車
工場の生産ラインを例にとろう。ベルトコンベアーの速度が流れ作業の速度を

決めるのでラインの特定の1人だけ能力が高くてもラインの生産性が高くなるわけではない。(2) 歩合給では量を目標にするので質が無視されやすい。(3) 収入が変動し生活が不安定になるので労働者はこの制度の導入を嫌う傾向がある。(4) 歩合給の成果を上げすぎると現場の管理者が「目標があまいから」だと判断して逆に単価（賃金率）を引き下げてくる。また、労働者は新しい技術の導入によって目標が引き上げられることを嫌って新技術の導入に抵抗するといわれている。

■ 報奨金制度（Incentive Pay）

　歩合制のように成果が絶対評価として測れないときは時間給にならざるを得ない。時間給は努力や成果の有無とは無関係に働いた時間によって賃金が決まる制度である。努力してもしなくても払われる賃金が同じだとすれば、努力しない方が得になるので、怠業が起こりやすくなるが、それを見つけるのは容易ではない。社員数が多くなるほど見つけるのが難しくなる。怠業を減らすためには、社員を監視したり調査したりしなければならないが、時間と費用がかかる。このような時間と費用はモニタリング・コストと呼ばれている。労働者はこうした怠業が見つからないとなれば、労働の限界生産物価値以下の努力しかしなくなる。労働者が怠業しないようにするような賃金制度はないか。努力すれば報われ、怠業したら罰せられるようにすればよい。それが報奨金制度である。具体的には3つの方法が考えられる。

　第1は脅しである。もし不正を見つけたなら賃金を下げるとか、最悪の場合解雇するという契約を結ぶことである。

　第2は競争である。たとえば、部長のポストを巡って複数の社員を競わせることによって努力を引き出させるのである。競争の結果、勝者には高い評価すなわち大きな報奨金を与えるようにすれば、高額の報奨金を目指して必死の努力をするであろう。問題はこの勝者と敗者の差をどのように設定すればよいかである。競争相手の数が多すぎるとか、勝者と敗者の報奨金の金額が小さければ、競争に参加しないという人が出てくるだろう。

　第3は経営者と株主の例である。株主は経営者が本当に会社のために努力しているのかどうかはわからない。そこで、経営者が努力して企業業績が向上し

図 7-6　プリンシパル＝エージェンシーモデル（情報が非対称のケース）

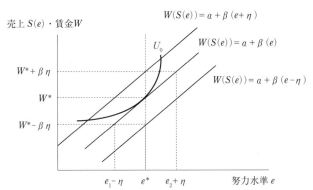

出所）青木・奥野編著（1996）105頁。

たならばそれを株主と経営者とで分け合うような報酬形態を契約する。アメリカ企業の CEO の巨額の報酬はこうして生まれた。

■ 情報の不確実性が存在する場合のインセンティブペイ

　第 6 章では、賃金と従業員の業績と関連させ、従業員が努力するインセンティブを適切に与える賃金スケジュールをプリンシパル＝エージェンシーモデルで考えた。そこでは、不確実性が存在しない場合の賃金スケジュールであった。しかし、現実には、プリンシパルがエージェントの努力水準を正しくモニターできない。例えば、生産性を測定する際の誤差（Measurement Error）がある。シグナルはエージェント（従業員）の生産性を正しく示すが、プリンシパルがそのシグナルを見誤る場合、例えば、不良品と従業員の努力を測定する際のサンプリング誤差などがそれにあたる。第 2 は、外部要因によるシグナルへの攪乱がある。プリンシパルがシグナルを正しくモニターするが、例えば、景気変動によりシグナルが努力水準以外の要因で依存してしまう場合が考えられる。
　製品の売上 (S) を従業員の努力 (e) とシグナルの誤差 (δ) の関数として、$S=e+\delta$ で示すと、賃金スケジュール $W(S(e))=\alpha+\beta S(e)=\alpha+\beta(e+\delta)$ は、図 7-6 のように変動することとなる。図 7-6 は $\delta=\pm\eta$ の変動を示している。エージェントが e^* の努力をしているにもかかわらずプリンシパルが $e^*-\eta$ とい

うシグナルを得た場合、従業員（エージェント）に支払われる賃金は $W^*-\beta\eta$ となる。また、$e^*+\eta$ のときは、$W^*+\beta\eta$ となる（図7-6参照）。

　今、企業はリスク中立的で従業員はリスク回避的であるとする。賃金スケジュールは、$W(S(e))=\alpha+\beta(e+\delta)$ である場合を考える。月給が1/2の確率で $W^*+\beta\eta$、1/2の確率で $W^*-\beta\eta$ となる賃金と W^* の固定給の効用を比較すると、リスク回避的な従業員の効用は固定給の方が高い[5]。このため、歩合給を採用している会社は従業員に効用 U_0 を与えるために、賃金の期待値を上げなければならない。このようなリスク負担のための対価をリスクプレミアムと言う（青木・奥野編著 1996）。

　一方、リスク中立的な企業は1/2の確率で変動する賃金を払っても、W^* の固定給でも差はない。この場合、企業が出来高制をやめて固定給にした場合、従業員の効用を下げずに企業は賃金支払いの抑制が可能となり、両者にとり効率的であることがわかる。リスク・シェアリングの観点からは、企業がリスクを負う方が望ましい。また、賃金の反応度 β を小さくすれば、誤差の賃金に対する影響は小さくなる。逆に、賃金の反応度 β を大きくすれば、従業員の労働意欲を増大させる反面、シグナルの誤差による従業員のリスク負担が増加することとなる。

③ 賃金体系の理論

■ 人的資本理論と賃金プロファイル

　人的資本については第4章において既に詳しく説明した。そこではおもに学校教育の生産性効果あるいはシグナリング効果について説明し、職場内訓練についての説明では生産性効果と訓練費用の負担問題を論じた。ここでは人的資本理論と賃金プロファイルとの関係を見ておこう。

　学校教育の生産性効果あるいはシグナリング効果はより高い生産性によって企業の利益に貢献するので初任給が高くなる。また、企業内の教育訓練を通じても労働生産性は向上する。名目賃金＝労働の限界生産物価値で決まるならば、

---

5) 第5章の暗黙の契約理論の図5-7の説明を参照。

図7-7　労働者の業績と賃金

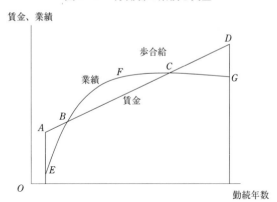

出所）樋口（2001）105頁を参照。

賃金は生産性とともに上昇する。生産性が勤続年数に比例するとすれば、賃金決定は次のようになる。たとえば、22歳で入社し、60歳の定年まで38年間働くとすれば、

$$W_i = VMPL_i \qquad (i: 22, 23, \cdots\cdots, 60)$$

　しかし、これには留意すべきことが2点ある。第1に、$W_i = VMPL_i$のままでは訓練期間中の生産性は低いので、生産性に応じた賃金は低すぎて若い労働者は1人前になる前に辞めてしまうだろう。そこで図7-7に示すように若いうちは生産性よりも高い賃金を払い、1人前になってからは生産性よりも低い賃金を払い、さらに定年に近づくころには再び高い賃金を払う。すなわち、生涯賃金と全期間を通じての会社への貢献分が等しくなるように賃金体系を設計しておけば若い人の離職を防ぐことができる。

$$\sum W_i = \sum VMPL_i \qquad (i: 22, 23, \cdots\cdots, 60)$$
$$\triangle ABE + \triangle CDG = \triangle BFC$$

　この場合でも、賃金は生産性に応じて決まり、生産性は人的投資の大きさによって決まるので、賃金は勤続年数とともに上昇する賃金プロファイルを描く。
　第2に、労働者が努力して能力を十分に発揮するような賃金設計である。$VMPL_i$を潜在的な能力、$\overline{VMPL_i}$を実際に発揮した能力とすれば、労働者が怠業した場合には$VMPL_i > \overline{VMPL_i}$となり、それゆえ$W_i > \overline{VMPL_i}$となって

図7-8　ヘドニック賃金関数：無差別曲線

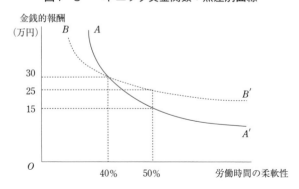

しまう。こうなることを防ぐのが先述した報奨金制度である。なお、この問題に関する理論的な説明については第10章の賃金後払い理論を参照されたい。

■ 非金銭的要素と労働：働き方の多様性とヘドニック理論

賃金体系はすべての労働者に同じように適用されるわけではない。危険な仕事と安全な仕事があるとすれば、危険な仕事の賃金を高くしなければ、この仕事に就く人はいなくなるだろう。また、全国展開のデパートに広く普及している地域限定社員制度では、地域限定社員の賃金を全国展開する社員よりも低くしている。このような賃金差は賃金プレミアムと呼ばれる。この賃金プレミアムをどのように決定すればよいか。これを説明するのがヘドニック賃金仮説（補償賃金仮説）である。以下、樋口（2001）とラジアー（1998）の議論を参考にしながら労働者と企業の行動を説明してみよう[6]。

■ 労働者の無差別曲線

まず労働者の行動を見てみる。図7-8は縦軸に金銭的報酬（賃金）を、横軸に非金銭的報酬（労働時間の柔軟性）を測っている。労働時間の柔軟性とは労働時間を自分で決められる度合いのことである。ラジアーはフレックスタイム制を例にして説明する。コアタイムとフレックスタイムがあるとしよう（詳

6）樋口（2001）、ラジアー（1998）。

しくは第8章参照）。コアタイムが100％の企業の柔軟性はゼロであり、逆にコ
アタイムがゼロの企業は働く時間帯は完全に労働者にゆだねており、柔軟性は
高い。原点に向かって描かれた2本の凸型の曲線は無差別曲線である。この曲
線上は効用水準が同じである。曲線 *AA′* と曲線 *BB′* は異なる選好を持つ2つ
のタイプの労働者を表す。前者を *A* タイプ、後者を *B* タイプと呼ぶことにし
よう。*A* タイプはたとえば柔軟性が40％から50％に増えたとき、賃金が30万
円から15万円に下がってもよいと考えるタイプである。タイプ *B* は柔軟性が
40％から50％に増えるのであれば、賃金は25万円までなら下がってもよいと考
えるタイプである。換言すれば、タイプ *B* は労働時間の柔軟性をあまり評価
しないタイプすなわち「会社人間」タイプであり、タイプ *A* は柔軟性を高く
評価するタイプすなわち家庭や個人生活を優先するタイプである。

■ 企業の等利潤曲線

　企業は利潤を最大にするように行動する。労働者に労働時間の柔軟性を認め
れば、直接に労務費用がかかるわけではないが、労務管理が煩瑣になるので生
産性が低下してコストが上昇することを懸念する。しかし、企業にもいろいろ
なタイプがある。たとえば、製造業のようにチームで生産する場合には皆が
別々に労働時間を決めてしまえば、生産ができなくなるだろうから、柔軟性を
認めるとしてもその代わりにコストが上昇する分だけは賃金を下げる。その金
額は大きくなる。逆に、コンピュータのソフトウェアを開発する企業はチーム
で仕事をするわけではないので、個人がそれぞれ一番仕事の能率がよいときに
するのがもっとも効率的であるから、労働時間の柔軟性を高めてもコストには
ほとんど影響しない。労働時間の柔軟性がどの程度コストに影響するのかは企
業によってさまざまである。図7-9を説明する。軸の単位は図7-8と同じで
ある。2本の曲線は等利潤曲線である。曲線 *CC′* は労働時間の柔軟性を40％
から50％に拡大してもコストはそれほど上がらず、したがって賃金を引き下げ
るとしても30万円から25万円に下げるだけでよい。曲線 *DD′* は柔軟性を同じ
く40％から50％に広げるとコストが大幅に上昇するので賃金を30万円から15万
円に下げなければ同じ利潤を確保できない。等利潤曲線は原点に近いほど利潤
は大きくなる。柔軟性が同じなら賃金コストが低い方が利潤は大きくなるから

図7-9　ヘドニック賃金関数：等利潤曲線

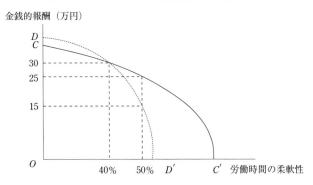

である。

■ ヘドニック賃金関数の理論

　労働市場では労働時間の柔軟性と賃金に関してさまざまな雇用条件を提示する企業とさまざまな選好を持つ労働者が参加して交渉し、雇用契約を結ぶ。労働時間の柔軟性は低くても賃金が高い方がよいと考える労働者はそのような企業を探して就職するであろう。見方を変えれば、労働時間を柔軟にしたくないと考える企業は高い賃金を出して柔軟性を希望しない労働者を探して雇用するであろう。逆は逆である。図7-10には3つのタイプの市場が描かれている。左上には労働時間の柔軟性はなくても高い報酬を望む労働者とそのような条件を提示する企業のグループが集まり、右下には賃金水準は低くても労働時間の柔軟性が欲しいという労働者とそのような条件を出す企業とが集まるグループが形成されている。それぞれのグループ内で無差別曲線と等利潤曲線が接する点すなわち均衡点が形成されている（なお、この均衡点の説明についてはミクロ経済学の契約曲線の理論を参照されたい）。中ぐらいの賃金と中ぐらいの柔軟性を持つグループが第3グループを形成している。このように労働市場ではさまざまなタイプのグループが形成されるというのがヘドニック賃金関数の理論である。上記の例は労働市場全体の中でさまざまなタイプの市場が形成されて労働時間の柔軟性に対する多様な労働者のニーズを満たすようになることを説明する。黒田・山本（2013）は、ヘドニック賃金関数の考え方を用いて、柔

図7-10　ヘドニック賃金関数：労働時間の弾力化

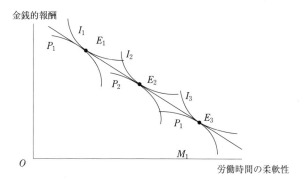

軟な働き方を採用している企業はどの程度低い賃金で労働者を集められるのか
を検証している。その研究結果によれば、性別により柔軟な働き方に対する賃
金プレミアムが異なること、男性は1割程度の賃金引き下げと柔軟な労働時間
を持つ補償賃金仮説が成立すること、および企業側はワーク・ライフ・バラン
ス（WLB）導入に多大なる費用が掛かると考えていること、などを見出して
いる。

4　賃金制度

　この節では賃金制度について説明する。賃金は一定の基準に基づいて支払わ
れる。基本的には、労働者の生産性に応じたものであるが、それに加えて労働
者にはこの企業に長く勤めた方が得だと思わせ、一所懸命にやった人が報われ
ていると感じることができ、キャリア形成を会社に任せても大丈夫と思わせる
ような賃金でなければならないので、賃金決定の基準は複数になる。労働者は
賃金に納得していなければ、やる気をなくすであろうし、最悪の場合辞めるか
もしれない。そのために、賃金の決定基準を明確にして労働者が納得しやすい
ようにしなければならない。そこで工夫されたのが賃金体系である[7]。

7）楠田（2004）では日本的職能給がどのような歴史背景の中で生まれ、どのように普及し
　　ていったのかが論じられている。

■ 賃金体系とは何か

　賃金体系は日本独特のものといわれており、基本給と各種手当からなる。図7－11はわが国の一般的な賃金制度である。企業が労働者に支払う賃金総額が総額人件費で、「現金給与総額」と「現金給与以外の人件費」からなる。

　1）「現金給与総額」は労働者に現金で直接支払われる部分であり、次の3つからなる。

(1) 所定内給与：労働協約で決められた労働時間たとえば「1日8時間、週5日間、週40時間」に対して支払われる賃金である。この所定内給与は基本給と諸手当からなる。基本給はもっとも重要な基準なので次の項で詳しく説明することにして、ここでは諸手当について説明する。諸手当には①役職手当や営業手当などの職務関連手当、②家族手当、住宅手当、地域手当などの生活関連手当、そして③皆勤手当、資格手当、技術手当、通勤手当などの人事管理関連手当などがある。基本給は労働者共通に適用されるが、諸手当は個人の事情を考慮して決めるので、基本給を補完する役割を果たしている。

(2) 時間外手当：所定労働時間を上回る労働時間に対して支払われる賃金であり、残業手当ともいわれている。

(3) 賞与・一時金：通常は夏と冬の2回支給される。「ボーナス、夏2.5カ月、冬3カ月」というときの給与であり、この2.5カ月とか3カ月は基本給に対する倍率である。したがって、日本の賃金体系では基本給が基本になっている。

　2）「現金給与以外の人件費」は労働者には直接支払わないが、企業が負担している人件費の部分であり、退職金、法定福利費、法定外福利費、現物給与、教育訓練費、その他がある。日本経団連が毎年行っている『福利厚生費調査結果』（2019年度）によれば、「現金給与以外の人件費」が総額人件費に占める割合は20.3％であり、多くの企業は人件費の削減のために制度の合理化を進めており、これまで大企業の社員を中心に労働者が享受してきたさまざまな特典たとえば企業所有の保養施設の利用とか、住宅ローンの金利補助などは制度が廃止されて、いまの若い学生諸君は就職しても利用できなくなるかもしれない。上記のうち退職金と法定福利費と法定外福利費について説明を追加しておく。

(1) 退職金：退職者に対して支払われる手当である。退職手当とか、退職慰労金と呼ばれることもある。これは法的に定められた制度ではないが、日本の企

図7-11　日本の賃金制度

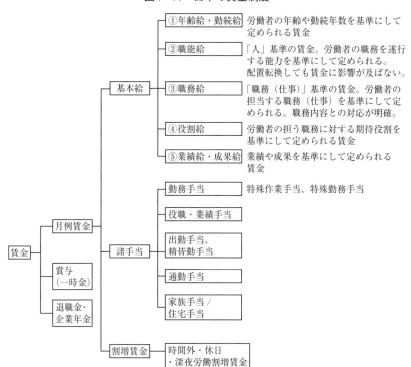

出所）https://www.mhlw.go.jp/file/06-Seisakujouhou-11650000-Shokugyouanteikyokuhakenyukiroudoutaisakubu/0000190518.pdf

業の多くが採用する制度である。支払い方法には一括払い方式と年金方式とがある。

(2)　法定福利費と法定外福利費：法定福利費は年金保険や健康保険などの社会保険料への企業の拠出分である。零細企業には社会保険に加入していない場合もあり、その場合労働者は国民年金や国民健康保険に個人の資格で加入しなければならない。パートタイマーや派遣労働者も加入していないことがある。法定外福利費とは健康・医療補助金や共済会などへの補助である。『福利厚生費調査結果』の2019年度調査結果によれば、法定福利費と法定外福利費はそれぞれ総額人件費の12.3％と3.5％を占める。福利厚生費全体では法定福利費が約

8割、法定外福利費が2割であり、法定福利費の割合は年々高まっている。高齢社会での企業拠出分が増加することが予想されている。

　以上のように賃金体系は労働者個々人への賃金の支払いの基準を定めたものである。基準が複雑であるために、同じ職場で同じ仕事をしていても個人の事情によって賃金が異なってくる。それゆえ、個別賃金決定方式とも呼ばれている。

■ 基本給とは何か

　基本給の決定方式には仕事給、生活給、総合決定給の3つがある。

　1）仕事給とは職務や職務遂行能力など仕事要素により算出される給与であり、次の3つの制度に分類される。

(1) 職種給：従業員が従事する職種に応じて支給する賃金制度である。この制度はイギリスなどヨーロッパ諸国のように労働市場が職種別に形成されている場合に見られる。伝統的に職業に対する社会的評価があり、企業はそれに従って賃金を決めていく。いわば、外部労働市場型の賃金であり、この賃金制度のもとでは企業に対する帰属意識は薄いといわれている。

(2) 職務給：職務給はおもにアメリカで採用されている賃金決定方式である。責任度、重要度などによって職種別・職務別に仕事のランク付けを行いランクに従って賃金が決まってくる。これは職務分析（職務の難易度、複雑性、専門性、責任遂行能力などによって職務内容を分析すること）・職務記述書（職務分析の内容を記述したもの）・職務評価（職務がどの職位・給与に相当するかを評価するもの）に基づく賃金体系である。企業にとっては、職務によって賃金が決まっているために人事異動や配置転換が難しいが、賃金が年齢や勤続年数に左右されないので人件費の増大を防ぐことができるというメリットがある。ただし、職務給でも熟練度に応じて昇給することはある。これは職務範囲給と呼ばれるが、その範囲は小さい。企業内で昇給するためにはよりランクの高い職務へと異動しなければならない。そのためには現在の職務で非常に高い成果を上げてそれが評価されればより上位の職務に昇進することができるので、非常に高い職務意識と上昇志向が生まれる。この制度のもとでは労働者は自分の意思でキャリア設計を行う傾向が強くなる。現在、ジョブ型と呼ばれている雇

用システムで適用されている。

(3) 職能給：職務遂行能力の分類・等級付けに応じた賃金体系である。これは日本的職能給ともいわれる。アメリカの職務給と違って職務分析や職務評価は行われず、新入社員として入社してきた労働者の基本的に定年までの処遇をモデル化して賃金を決定する方式である。詳しい説明については第9章を参照されたい。

　2）生活給は従業員の生活事情やライフサイクルを考慮した賃金決定基準であり、従業員の長期的な生活を保障するように賃金水準を決定する。賃金制度の設計において主導的な役割を果たすのは企業である。企業は効率的な人的資源の活用という視点からは基本的には名目賃金＝労働の限界生産物価値の水準を維持するように制度設計するが、従業員の納得を得られなければ、労働意欲が低下する。従業員が長期的なモラールを維持するためには働く側の事情も考慮する必要がある。これが生活給の持つ意義である。図7-11では年齢給・勤続給にあたる。

　3）総合決定給：総合的決定給とは仕事給と生活給を総合勘案して算定する方式である。

■ 変化する賃金制度：年功給から成果給へ

　実際の賃金体系がどの基準によって設計されるかは企業の経営戦略によって異なる。労働者の生活の安定を重視するのであれば、年齢や家族構成などを重視した賃金体系になるし、企業の業績を重視するのであれば、仕事給を重視する賃金体系になる。したがって、賃金体系は企業によっても、産業によっても、時代によっても違ったものになる。

　日本の賃金体系は1950、60年代には生活給中心の年功主義、70、80年代には労働者の職務遂行能力を重視する能力主義、そして1990年代以降は労働者のコンピテンシー（第11章参照）と成果を重視する成果主義に移行している[8]。

　国際競争が激化し、高齢化が進行し、さらにIT化が進展する経済環境のも

8）成果主義の問題に関しては次の文献を参照にするとよい。城（2004）、高橋（2004）、小倉（2010）。

とで年功主義を維持することは困難であり、今後成果主義的な賃金制度が支配的になることは避けられないであろう。現に、新聞社のアンケートに年功賃金を「見直す」と回答した社長は72%（「抜本的に見直すべきだ」27.1%、「一部見直すべきだ」45.1%）に及んでいる。優秀な若手やデジタル人材など高度な技術を持つ社員を確保するには、旧来の日本的雇用システムでは対応できないとして、危機感を持つ経営者は多い。ただし、終身雇用制を当面維持するとの回答も多く、それは抜本的な改革はほど遠いと評価されている（『日本経済新聞』2019年12月26日）。

　しかし、どのような制度のもとにあっても制度の運用次第では成功する場合もあるし、失敗する場合もある。職能資格制度が結局年功型賃金制度に近いものになったのは制度の問題ではなく、運用の問題であったといわれている。成果主義についても同じことがいえる。成果主義は本来働く人が自ら目標を立てて仕事をし、自分の責任で能力を高める制度として考えられたのであるが、多くの場合人件費を節約する方法として利用されてしまった。しかし、成果主義に成功した企業では「人を育てる」ことを制度化している。

参考文献

・青木昌彦・奥野正寛編著（1996）『経済システムの比較制度分析』東京大学出版会。
・黒田祥子・山本勲（2013）「ワークライフバランスに対する賃金プレミアムの検証」RIETI Discussion Paper Series 13-J-004。
・玄田有史編（2017）『人手不足なのになぜ賃金が上がらないのか』慶応義塾大学出版会。
・小倉一哉（2010）『会社が教えてくれない「働き方」の授業』中経出版。
・楠田丘（石田光男監修・改題）（2004）『賃金とは何か：戦後日本の人事・賃金制度史』中央経済社。
・城繁幸（2004）『内側から見た富士通〜「成果主義」の崩壊』光文社。
・高橋伸夫（2004）『虚妄の成果主義』日経BP社。
・樋口美雄（2001）『人事経済学』生産性出版。
・ラジアー, E. P.（1998）『人事と組織の経済学』（樋口美雄・清家篤訳）日本

経済新聞社。

・Borjas, G. J.（2010）*Labor Economics*, Fifth Edition, Mcgrawhill.

第8章

働き方と労働時間

ワーク・ライフ・バランスとは何か

　第1章では労働供給の理論を説明した。そこでは、労働者は賃金率と無差別曲線を比較しながら最適労働供給時間を決める。これは社会的あるいは制度的制約がないときの労働者の供給行動を説明している。しかし、学生諸君も企業に就職すれば、朝9時から午後5時まで1日8時間（1時間休憩）働くことになることは知っているはずだ。しかも、時間管理は学生時代と違って厳しいことも覚悟しているだろう。どうして労働者は自由に時間を選択できないのか。理由は簡単である。労働者を集団として管理する方が労務管理上効率的だからである。といえば、会社は軍隊のようなところだと思われるかもしれない。しかし、社会に出てみると意外に多様な働き方があることがわかる。有給休暇を取れば、給料をもらいながら旅行に行くこともできる。会社によってはいちいち会社にきてタイムカードは押さなくても自宅から得意先に直接行って営業してもよい。朝が苦手なら9時ではなく11時に出社しても、とにかく1日8時間だけ働いてくれればよいという企業もある。またコロナ禍がきっかけで働く場所が制限されないテレワークが急増を見せている。この章では、労働時間制度の実態とそれが労働供給に及ぼす影響について説明する。第1節では労働時間の制度的特徴について説明し、第2節、第3節ではワーク・ライフ・バランスと多様な働き方との関係を見てみる。第4節では、労働時間が指定されている場合の労働供給の理論を説明する。

1 労働時間の制度的特徴

■ 労働基準法と労働時間

　労働基準法は労働者が人間らしい生活を営むために必要な最低限の労働条件を定めた法律である。そこでは1日の労働時間は8時間、1週間の労働時間は40時間と定められている。これを労働基準法では法定労働時間といい、企業の就業規則では所定内労働時間と呼んでいる。しかし、労働基準法は時間外労働協定（通常、「さぶろく」協定とか「さんろく」協定と呼ばれる）を結ぶことで労働者に残業させることができる。残業分に対しては割増賃金が支払われる。割増賃金率は従来は一律25％であったが、2010年4月1日より長時間労働が労働者の健康を害し、労働以外の生活のための時間を奪っているとして1カ月に60時間を超える残業に対しては50％以上の割増賃金率を支払うように法改正がなされた。残業をめぐっては超過勤務手当すなわち残業手当を支払わない残業いわゆる「サービス残業」や自宅に持ち帰って仕事をする「ふろしき残業」が大きな社会的問題になっているが、いずれも違法である。

　2018年6月には成立以来最大と言われた労働基準法の改正が行われた。新ルールは、①時間外労働の上限規制（月45時間、年360時間）[1)]、②年次有給休暇の取得義務化、③中小企業における割増賃金率引上げの施行（平成20年改正における①の猶予の廃止）、④フレックスタイム制の拡充、⑤高度プロフェッショナル制度を創設、⑥産業医、産業保健機能の強化、⑦勤務間インターバル制度の導入、⑧正規雇用労働者と非正規労働者の間の不合理な待遇差の禁止など、多岐に及んだ。

　中でも注目されているのが残業時間の上限規制と年次有給休暇の取得義務化である。前者は、「さぶろく」協定によりこれまで無制限の残業が可能であった現状を改め、従業員を働かせすぎないよう企業にブレーキをかけるというもので、上限を超えて残業をさせている企業は懲役または罰金に処せられる。後

---

1) 臨時的な仕事が発生した場合、特定条項により年720時間、複数月平均80時間以内、単月100時間未満（休日労働を含む）まで残業可能となった。

者は、パート・アルバイトを含めたすべての従業員に年5日間の有休取得を確実にするもので、年次有休の取得率のアップを目指したものである。いずれも働く人の健康の確保と、次節で詳しく取り上げるワーク・ライフ・バランスへの配慮がその目的となる。

■ 雇用形態の違いと労働

　労働者が雇用されるとは企業と雇用契約を結ぶことである。契約条件に雇用期間という項目がある。雇用期間が「無」という契約の人は、別途たとえば「定年年齢は60歳」というような定めがある。これが正社員である。一方、雇用期間が「有」の人の場合には「○○年4月から△△年3月まで雇用」というように決められている（非正社員）。

　正社員はフルタイマーであり、一般に労働時間は長く、長時間労働が社会問題となっている。しかし、正社員の中にも育児中の人や家族介護をしている人、あるいは鬱病から復帰中の人などを対象に従来から一部の企業では労働時間を短くする短時間勤務制度を持っている。ただし、2010年6月から育児休業・介護休業法が改正されて短時間勤務制度は義務化された。

　非正社員は労働時間の長さから一般的には3つのタイプに分けられる。パートタイマーは労働時間が短く、契約社員や嘱託社員の労働時間は正社員と同じ、そして派遣労働者はその中間である。雇用形態を選択することで労働時間を選択する人もいる。子育て期間中の女性労働者は労働時間の短い働き方としてパートタイマーや派遣労働を選択することが多い。正社員と非正社員とが自由に選択できるのであれば、結婚前は正社員で、子育て期にはパートタイマーで働き、末子が小学校に入ると正社員のフルタイマーに戻るというようにライフステージに応じた労働時間を選択できるが、実際には正社員を辞めて非正社員になると正社員に戻れる確率が非常に低いために雇用形態によって労働時間を選択することは難しい。フルタイムの正社員に戻りたいが、仕事がないのでパートタイムの仕事に就いているという人が多くなっている。

■ 多様な働き方と労働時間

　最近、労働基準法が改正されて、労働時間規制が弾力化されている。改正の

図8-1　フレックスタイム制のモデル

目的は労働時間の長さではなく労働時間の配分を労働者の自由に任せることによって労働者の裁量の範囲を拡大するものである。

変形労働時間制

変形労働時間制とは、労使協定あるいは就業規則で取り決めてあれば、一定期間を平均して法定労働時間を超えない範囲内で特定の日あるいは週の法定労働時間を超えて労働させることができるという制度である。たとえば1週間の法定労働時間は40時間であるが、この範囲を超えなければ、月曜日と火曜日の労働時間を7時間にして水曜日と木曜日の労働時間を9時間にするというやり方で働かせてもよいという取決めである。これは企業が業務の繁閑に合わせて労働時間の配分を調整することを目的に利用されることが多い。

フレックスタイム制

フレックスタイム制とは1カ月以内の一定期間（清算期間という）における総労働時間数を定めておき、労働者はその枠内で始業時間と終業の時間を自主的に決定し働く制度である。労働者が生活と仕事の調和を図りながら効率的に働き、労働時間を短縮しようというものである。通常は1日、1週間、1カ月、最長で1年単位の変形性がある。たとえば、1日のフレックスタイム制のモデルを見てみよう（図8-1）。1日の時間帯を①必ず勤務する時間帯（コアタイ

ム）と②その時間帯であればいつ出社または退社してもよい時間帯（フレキシブルタイム）の２種類に分ける。労働者はフレキシブルタイムなら自分の都合に合わせて出社と退社を決めることができる制度である。

みなし労働・裁量労働制

この制度は実際に働いた時間に関係なく所定労働時間分を働いたとみなす制度である。たとえば、自動車販売会社の営業担当者は「車を売っていくら」であるから事務所には１日の営業報告だけで所定労働時間プラス１時間半の残業をしたものとして基本給を決めてもよいという制度である。

この制度には３つの種類がある。第１は「事業場外みなし労働制」である。これは、事業場以外の場所で仕事をする場合、たとえば新聞記者が取材に出かけたとき、実際に何時間仕事をしたのかを計算することが困難であるので、原則として所定内労働時間の仕事をしたものとみなすという制度である。先の営業担当者の月給もこの制度が適用されている。

第２は専門業務型裁量労働制である。これは企業が業務遂行の方法や時間配分を指示することなく労働者の自由裁量に任せるものである。この制度が適用されるのは研究者、放送関係者、エンジニア、プログラマー、デザイナーなどであり、時間管理が難しいという職種であるという点が共通している。

第３は企画業務型裁量労働制である。2000年４月に導入された新しい形の裁量労働制である。これは基本的には本社において企画、立案、調査、分析などの業務に関して労使が取決めをすれば、１日何時間働いてもたとえば「１日９時間半」働いたものとみなすことができるという制度である。これは労働者が創造的な仕事をするための職場環境を整備したいという企業側のニーズと自分の知識や能力を発揮するためには仕事の進め方や時間配分を自発的に決めたいという労働者側のニーズを取り入れたものである。残業代を支払わないで長時間労働をさせる可能性があるとして労働組合側から批判されている。しかし、厚生労働省の『裁量労働制実態調査』（2019年）によると、裁量労働制（専門業務型及び企画業務型）を導入している企業の適用労働者の平均労働時間は、月平均で171時間36分、１日平均で８時間44分である。月間労働日数も平均19.64日なので、労働組合が指摘している長時間労働はこの数字からは見当たらない。ちなみに、裁量労働制を導入している企業で裁量労働制が適用されて

いる従業員の全従業員に占める割合は24.8％で、その中で専門業務型が84.8％を占めている。

　雇用形態の多様化と労働時間の柔軟化は労働者の労働時間ニーズに合わせるように改正されている。とりわけ、第4節で見るように少子化の大きな原因が長時間労働であり、硬直的な労働時間制度であるという批判に答えて制度の見直しが行われている。それでもなお、労働時間の制度はかなり硬直的であり、労働者が自由に選べるという状況にはない。

2 ワーク・ライフ・バランス

　この節ではワーク・ライフ・バランスが喧伝される時代における労働時間問題について考える[2]。

　労働時間をめぐる議論は時代とともに変化している。バブル景気当時は「日本人働きすぎ」論が展開され、先の労働基準法の改正はこうした流れの中で行われた。その結果、年間の総実労働時間は1990年の年間2,064時間から2020年の1,685時間へと長期的には減少傾向にある。所定外労働時間は景気変動に大きく影響される。所定労働時間は（1）法定労働時間が労働時間短縮（一般には「時短」と呼ばれる）を目的にして1987年までは1日8時間・週48時間であったが、88〜90年1日8時間・週46時間、91〜93年1日8時間・週44時間、94年以降は現行の1日8時間・週40時間に改正されたこと、（2）労使間での自主的な労働時間短縮の取組みの結果、長期的に減少した。

　少子高齢化と人口減少で女性や高齢労働力の活躍が期待される時代では、より柔軟な働き方が模索されている。前節で説明した変形労働制、フレックスタイム制、裁量労働制などがその一例である。

2）ワーク・ライフ・バランスの文献については、ワーク・ライフ・バランスの概要を知りたい学生には大沢（2006）、ワーク・ライフ・バランスの論争点を知りたい学生には山口・樋口（2008）、ワーク・ライフ・バランスの実証的研究に関心のある学生は山口（2009）、職場のワーク・ライフ・バランスに関心のある学生はパク・ジョアン・スックチャ（2002）と佐藤・（財）連合総合生活開発研究所編（2008）を参考にするとよい。

3　ワーク・ライフ・バランス：労働時間短縮政策にあらず

　ワーク・ライフ・バランスは政策手段ではなく政策目標である。この目標が目指す社会とはどんな社会か。ワーク・ライフ・バランスは単に労働時間の短縮を目指すのではない。(1) 多様な働き方を選択できるようにすることによって労働供給を増やし、(2) 労働者のニーズを満たすことによって労働意欲を高めて労働生産性を引き上げようというものである。労働経済学的にいえば、労働時間制約を緩和することによって実際の労働時間を最適労働時間に近づけることを目的にするものである。

　では、ワーク・ライフ・バランス社会を実現するにはどんなやり方があるのか。育児関係における取組みを見てみよう。具体的には2010年6月に改正された育児・介護休業法に見ることができる。女性の社会進出が進むにつれて出産後も継続して就業することを希望する人が増えているにもかかわらず、継続就業を困難にする要因が職場にあるためである。その原因を取り除く努力はなされてきた。これまでも子どもが3歳になるまでは①勤務時間の短縮、②所定外労働（残業）の免除、③フレックスタイム、④始業・就業時間の繰上げ下げ、⑤託児施設の設置運営、などいずれかの措置を講ずることを義務付けていたが、2010年の法改正では①勤務時間の短縮と②所定外労働（残業）の免除は子どもが3歳になるまで義務化され、③フレックスタイム、④始業・就業時間の繰上げ下げ、そして⑤託児施設の設置運営などの措置は就学時までの努力義務が課せられた。労働時間の弾力化が否応なく求められるようになったのである。換言すれば、働く時間や場所など労働条件を多様化する、すなわち (1) 労働時間制度を柔軟にする、(2) 在宅勤務など労働する場所を選択できるようにする、(3) 正社員でも労働時間の短い制度を準備するなどの措置によって労働者が自分の都合に合わせて労働時間を決めることができるようにする。

■ テレワーク

　テレワークは、「情報通信技術（ICT；Information and Communication Technology）」を活用した、場所や時間に制約されない働き方として労働双方

に選択肢の幅を広げるものである。そのメリットは、1）育児や介護等との両立がしやすく、ワーク・ライフ・バランスを重視する人たちに受け入れられやすい、2）通勤時間や待ち時間を仕事とプライベートに充てられることから生産性の向上や心身の疲労、ストレスの緩和につながる、3）距離、労働時間、勤務地、スケジュールなどといった働き方の制約が減少するため、企業は幅広い範囲で多様な人材を採用できる、4）出社する従業員が減ることで交通費やオフィス縮小による家賃、管理費等コストを削減できる、など多岐にわたる。これらのメリットに鑑み、政府主導で働き方改革の一環として導入が進められた。

　とはいえ、テレワークが急速な広がりを見せたのは2020年4月の緊急事態宣言（1回目）以降のことで、新型コロナウィルスの感染防止がその主な理由である。JILPT が行った企業調査（新型コロナウィルス感染症が企業経営に及ぼす影響に関する調査）によると、テレワークに取り組んでいる企業は2020年2月時点ではまだ6.4％しかなかった。それがわずか2カ月で54.6％になり、その後低下に転じるも、2021年5月時点でまだ40.7％の企業がテレワークを実施している。これらの企業の中にはコロナの収束とともに元に戻ることを考える企業も少なくない。しかし、次第にテレワークの効果を実感する企業も増えており、定着に向けた動きも出ている。今後は、テレワークの全面的な導入まで行かなくとも、テレワークと出勤のハイブリット型が主流となると見られる（労働政策研究・研修機構 2021）。

　しかし、課題も多い。まずは、生産性の低下があげられる。テレワークは人の目を気にせず仕事に集中できる分、1日のスケジュールやタスク管理をきちんとしないと却って仕事効率や生産性が悪くなる場合もある。対面での作業に比べてコミュニケーションが取りにくい点も生産性の低下につながる。この問題は報告・相談や社内調整・連携等が多い仕事により顕著に現れている。直近のデータによると、在宅勤務の生産性は職場勤務に比べて平均で3〜4割低い（『日本経済新聞』2020年12月9日）。次に、仕事満足度の低下があげられる。テレワークは自宅等で各自仕事を進めるワークスタイルであることから、外向的な人やチームワークで協調作業を好む人の仕事満足度を下げる可能性がある[3]。人によっては孤立感・孤独感につながることもある。セキュリティの問

題もある。直近ではテレビ会議システムとして利用が急拡大した zoom におい
て、強度の弱い暗号化アルゴリズムの利用と利用者の同意なしに facebook に
情報を送信した問題が有名である。テレワークはウィルス感染や不正サイトへ
の誘導、端末の盗難・紛失などにも気を付けなければならない。

　上述のような諸々の課題はあるものの、運用期間が長くなるほど働きやすさ
やワーク・ライフ・バランスの向上、人材の確保などの利点をより意識しやす
くなるという結果も出ている。テレワークを有効に活用するためには、テレワ
ーク時の意思相通を円滑にするための工夫が必要であろう。あらかじめ仕事の
評価基準を明確にすること、業務範囲・期限を明確に伝えること、労働者に業
務の裁量を持たせることといったマネジメント上の工夫も重要である（厚生労
働省 2021）。

4　労働時間制約モデル

■ 最適労働時間決定モデルと労働時間制約モデル

　第1章では労働者の最適労働時間の決定を理論的に説明した。その労働時間
が企業側によって受け入れてもらえれば、労働者の効用は最大になる。しかし、
労働者一人一人の都合に合わせて労働時間を設定することは製造現場のように
チームで仕事をする場合には技術的に不可能であるし、比較的融通がきく事務
職においても労務管理が煩瑣になり、費用上の問題で実行は難しい。それゆえ、
現実には企業が提示した労働時間と賃金のセットを受け入れるかどうかという
意思決定をしなければならない。労働時間が固定された場合の労働者の行動を
分析する理論モデルは労働時間制約モデルといわれる。以下では、主に女性の
就業について労働時間制度の弾力化の就業促進効果を理論的に見てみる[4]。

3）JILPT リサーチアイ第67回「テレワークで満足を得られる人、得られない人―個人の
　性格による違い―」労働政策研究・研修機構（JILPT）。
4）労働時間制約型理論は Fallon and Verry（1988）と島田（1986）を参照した。特に、島
　田は子育て期の問題を分析している。

図8-2　労働時間制約型労働供給①：就業・非就業と短時間勤務制

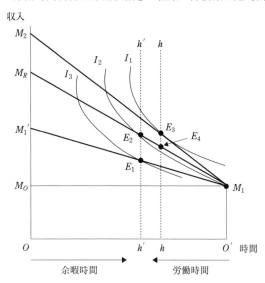

■ 労働時間制約モデル①：就業・非就業と短時間勤務制

　図8-2は第1章の図1-8「妻の労働供給」をコピーしたものに少し変更を加えたものである。縦軸に収入、横軸に時間を測っている。時間は原点 O から O' に向かって余暇時間を、O' から O に向かって労働時間を測っている。右端の垂直の直線 $O'M_1$ は夫の収入である。賃金率が M_1M_2 であれば、無差別曲線 I_1 との接点 E_3 において労働者は労働時間 $O'h$ を供給しようとする。これが最適労働供給時間である。

　ここで企業は労働時間 h' と賃金 M_1M_1' をセットにして提示したとしよう。この賃金と労働時間のもとでの労働者の効用水準は I_3 である。このセットを受け入れるべきかどうか。ここで最適な労働時間がゼロになる無差別曲線を見てみよう。図では I_2 である。この曲線は M_1 点を通るちょうど労働時間ゼロのときの無差別曲線である。無差別曲線 I_3 は I_2 の水準よりも低いので、労働者は就業しない方が効用水準は高くなるため、非就業を選択する。

　このように労働時間と賃金率がセットにして提示されるとき労働者はどのように行動するのがよいだろうか。労働時間が指定されているとき、提示された

図8-3　労働時間制約型労働供給②：夫の収入減、雇用不安

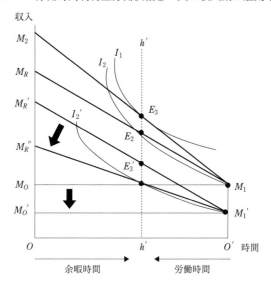

この仕事を受諾してもよいと考える最低賃金水準を決めておけばよい。このような賃金は留保賃金という。図8-2では賃金水準が $M_1 M_R$ である。すなわち、無差別曲線 I_2 と指定労働時間 $h'h'$ の交点 E_2 を結ぶ賃金率 $M_1 M_R$ は就業した場合と就業しない場合の効用水準は変わらない。賃金がこれ以上であれば受諾し、これ以下なら受諾しない。したがって、賃金が $M_1 M_2$ のときは最適労働供給時間ではないけれども拒否するよりは効用水準が高くなるので受諾する。

　賃金率が $M_1 M_R$ のままで指定労働時間が $h'h'$ から hh になるように企業が労働時間制度を変えたならどうなるか。これまで就業しようか、非就業にしようかと悩んでいた人は点 E_2 よりも点 E_4 の方が効用水準が高いのでこの仕事を受諾するようになる。したがって、短時間勤務制度の導入は労働供給を増やす効果がある。

■ 労働時間制約モデル②：夫の収入減少と雇用不安
　図8-3は夫の収入が減少した場合あるいは雇用不安が起きて将来収入が減少するかもしれないと不安になった場合にどのように行動するのかを表す。夫

図8-4　労働時間制約型労働供給③：育児時間の効果

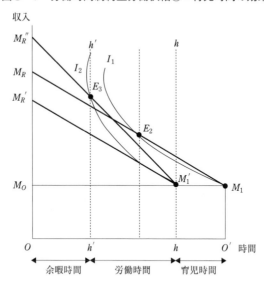

の収入が OM_1 から OM_1' へと減少すると、留保賃金は、夫の収入が減少することによって余暇時間よりも収入の方に選好が移動するので、M_1M_R（＝ $M_1'M_R'$）から $M_1'M_R''$ へと低下する。したがって、この人は以前の留保賃金なら喜んで仕事を受諾するようになる。夫の収入が低迷する中で共働き世帯が増加しているのは留保賃金が低下していることも影響していると考えてよい。

■ 労働時間制約モデル③：子育て時間と労働時間

産後、育児休暇を取った後、末子が小学校に入るまでは育児に多くの時間を割かねばならない。そのためには仕事や自分の時間を犠牲にしなければならない。1日のあるいは1週間の持ち時間は一定である。その時間を子育てと仕事にうまく配分することができるのか。それは容易でない。出産前と同じような仕事の仕方では仕事は継続できないことを示唆している。どんな手立てを講じれば継続就業が可能になるのか。理論的に考察しよう。

図8-4を見てもらいたい。図の基本的な構成は図8-2、図8-3と同じである。違いはこれまで時間配分は余暇時間と労働時間だけであったが、これに

育児時間が加わっている。育児時間は最優先で割り振るものとする。したがって、育児時間を除く残りの時間を労働と余暇とに振り分けるというようになっている。自由になる時間が短くなっているので、それだけ時間の希少性は強くなり、時間の価格は高くなる。

　育児時間を除く時間の大きさは全体（1日単位ならば、24時間から、1週間ならば、7日かあるいは168時間）をどのように配分すればよいのか。留保賃金がどうなるのかを見てみよう。利用可能な時間は Oh である。したがって、M_1' を通る無差別曲線が就業と非就業とが無差別になる効用水準になる。その無差別曲線は I_2 で示す。留保賃金は無差別曲線と指定労働時間 $h'h'$ との交点を通る直線で示されるが、このときの留保賃金は、育児時間がないときのそれよりも高くなっている。つまり、労働することによって失われる余暇時間の機会費用が非常に大きくなっていることを示す。留保賃金が高くなるので労働供給は少なくなる。

　このような事情から多くの女性が離職を選択せざるを得なくなっていることは第1章で見た。一度離職して再びもとの職場に復帰することは、一部の企業ではこれを制度化しているところもあるが、難しい。できれば、就業を継続したいという人に対してどうすればよいのか。持ち時間が少なくなるのは子育ての時期だけである。この時期を乗り越えれば、もとどおりの生活に戻りたい。ひとつのやり方は前に示したように短時間勤務の制度によって継続をやりやすくする方法である。しかし、それ以外にもやり方は多くある。育児の時間を短くすればよいのである。たとえば、(1) 事業所内託児施設の設置である。出社のときに子どもと一緒にきて、社内の託児所に子どもを預け、退社時に子どもを連れて帰る。こうすれば外部の保育所に子供を連れて行く時間が節約されるので持ち時間は多くなる。こうした施設を設置する企業は政府の補助金も利用できるということもあって増えている。(2) 育児を女性だけに任せるのではなく夫が協力することである。子育ての負担をふたりで共同していけば1人当たりの育児時間が少なくなる。最近、育児に積極的に参加する男子が増えている。イケメンを模して「イクメン」といわれている。ちなみに、事業所内託児所を設置した企業で実際にあった話を紹介すると、会社側は女性社員が利用するであろうことを予想して設置したにもかかわらず意外に男性社員が利用すること

が多いということに驚いたという。(3) 育児休業制度は女性だけのものではない。男性社員も利用できる。政府は男性の育児休暇の取得を推進しようとしている。(4) アメリカでよく利用されている方法であるが、ベビーシッターを利用する方法もある。日本では保育ママの制度によって子どもを見てくれるところもある。このほかにも子育ての時間を少なくする方法はある。学生自身で考えてみるとよい。

参考文献

・大沢真知子 (2006)『ワークライフバランス社会へ』岩波書店。
・佐藤博樹・(財) 連合総合生活開発研究所編 (2008)『バランスのとれた働き方―不均衡からの脱却―』エイデル研究所。
・島田晴雄 (1986)『労働経済学』岩波書店。
・パク ジョアン スックチャ (2002)『会社人間が会社をつぶす：ワーク・ライフ・バランスの提案』朝日新聞社。
・山口一男 (2009)『ワークライフバランス：実証と政策提言』日本経済新聞出版社。
・山口一男・樋口美雄 (2008)『論争 日本のワーク・ライフ・バランス』日本経済新聞出版社。
・労働政策研究・研修機構 (2021)『ウィズコロナ・ポストコロナの働き方―テレワークを中心としたヒアリング調査』資料シリーズ No.242。
・厚生労働省 (2021)『労働経済白書 (令和 3 年版)』。
・Fallon, P. and D. Verry (1988) *The Economics of Labour Markets*, Oxford and New Jersey: Philip Allan.

第9章

人事システムと人事評価

人事システムおよび評価はどのようになっているのか

　この章では、人事システムと人事評価について説明する。人事制度および人事評価は、会社の中の従業員のマネジメントに関する事柄を扱っており、経営学的視点の比重が大きくなるが、マネジメントを行っている人々も労働者であることを忘れてならない。会社組織は、会社自身が持つ目標、たとえば、経済学でいうところの利潤最大化ないし費用最小化を達成するために行動するが、そうした目標を達成するために組織を効率よく動かす必要がある。人的資源管理が企業の目標を達成するために重要な役割を果たす。その手段の1つに、人事システムないし人事評価が存在する。組織は指揮・命令系統がしっかりしていなければ、効率よく働かない。たとえば組織の中にはさまざまな部門なり部署が存在するが、それらが勝手に都合のよいように動くと、会社は効率よく目標を達成することが困難となる。そこで、従業員の間に縦の序列を作り、指揮・命令系統を制度化することにより、会社の目的を効率よく達成することが可能となる。

　昨今では、会社の外部環境の変化、たとえば、グローバル化、少子高齢化、DX の変化などにより人事システムの変化を余儀されている。人事の変化は、会社内部の事情による変化と会社外部による変化とがある。しかし、本テキストに解説されている3つの人事システムが基本であり、それを基本として、その会社に合わせた人事システム・企業組織が形成・変容される。

　第1節は人事システムに関する解説であり、第2節は人事評価に関する事項を概観したものである。前半の人事システムでは、日本でもっとも普及してい

る職能資格制度を説明する。この制度の特徴は、業績より能力開発に重点を置いた人事システムである。他方、職務・役割等級制度は、アメリカで普及しているといわれているが、今日では、日本でも採用する企業が多くなってきている。この制度は、どちらかというと能力開発より業績の評価にウエイトが置かれている。

　将来、諸君が就職するであろう企業がどのような人事システムを採用しているのか知っておくことは、有益なことであると思われる。このテキストで解説されている人事システムはあくまでも一般的・原則的なもので、実際には各企業は個別の事情に応じて制度を修正、変更しながら運用している。

　後半の人事評価は、人的資源である個人の能力・適性・業績を評価して、従業員の採用（事前評価）、配置・異動、昇進・昇格、昇給・賞与、能力開発などに活用する。評価には事前評価（第11章参照）と事後評価があるが、この章では事後評価を中心に解説を行う。人事考課を行う際、能力・情意・業績の3つの要素を組み合わせて評価を行う。こうした評価は、多段階評価をとり人事考課の公平性を確保している。さらに、公平を確保するためには、情報公開や評価の正確性及び評価の一貫性が重要である。また、近年、注目されている目標管理制度や、多目的評価、コンピテンシー（第11章も参照）による考課も概観する。

1　人事システム

　人事システムとは、企業内の指揮・命令系統を明確にするために、組織内における従業員を縦に格付けし、従業員の位置区分を示す制度である。人的資源を効率的に管理するためには、企業組織において従業員に序列を与え、上位への昇進、昇格等により従業員の労働意欲を継続的に確保する必要がある。一般的には、欧米では「職務があり、それに対して人を就ける」という意味で「属仕事主義人事」といわれるのに対して、日本では、「人が仕事を創り、人に職務を就ける」といわれ、「属人主義人事」と呼ばれている。

　わが国の人事制度は、1970年代まで従業員個々人の学歴、勤続年数、性別などの個人属性を重視する年功的人事制度が中心であった。しかし、経済環境の

表9-1　職能資格制度の概念表

職能区分	等級	資格・賃金	資格に対応する職位						最低滞留年数	初任格付
管理職能	10	理事						部長	-	
管理職能	9	参与					次長		6年	
管理職能	8	副参与				課長			5年	
指導・監督職能	7	参事			係長				3年	
指導・監督職能	6	副参事		主任					3年	
指導・監督職能	5	主事							2年	
一般職能	4	主事補							2年	
一般職能	3	-	担当者						2年	大学院・修士卒
一般職能	2	-							1年	大卒
一般職能	1	-							4年	高卒

資料）安藤（2008）の60頁、佐藤・藤村・八代（2007）の69頁、厨子（2010）の58-59頁を参考にした。主に安藤（2008）に依拠した。

劇的変化特にコロナ禍にあって、日本的雇用システム（メンバーシップ型）で多く採用されている職能資格制度から欧米型の職務等級制度（ジョブ型）の導入が一層浸透してきた。

■ 職能資格制度

　職能資格制度とは、従業員に付与されている資格に基づく序列化により、職務遂行能力に基づき処遇する制度である。ここでの職務遂行能力は、担当している職務を適切に遂行するのに必要な能力だけでなく、職務遂行過程で発揮される潜在能力をも含んでいる。この職務遂行能力は、その職務の成果を問うているものでないことに注意が必要である。職能資格制度のもとでは、賃金や報酬は、資格で決められるため、課長・部長という上位の職階へ（昇進）進まなくても、職能資格の上位（昇格）になれば、賃金が上昇（昇給）する。

　表9-1からわかるように、完全に資格と職位が分離しているわけではなく、それらは緩い対応関係にある。まず資格が昇格した後にその資格に対応する職位に昇進することから、「資格が職位に先行する」と呼ばれている。この表では、副参事から副参与（等級6～8）が課長に対応しており、さらに、賃金もそれに対応するシステムになっている。また、この表に従えば、大卒の初任格付は等級2に当たり、少なくとも7年経ないと、課長には昇進できない仕組みとなっている。これが最低滞留年数である。この期間までに、担当している仕

事を修得しながら同時に等級を２から６以上に昇格しない限り、課長にはなれない。

　副参与、参事、副参事の資格が課長の職位に対応しているが、この資格の定義は、たとえば、副参与であれば、「部の目標に従って、課の目標を立案し、メンバーに対する指導力、及び高度な業務知識や実務経験に基づく企画力・判断力を必要とする」内容となっている。参事の定義は、「上司からほとんど指示を受けずに、やや高度な業務知識や判断力をもって業務を遂行し、また課の従業員に対する指導力を必要とする」内容である。副参事の定義は、「上司におおまかな指示を受けながら、限られた分野における高度な業務知識・判断力をもって仕事を遂行するとともに、一定範囲内で部下を指導する能力を必要とする」内容となっている[1]。この当該資格の従業員は、OJT や Off-JT により能力開発を行い、職務遂行能力を満たさなければならない。それを充足すると上位の資格に異動する。これが昇格であり「育成の論理」と呼んでいるところのものである。この昇格の後に、課長の中から何人かは次長へと職位が上昇する。これが昇進であり、「選抜の論理」と呼ばれている（佐藤・藤村・八代 2007、72-73頁）。

■ 職能資格制度の長所と短所

　職能資格制度のもっとも大きな利点は、資格と職位が分離している点である。近年、低成長が常態化しているために、会社における役職のポストの数が増えないことにより、昇進する従業員の数が減少し、従業員の労働のモチベーションが上がらない傾向がある。しかし、資格と職位が分離しているため、昇進ができなくとも資格の上昇つまり昇格の上昇により昇給が行われることになり、従業員に対する労働へのモチベーションを維持することが可能となる。

　第2は、社内共通の評価基準を使用するため、人事異動により職務が変更になっても資格に変更がなければ給与は低下しないので、次に取り扱う職務等級制と比べると人事異動が容易である。これにより、多様な仕事経験を持ったジ

1）奥林・上林・平野編著（2010）59頁の図表Ⅰ-4-3から資格の内容を引用した。ただし、資格の呼称に関しては、一部変更した。

ェネラリストが養成され、職務の幅の広い人材が育成される。職場においては、時として広い人材でないと対応できない職務や仕事があり、上位の職位に就くためには、さまざまな業務を理解していないとマネジメントができないこともしばしば生じ得る。

　次に、職能資格制度の問題としては、上述された利点が、一方では欠点ともなり得る。第1は、社内共通の評価基準を使用するために、職能要件の対象が幅広くなり、資格の定義が「企画力・指導力・判断力・交渉力」というように、内容が抽象的であるため昇格の基準も曖昧になり、その結果、資格制度の運用が年功的になりやすいという欠点がある。第2は、職務調査の費用である。市場の変化とともに、職務も変化するので、それに対応する職務要件を改訂しなければならないため、コストが嵩むことになる。職務要件を作成した数年後には実際の職務と乖離することになる。第3は、上位の職位のポストの数が限られているため、昇進者は少ないものの昇格者が多くなり、それにより人件費の高騰を招く傾向がある。第4に、職能資格制度にともなう年功賃金制により若手のデジタル人材など高度な技術を持つ従業員を確保できない可能性がある。

　以上の欠点を持っているものの、職能資格制度は、従業員の秩序を安定させながら職務を変えられるという点で多くの日本企業に受け入れられてきたが、経済環境に変化によって以下に紹介する職務等級制度（ジョブ型）への移行が始まっている。

■ 職務等級制度（Job Grade System）

　職能資格制度が職務遂行能力を評価するのに対して、職務等級制度は各職務価値のグレードを評価する制度であり、アメリカなどで普及している（ジョブ型人事制度）。まず、会社組織において、どのような仕事の種類や特徴が存在するかを調べる職務分析（Job Analysis）を行い、それをもとに職務記述書（Job Description）や職務要件書が作成される。その際、各職務における職務遂行の難易度や貢献度、責任の重さなどを点数化して職務価値（Job Evaluation）のグレードが決定される。

　表9-2はある製薬会社の職務等級制度の概念表である。表からわかるように、職務の価値をもとにグレードを決定しているため、この会社では研究開発

表9-2　職務等級制度の概念表

グレード（職務価値）／職種	営業	製造	研究	人事
G5	本部長	本部長	所長	本部長
G4	営業部長	製造部長	室長	人事部長
G3	営業課長	製造課長	シニア研究開発	人事課長
G2	大規模エリア担当	製造ユニットリーダー	基礎研究担当	採用・教育訓練担当
G1	中小規模エリア担当	製造ライン担当	開発担当	給与・福利厚生担当

出所）厨子（2010）64頁の図表Ⅰ-4-5。

の室長が他の部門の部長級にまた所長が他の部門の本部長に位置していることから研究開発にウエイトが置かれていることが理解できる。

　職務等級制度は、基本給が職務給でありその職務のグレードに応じて給与が決定されることになる。そのため、職務が変われば、変更後のグレードが以前と同じでない限り給与も変わることになる。

■ 職務等級制度の利点と問題点

　職務等級制度の第1の利点は、賃金と職務価値が一致することにより、生産性の低い従業員に生産性に見合わない高い賃金を支払うリスクが取り除かれる点である。職能資格制度は、前述したように潜在的な職務遂行能力を測定して、資格が決定されてそれにリンクした形で賃金が決定されていたので業績の成果が低くても資格が高いと賃金が高くなり、人件費の高騰を招く傾向があったが、職務等級制度においてはそうしたリスクはない。むしろ、年齢や勤続年数が長く生産性の低い従業員は、よりグレードの低い職務に異動させ賃金も低下させることが可能である。

　第2の利点は、スペシャリストを育成できることである。職務等級制度においては、たとえば営業部門に配属された従業員は、営業部門でキャリアを形成していくことになる。営業部門から、人事部門に異動を希望している場合は、人事の専門知識は各自で身に付けなければならない。そのため、職種を超えた異動がしづらいため、もとの部門にとどまり専門家を目指すことになる。

　第3の利点は、職能資格制度のように年齢や勤続年数で賃金が決定されないために、会社に必要な技術・知識を持ち合わせている新人を高給で採用でき、

他社に優秀な人材を奪われるリスクが少ない。

　職務等級制度に関する問題点として、次の2点を挙げることができる。第1は、人事異動がスムーズに履行できないという問題である。他の職種に異動した場合、新しい職種での人的資源の蓄積がゼロであるため、職務における生産性が低く評価されるため、したがって職種間の異動が困難である。第2に市場環境の変化により新しい職務や既存の職務の変更が生じた場合、職務給の設定の見直しや、新しい職務価値を特定化するのに多大な困難を伴う。

■ 役割等級制度（Mission Grade System）

　1990年のバブル崩壊以前までは、職能資格制度が多くの企業で採用されてきたが、バブル崩壊後年功的になりやすく人件費の高騰を招きやすい職能資格制度から、仕事の貢献に見合った賃金システムを採用する職務等級制度へと移行する企業が多くなった。しかし、職務等級制度は従業員同士の協力関係を希薄にさせ、市場の変化に対する企業内の職務価値の変更に関する測定と維持に多くの困難を伴う。そこで役割等級制度が導入された（奥林・上林・平野編著2010、69頁）。

　役割等級制度は、職務に評価のウエイトを置くのではなく、従業員が就いている職務の果たす役割をグレード化して評価・処遇するものである。いわば、職能資格制度と職務等級制度の中間に位置する制度である。

　表9-3は、役割等級制度の概念を示したものである。表側には各職務の役割等級、表頭には職務群が記載されている。全社共通で各等級に期待する役割・期待する成果などを役割等級別に定義する。たとえば、役割等級1は「担当業務を遂行し、課題を発見するとともに、関係する業務について改善を図る」、役割等級3は「各職務における専門性を有し、組織の中心として活動しながら後輩の指導を行うとともに、高度に自律的・主体的に働き、新たな価値の創造を行う」と定義され、職能資格制度の要件と同様に抽象的な定義となっている。

　しかし、上述した役割等級の定義に職務群の定義を組み合わせることで、職能資格制度より具体的な内容となる。同じ役割等級3でも、生産管理職の役割等級3と営業職の役割等級3の求められている役割は、職務により異なり、さ

表9-3　役割等級制度の概念表

役割等級/職務群	生産管理職	営業職	技術職	研究開発職	事務職
5級	本部長	営業本部長	技術本部長	統括本部長	本部長
4級	部長級	部長級	部長級	所長	部長級
3級	課長級	課長級	課長級	室長	課長級
2級	係長級	係長級	係長級	専門職	係長級
1級	担当者	担当者	担当者	担当者	担当者

資料）安藤（2008）図表3.7および厨子（2010）の図表Ⅰ-4-7を参考にして作成した。

らに、どの程度の遂行レベルでなければならないかは役割記述書で作成されている。

　たとえば、大日本印刷の役割等級制度における給与は、役割習熟給（管理職は役割基礎給）と役割成果給の2つから成り立っている。役割習熟給とは、等級別範囲給といって、同一の等級に対して給与に幅を持たせてある。これは従業員の職務習熟度に合わせて昇給させるもので、給与の範囲が等級間で重なり合う形態となっている。ただし上位の役職は、等級が決まれば給与が決まる役割基本給である。もう1つの役割成果給も等級に対応した範囲給で、成果がよければ評価が高く、給与も高い金額であるが、逆に、成果がよくなければ評価が低く、低い金額で等級に対応した範囲内での給与変動が生じる。

　役割等級制度の給与は、こうした役割習熟給と役割成果給を組み合わせて運用されている。その組合せ比率は、上位職ほど役割成果給の比率が大きくなり、下位職ほど役割習熟給の部分が大きい構成となっている（今野・佐藤 2009）

　役割等級制度は、職種や職位ごとに階級をもうけ、その階級を役割の高低に応じて決めている。役割等級制における評価は、担当者に求められる職務に加えて、目標以外の課題に主体的に取り組み、どれだけの成果が達成されたかで評価され役割グレードが決められるため、従業員自身の努力・姿勢により高い役割給を目指すことが可能なので、モチベーションを喚起しやすいという特徴を持っている。職務等級制度の硬直的な職務概念から離脱が可能となる。

　最近の大日本印刷の人事制度改革として、2019年4月に第1弾として、社内外の多様な能力を持つ人材、若手社員を対象に処遇の見直しに着手しており、職種別・地域別処遇、新たな有期雇用形態の新設、副業・兼業の一部容認、テ

レワークの拡充の実施を行っている。2020年4月以降、第2弾としてシニア層の働き方の支援、同一労働・同一賃金に対応した仕組み、加えて第1弾で実施したICT（Information and Communication Technology（情報通信技術））人材の処遇と育成に関わる制度の拡充など幅広い制度改定を行っている（Business Labor Trend、2020年11月、39ページ）。

　労働政策研究・研修機構（2010）による『今後の企業経営と賃金のあり方に関する調査』から、今後の人事システムと賃金体系の関係を手短に見ておくことにする。この調査は、2008年の10月に調査を行い、全国の従業員50人以上を有する15,000社を対象にした調査である。そこでは、賃金体系を「職能重視型（年齢・勤続・学歴等個人の属性を重視）」、「職務重視型（おもに従事する職務・仕事の内容を重視）」、「個人属性重視型（年齢・勤続・学歴等個人の属性を重視）」、「職責・役割重視型（ある職位に期待される複数の職務群の遂行状況を重視）」、「短期成果重視型（1年以内程度の個人の短期化の仕事の成果・業績を重視）」、「長期貢献重視型（1年を超える長期間の会社に対する貢献の蓄積を重視）」の6つのどれが自社の賃金タイプかを、過去（おおむね5年）、現在、今後（おおむね5年）に分けて聞いている。

　その結果は、過去に関しては「個人属性重視型」（40.5%）がもっとも多く、現在に関しては「職能重視」（27.7%）がもっとも多くなっている一方、今後に関しては、「職能重視」（33.2%）、次いで、「職責・役割重視型」（16.3%）、「職務重視」（14.7%）となっている。こうした結果から、今後、年功的要素からさらに能力・成果主義傾向へと賃金体系が向かうと考えられる。

■ ジョブ型雇用

　「ジョブ型雇用」とは、本来は職務等級制度のことである。職務等級制度は欧米社会の人事システムで、そのような制度を社会・文化的基盤が異なっている日本にそのまま導入することは困難である。日本と欧米との間で決定的に異なる要素は、欧米、特にアメリカでは人事評価が悪ければ解雇されることが基本的に自由に行われることを容認している社会であるのに対し、わが国は雇用主が解雇権を使用することは、特別な事情でもない限り容認されていない、という点にある。わが国の場合は、解雇ではなく社内訓練ないし配置転換・異動

を図り、人的資源を有効活用することになる。その結果、職務等級制度という言葉を使用しても日本と欧米との間では内容を異にする。どちらの社会システムが優れているかは、価値判断などによりその判断結果は分かれる。

　一般的にわが国で使用されている「ジョブ型雇用」の用語は、本文で紹介された厳密な職務等級制度ではなく、単に、日本的雇用慣行の特徴である終身雇用、長期雇用、あるいは無限定正社員の対義語として使用している。例えば、鶴（2019）では、「無限定正社員とは異なり、職務、勤続地、労働時間いずれかが限定されている正社員をジョブ型正社員」と定義して使用している。また、次に紹介する日本経済団体連合会（2021）の報告書でも、「ジョブ型」は、「当該職務・仕事の遂行に必要な知識や能力を有する社員を配置・異動して活躍してもらう専門業務型・プロフェッショナル型に近い雇用区分を想定」しているとしている。つまり、本テキストで解説した職務等級制度の概念規定よりも広義に使用されている。したがってこの用語がどのように定義されて使用しているのか注意すべきである。本テキストでは職務等級制度をジョブ型人事システムと呼び、わが国で一般的に使用している「ジョブ型雇用」「ジョブ型人事」システムは「日本的ジョブ型雇用」あるいは「日本的ジョブ型人事」システムと呼ぶ方が正確かもしれない。

　日本経済団体連合会（2021）の報告[2]によれば、正社員における「職務・仕事別（ジョブ型）」の導入率は25.2%となっている。この数字は導入予定・検討中を含めての数字であるから、まだ導入割合は低いと考えられる。職務・仕事別（ジョブ型）と回答した会社100社に、ジョブ型雇用の導入状況を尋ねたところ、導入済35%でそれ以外は導入予定ないし導入を検討中と答えている。「ジョブ型雇用とテレワーク」に関しては第8章を参照。

2）調査対象は経団連会員企業（計1,442社）の労働担当役員など。調査期間2020年8〜9月。回答は419社からで（回答率29.1%）、内訳は製造業190社、非製造業227社である。多くの選択肢は複数回答可とされている。

図9-1　人事評価の概念図

人事評価結果に対する活用事項

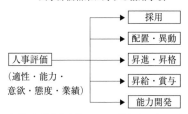

出所）経営能力開発センター編著（2009）86頁
　　　の図表5-1、ただし一部語句を変更した。

2 人事評価

■ 人事評価の目的

　人事評価は、個人の能力・適性・業績などを測定し、その測定結果を用いて適切な人的資源管理を行うことを目的としている。人事評価には、事前評価と事後評価がある。事前評価とは、採用時に行われるもので、応募者の現時点の能力や性格などを測定し、その結果を評価して採用・不採用を決定する（詳細は第11章参照）。一方、事後評価は、従業員の働きぶりを、一定の期間観察した後に、職務などの能力・適性・業績などを評価するもので、人事考課が代表的なものである。

■ 人事考課の目的と人事考課システム

　ライン管理者（生産、販売などを行う部門の管理職）が従業員の個々の能力・適性・業績などを評価し、それを人事部が集約しその結果に基づいて企業が最適な人的資源配分を行う。このため、人事考課は人事異動や昇進・昇格、さらには昇給・賞与、能力開発などに活用される（図9-1参照）。

　人事考課システムは、能力評価・情意評価・業績評価の3つを組み合わせて人事考課を行う。第1の能力評価とは、自社の資格要件である職務基準や職能要件に照らして、従業員の業績ないし成果を生み出すのに必要な能力のレベルを測定する。能力評価の具体的評価項目として、折衝力や判断力、指導力、企

画力などが含まれる。能力評価は他の評価と異なり、変動があまりないことから評価の頻度は年1回程度にとどまる。これは、能力開発の必要度合いや、配置・異動などに使用される。第2の情意評価は、従業員の労働に対する意欲や勤務態度等を評価するものである。情意評価には、積極性、責任力、協調性、規律性といった項目が含まれ、主に昇進・昇格者の選考や賞与および昇給額の決定に影響を与える。第3の業績評価では、従業員が一定期間内に設定された目標をどの程度達成したかを評価するものである。おもに、賞与や昇給額の決定において使用される。第2と第3の情意評価と業績評価は能力評価より評価期間が短く年2回程度行われ、その結果は賞与の額などに反映される。

　企業は3つの評価を組み合わせて、評価を行うことが一般的であるが、その理由は、業績や成果にウエイトを置きすぎると、業績や成果が目に見える形で現れにくい職場に配置された従業員の評価は低く評価され、従業員の就業意欲や能力開発に支障をきたすことになるからである。また、従業員が短期に業績や評価の出る仕事に集中し、長期的にしか成果が出ない仕事を避けるような傾向が生まれる。逆に、能力評価や情意評価にウエイトを置くと、成果や業績へのインセンティブが弱まってしまう。人事考課では3つの評価のバランスが重要となる。

　近年では、能力評価と情意評価に替えて、職務行動の観察と評価がより容易なコンピテンシー評価を導入して、行動評価と業績評価で人事考課を行う企業が出てきている。コンピテンシー（Competency）とは、会社の中で高い実績を挙げた従業員の行動や能力、態度を分析して導かれた行動特性である。高業績者の行動から抽出された行動特性を基準にして、人事考課のコンピテンシー評価が行われる（経営能力開発センター編著 2009）。

■ 人事考課の実施と評価：絶対評価と相対評価

　人事考課の実施に当たっては、まず評価される当事者の従業員が自己評価を行い、その後、評価者である上司のライン管理者が評価を行う。次に、部門長による二次評価が行われる。最後に、人事部門が会社の最適な人的資源配分の観点から人事配置を行うことになる。たとえば、職能資格制度の一次評価では、部下が属する職能等級の資格要件に照らして直属の上司が絶対評価を行う。し

かし、二次評価では相対評価で評価し、だれを昇進や昇格させるかを意識した評価となる。

　一次評価による上司の考課には限界がある。しばしば起こることであるが、同じ考課表を使用していても、評価者により部下の評価が異なるという事態が生じる。どの上司のもとに配属されたかにより評価の高低が異なる。こうした場合は、複数の評価者が評価を行うことが望ましい。また評価者が固定化されるリスクを避けるために配置転換が行われる。

　絶対評価のみの人事考課では、測定費用が高くつく。絶対評価のみで業績評価が行われれば、評価に付きものの誤差の大きさによって、賃金や処遇が大きく左右されることになるため、評価に対する誤差を小さくするのに評価に対して多大な費用が費やされることになる。従業員からの不満や疑問に十分に配慮しながら慎重に処理しなければならない。さもなければ、従業員のモチベーションを削いでしまうことになる。

　一方、「選抜の論理」が反映される二次評価に用いられる相対評価は、従業員間の序列の順位のみを付けるので、たとえば、明確に差が生じている場合はそれ以上評価を行う必要がないなど、かなり費用は削減される。さらに、絶対評価の成果指標が主観的なものであれば、恣意的に自分の気に入らない部下や、費用削減効果をねらって実際の評価以下に評価されるリスクがある。相対評価であれば、たとえ成果指標が主観的なものであっても、上位の職位で欠員が生じれば、従業員間に順序付けを行いその上位の者が昇進することになるので、絶対評価よりこうした問題は生じにくい。

　相対評価はメリットがある一方で、次のようなデメリットも持つ。第1に、ある従業員の絶対的業績がよくても、周囲の人々の業績がさらによければ、順位が低くなってしまう。そのため従業員の労働に対するモチベーションの低下をもたらすリスクがある。第2に、あまり現実的とは思われないが、従業員同士が結託して手抜きをして、昇進した従業員がその増加分の報酬を仲間の従業員に分配する可能性がある。しかしそのような事態は現実的でない。相対評価は従業員間の順位が重要となるため、より上位に評価されるために自分の成績を上げることと同時に相手の成績を下げることも効果的である。「足の引っ張り合い」が生じるので、従業員間の結託はかなり困難であると思われる。こう

表9-4　人事考課における代表的評価エラー

ハロー効果	有名大学出身者であるとか入社試験の成績がよかったという理由で被評価者のすべてをよく評価してしまう。
寛大化・厳格化傾向	被評価者が実際に持っている実力より、評価が寛大や厳格になってしまう。
中心化傾向	評価者が、被評価者を評価すると、「標準」「普通」「ランク5段階中3」といった中央に評価が集まる傾向の評価をしてしまう。評価基準があいまいな場合や評価者が被評価者をよく理解していない場合に生じる可能性がある。
対比効果	自分自身を評価基準とするために、評価者の得意分野に関しては評価が厳しくなり、一方、評価者の不得意分野では、甘く評価してしまう傾向や、評価者が優秀な場合は、被評価者を自分と対比して厳しく評価する傾向がある。
論理的誤謬	根拠が希薄にもかかわらず、思い込みで、誤った評価をしてしまう。たとえば、「仕事や、頭の回転が速い」というだけの理由で、能力が高いと評価してしまうことなどがその代表的な例である。
遠近効果	業績の評価を、評価時期に近いほど過大評価をしてしまう。
相似効果	価値観や出身地や同じ大学出身者を高く評価してしまう。

資料）安藤（2008）58頁の図表3.1と今野・佐藤（2009）149頁の表7.3を参考にして作成した。

したことにより、第3に、従業員間の足の引っ張り合いにより、従業員同士が非協力的になりチームワークでの作業の遂行が困難となる。第4に、相対評価は、客観的基準に従って評価する必要がない反面、上司の裁量が大きくなる可能性がある。

■ 人事考課の基本原則

　人事考課を実際に運用するに当たっては、公平な人事考課が重要となる。公平性を保つためには、情報公開や評価の正確性及び評価の一貫性といった要素が不可欠である。情報公開に際しては、評価基準がどのようになっているのか明確に示す必要がある。また、評価に関する一連のスケジュールおよび期間を明確に示す必要がある。さらに、その評価結果を従業員に戻し、評価に対する疑問点などを質問できる制度設計となっていることが必要である。

　第2は、人事考課制度における評価が正確でなければ、従業員に対する説得力は得られない。表9-4は、評価者が犯す典型的な誤りを示している。評価者が誤りを犯さないために、評価者に対して考課を行う訓練を実施し、評価の

仕組みをきちんと理解させる必要がある。評価者の誤りを考えて、職場における定期的な「ローテーション」や直属の上司による絶対評価と部門長による相対評価を組み合わせる多段階評価を行うことで、正確性を期す仕組みがとられている。

　第3は、一部の従業員に有利に働く評価制度や評価基準が頻繁に変更になるような制度では、従業員から評価制度自身が信頼されなくなる恐れがあるため、人事考課の一貫性が重要である。しかし、近年では、外部環境の変化のスピードが速いため、しばしば、評価方法の変更が見られる。

■ 新しい評価制度

　ここでは、新しい評価制度として目標管理制度、多面的評価制度、コンピテンシーによる考課の簡単な概念をまとめておくことにしよう。

　第1は、目標管理制度（Management By Objectives：MBO）である。この制度は、本人と上司が相談をして、ある一定期間、たとえば1年ないし半年のように期間を区切って目標を設定し、その目標の達成度により評価を行う制度である。目標管理制度そのものは、以前から存在していたが、1990年以降成果主義の流れを受け、多くの企業でこの制度の導入比率が高まり運用が強化されている。

　この制度には、目標達成度を上げるために、評価を受ける従業員が恣意的に低い目標を設定してしまうという問題がある。こうした問題を回避するためには、目標の達成度のみの評価ではなく、その目標の達成難易度を考慮した指標を作成し、評価することが必要である。

　第2は、多面的評価制度、別名360度評価などと呼ばれている制度である。これは従業員に対する評価を直属の上司だけでなく同僚や部下、先輩、後輩、さらには取引先の顧客なども参加させて行う制度である。この制度を知らないと、評価に際し自分より職位が低い人がなぜ、職位の高い人を評価するのかという疑問が持たれることになる。

　この制度のメリットは、複数の異なった人々から評価を受けるため、被評価者がいままで気付かなかった点を発見することである。それにより、自分のよい点と悪い点を正確に把握でき、キャリア育成に活用できる。他方、デメリッ

トとしては、被評価者の働きを十分把握していない人が評価者となるため、正確な評価に欠けるという問題点がある。また、被評価者の数が多く、評価時期になると多くの従業員が評価に動員され、本来業務の遂行に支障をきたす恐れがある。さらに、上司が部下におもねるようになりかねないといった問題点が指摘されている。

　第3はコンピテンシーによる考課である。コンピテンシーとは、職務又は状況に対し、高い業績結果を生む個人的特性を調べ上げ、その項目を評価の対象とするものである。技術職（テクニカル・プロフェショナル）の一般的コンピテンシーの項目には、達成重視（6）、インパクトと影響力（5）、概念化思考（4）、分析的思考（4）、イニシアティブ（4）、自己確信（3）、対人間関係理解（3）、秩序への関心（2）、チームワークと協調（2）、専門的能力（2）、顧客サービス重視（1）といった項目が並んでいる（奥林・上林・平野編著 2010、122頁、括弧内の数字は重要度を示している）。富士ゼロックス（現、富士フイルム）では、どんな仕事でも専門知識・スキルが必要であり、専門知識・スキルは職種や部門によって異なるがそれらを使いこなす共通の能力が不可欠であり、人は高い倫理観を持ち、他者の多様性を尊重する能力が必要であるとして、コンピテンシーを①専門コンピテンシー、②共通コンピテンシー、③プライマリー・コンピテンシーに分け、その中をさらに細かく規定して評価を行っている（今野・佐藤 2009、156-159頁）。

　こうしたコンピテンシー考課による評価には、職種や職務ごとに評価項目が整理され整備されるが、往々にして、抽出される項目が多くなりすぎて、類似の項目が多くなり、維持管理に多くの労力がとられてしまうという問題点がある。市場の変化が速ければ速いほど、求められるコンピテンシーの内容が変化し、あまり項目が多いと修正に多大な労力を費やすことになる。

　さらに、コンピテンシー効果を適用する範囲が狭いという問題点も指摘されている。アメリカでは、このシステムを適用するのは、職務領域が明確な人やある職能資格以上、ないし管理職、専門職といった人々で、チームワーク的な作業を必要とする職場にはなじまないといわれている。人事制度としての歴史も浅く、効果の検証も不十分で、賃金と連動させることはあまり望ましくないとの指摘もある（経営能力開発センター編著 2009、59頁）。

■ 雇用形態の多様化とダイバーシティ・マネジメント

　この章で説明を行ってきた、人事制度の対象者は、会社における無限定正規従業員を対象としているが、近年では、限定正社員、無限定正規従業員、非正規従業員等、雇用形態が多様化してきている。限定正社員とは、勤務地、勤務時間、職種など仕事に対して一定の制限が課させている正規従業員のことである。他方、無限定正社員とは、以前の正社員のことで、転勤なども含め仕事に制限等が課されていない従業員である。

　正規従業員の場合は、雇用期間の定めがないのに対して、非正規従業員は、雇用期間の定めがある。最近では、従業員の３人に１人が、非正規従業員である。非正規従業員とは、パートタイム・アルバイト労働者、契約社員、嘱託社員、派遣労働者などである。パート・アルバイトは、非正規従業員の７割を占めていて、主婦や学生が中心で、正社員より、責任の軽い業務を行うことが一般的である。契約社員は、フルタイムで、正社員と同等かそれ以上に専門性の高い業務を行う。嘱託社員は、定年退職後の再雇用制による高年齢労働者が多く、フルもパートタイムも両方あり、正社員より軽い業務が一般的である。派遣労働者は、若年労働者が中心だが、最近、中高年も増加傾向にある。フルタイムで、周辺業務が中心であるが、時として、正社員と同等の業務も担当する場合がある。

　こうした非正規従業員には、企業内の OJT や Off-JT などの能力開発や職業教育訓練が正規従業員に比べて実施の対象となる割合が少なく、また対象となっても必要最低限の内容であり、正規従業員のような継続的な訓練が行われないのが一般的で、昇進・昇給も少なく、加えて年収も低く雇用も不安定で、社会問題化している。

　非正規従業員をいかに有効に管理するかが、非正規従業員比率の多い会社の課題となっている。非正規従業員の生産性向上と会社への帰属意識を高めるために、パート労働者から正規従業員へのスムーズな移行が可能である制度の創設が必要である。現状では、「ステップ・バイ・ステップ型」と「一体型」がある。「ステップ・バイ・ステップ型」は、パートなどの非正社員と正社員の間に、地域限定社員といった中間型の雇用形態を導入して、正規と非正社員の間に緩やかな連続性を持たせるものである。もう一方の「一体型」は、卸売・

小売業で多く見られる非正社員と正社員の業務がかなり重複しているような場合、両者の処遇に大きな差を付けず処遇するシステムである。

　なおダイバーシティ・マネジメントという言葉は、上述された正規・非正規、限定正社員のマネジメントも含め、外国人の人材マネジメントに関しても使用される。

参考文献

・安藤史江（2008）『コア・テキスト 人的資源管理』新世社。
・奥林康司・上林憲雄・平野光俊編著（2010）『入門　人的資源管理（第2版）』中央経済社。
・経営能力開発センター編著（2009）『経営学検定試験公式テキスト（5）人的資源管理―中級受験用』中央経済社。
・今野浩一郎・佐藤博樹（2009）「人事評価」『人事管理入門　第2版』日本経済新聞出版社、136-159頁。
・佐藤博樹・藤村博之・八代充史（2007）『新しい人事労務管理　第3版』有斐閣。
・厨子直之（2010）「人事等級制度」奥林・上林・平野編著（2010）『入門　人的資源管理（第2版）』中央経済社、55-72頁。
・鶴光太郎（2019）「日本の雇用システムの再構築-総論」鶴光太郎編『雇用システ　ムの再構築に向けて』日本評論社、1-67頁。
・日本経済団体連合会（2021）『2020年人事・労務に関するトップ・マネジメント調査結果』。
・労働政策研究・研修機構（2010）『今後の企業経営と賃金のあり方に関する調査』JILPT調査シリーズ No.65。

第10章

人事異動

働く人のキャリア・パスはどのようになっているのか

　会社から内定をもらい、翌年の4月1日の入社式を終えて、新入社員研修が始まるともっとも気になる事柄の1つは、研修後に発表される配属先に関する人事であろう。また、会社勤めを経験したことがある人なら、一度や二度人事異動の時期になると落ち着かずなかなか仕事が手につかなかった経験をしたことがあると思われる。だれがどこに転勤になるのか、自分の配属部署に変更はないのか、同期のだれが昇格や昇進をするのか、自分はその中に入っているのか。また、自分自身が直接には転勤や昇格・昇進人事に関係しなくとも、どのような人が自分の直属の上司になるのか、次に隣の机に座る同僚はどのような人物であるのか、あるいは今年はどのような新人が配属されてくるか、といったことが気になる。新しい上司と性格や基本方針が合うのか、隣にきた同僚と協調的な関係が築けるのか、新人は素直に我慢強く仕事に取り組めるのか、と心配になる。自分の業務に支障をもたらす人や基本的な価値観が大きく異なる人とは、だれも仕事をしたくない。こうした意味では、人事異動は重要な意味を持っている。人事異動システムの裏側にある経済的含意について考えることがこの章の課題である。

１　内定・初任配置

■　内定

　就職の内定時期があまり早いと、正常な学校教育と学習環境を確保すること

が困難となるため、日本経団連は「新規学卒の採用選考に関する企業の倫理憲章」を作成しそれを遵守するよう加盟企業に対して呼びかけている。その倫理憲章によれば、正式な内定日は10月1日以降とすることになっている。内定が出された後は、内定承諾書を企業に提出することになる。翌年の4月1日まで、多くの企業は内定者に対して通信教育や課題提出を与えたり、あるいは定期的に内定者の集まりを催すなどして、内定者の能力やモチベーションの向上に努める。労働基準法は、企業が内定を出した段階で労働契約が成立したと解釈されるため、企業は内定者に対して労働時間、賃金、就業規則その他の労働条件を書面交付の形で明示する必要がある（安藤 2008、32頁）。一般に新規学卒者が採用の内定を受けるのは一社に限られるため、内定通知を受けた場合その後の就職活動を放棄するので、内定取消しは、解雇に等しく新規学卒者に多大な損害をもたらすので、内定者の保護が必要である。

■ 初任配置

4月1日の入社式の直後に、あるいは新人研修後に、新入社員の職務の配置が決定される。この新人の初めての職場配置を初任配置と呼ぶ。一般の人事異動と異なり、初任配置は、ライン管理者などからの情報と会社全体の人的資源管理の観点から、人事部により決定される。その後、人材の育成期間である非管理職の間は、ライン管理者の意向が強く人事異動に反映される。しかし、管理職の人事になると再び人事部門が関与する。初任配置は、新入社員にとり今後のキャリア・パスないしキャリア形成に強く影響を与えるため、彼らのキャリア展開においては極めて重要である。しかし、実際のキャリアの80％が偶然の出来事から形成されているといわれている。それゆえ、初任配属先が自分の希望と異なったからといって、腐らず積極的に仕事に取り組む姿勢が重要である。長期的には、いま現在、行っている仕事が自分のキャリア形成にとり重要となることを理解する必要がある。

この初任配置の実態はどのようになっているのであろうか。連合総合生活開発研究所（1995）によれば[1]、大卒新規採用者の初任配属に際して企業の人事部が重視していることを尋ねると（3つ以内選択）、「適性・性格」（88.2％）、「本人の希望」（64.4％）、「専門性」（59.0％）となっている。初任配属に際し

て「本人の希望」を聞いているかについては、「聞いている」が72.4%となっている。一方で、「本人の希望を聞いていない」業種としては、「金融・保険・不動産」（72.7%）、「電気・ガス・熱供給業」（54.2%）などがある。「本人の希望を聞いている」とした企業の中で、「本人希望」の配属割合が「50%程度」と答えた企業は45.8%となっており、本人の希望を聞いている会社でも、本人の希望どおりの部署に就かせるとは限らない。

2 配置転換・昇進・昇格

■ 配置転換

　この節では、人事異動の中の配置転換、および昇進・昇格について考察する。配置転換は、この節の後半で扱う昇進・昇格と異なりヨコの異動である。この配置転換の異動には、本社の営業部から事業所の営業部に配属されるような同じ職能分野の異動と、営業部から企画部への異動のように異なる職能分野への異動がある。あるいは、事業所間や職場内での異動もある。事業所間が遠く離れている場合は、転居を伴うため転勤となる。また、職場内の配置転換は「ローテーション」と呼ばれ、定期的に行われる。

　職場内での配置転換が、いかなる意味を持つのか。ここで、簡単なモデルを取り上げて考えることにしよう。従業員 X が職場 a で勤務し、従業員 Y は職場 b で勤務したとする。このときのそれぞれの成果は、$Z_X = \theta_X + \sigma_a, Z_Y = \theta_Y + \sigma_b$ とする。ただし、Z_X は従業員 X の成果、Z_Y は従業員 Y の成果である。θ_X は従業員 X の真の努力、θ_Y は従業員 Y の真の努力、σ_a は職場 a での観察誤差、σ_b は職場 b の観察誤差である。つまり、従業員の成果は、従業員の真の努力（働きぶり）と観察誤差からなっている。こうした場合、従業員 X を

1）この調査の有効回答は499社であり、製造業が57.9%で、残りは非製造業である。非製造業の内訳は、「運輸・情報・通信」（10.7%）、「卸売・小売業」（10.2%）、「建設業」（8.0%）、「電気・ガス・熱供給業」（5.3%）、「サービス業」（4.9%）である。また、本社所在地は「首都圏」が42.3%で、従業員規模は、「1,000人以上3,000人未満」30.3%、「500人以上1,000人未満」19.2%、「100人以上500人未満」15.1%、「5,000人以上10,000人未満」14.0%、「1万人以上」7.3%となっている。

職場 b で働かせ、従業員 Y を職場 a で働かせる、つまり職場内の「ローテーション」を行えば、従業員 X の成果は、$Z_X = \theta_X + \sigma_a + \sigma_b$ となり、従業員 Y の成果は $Z_Y = \theta_Y + \sigma_b + \sigma_a$ となる。ここで、両者の差を取れば、$Z_X - Z_Y = \theta_X - \theta_Y$ となり、従業員の真の努力（働きぶり）を評価できる。つまり、職場内の配置転換であるローテーションは、職場ごとの観察や評価の偏りを削減して、従業員の能力なり努力をより正確に評価できるシステムである（江口 2010）。

　次に、こうした配置転換の実態を労働政策研究・研修機構（2014）[2]の調査報告書に基づいて見てみよう。報告書によれば、配置転換を行う企業の割合は、「定期的に行う」（16.0%）、「定期的ではないが行う」（53.7%）を合わせると69.7%となっている。配置転換の目的（複数回答）は、「従業員の処遇・適材適所」（76.7%）、「従業員の人材育成」（67.0%）、「異動による組織の活性化」（62.9%）、「事業活動の変化への対応」（55.2%）となっている。

　配置転換の発令に先立つ本人への打診の有無に関しては、「意向打診を行う」（45.9%）、「一定の場合は行う」（34.1%）、「事前の打診は行わない」（18.5%）となっている。どのような場合に意向打診を行うかと言うと、「職種限定社員や勤務地限定社員に予定外の配置転換をするとき」「その他個人的な事情があるとき」の場合である。

　配置転換受入れ拒否への対応は「従来の配置を継続した」が6割、「結果的に退職した」が2割となっている。

　配置に関して従業員の希望を反映するための制度として、「自己申告制度」や「社内公募制度」などがある。自己申告制度とは、正規従業員に定期異動時もしくは年1回の定められた時期に、自己申告シートで正規従業員の異動の希望や今後のキャリアプランなどを申告してもらう制度である。この自己申告制度は、従業員に対して自己のキャリアを考える機会を与え、また会社にとっては、従業員個々の家庭の事情など本人の申告によらなくては把握が難しい情報

2）本調査は、2013年9月20日〜10月10日に実施。調査対象は、常用労働者50人以上を雇用している全国の民間企業20,000社（農林漁業除く）。有効回収数は5,792件（有効回答率29.0%）となっている。調査方法は、郵送による調査票の配布・回収である。

が、自己申告により把握可能なデータとなり人事異動の際に重要な資料となる。「自己申告制度」を採用している割合が27.7％ともっとも高く、次いで「希望聴取制度」が15％となっている。

　社内公募制度は、人材の必要な部署が求める人材の資質や担当する仕事内容を明示して、社内を対象として広く人材を公募する制度である。人事部がキャリアのデータや自己申告データをもとにして、人材を探すのではなく、従業員が社内の公募情報を見て自ら応募し書類選考や面接を経てマッチングが成功すれば定期人事異動に合わせて新しい部署に配属される。「社内公募制度」を採用する企業の割合は5.6％となっている。

　社内FA（Free Agent）制度とは、FA資格を持つ人がFA宣言し希望する部署への異動を申告する制度である。FA資格は、おもに総合職で過去の成績が優秀な人材に与えられる。FA資格を持つ異動を希望する者は、自分の希望する部署に対して自己の能力と志望理由を売り込む。その従業員に関心を示した部署が手を挙げる制度である。

■ 昇進：昇進と昇格の違い

　昇進とは、課長から部長になるように、職位や役職が上がることである。それに対して、昇格とは、職能資格制度（職務遂行能力に応じて等級資格が与えられ、その資格に応じて処遇される制度）などで、下位の資格から上位の資格へ上がることである。一般的には、昇格すれば昇給する。社内での役職の数が限られているため、昇格はするが昇進はしないことがしばしば観察される。

　典型的な企業の昇進人事は、その企業内での昇進が一般的である。つまり、空いているポストのすぐ下の職階にいる在職者が対象となる。外部労働市場から空席を埋めるための採用を行う人事政策はまれである。こうした制度を「内部昇進制度」と呼ぶ。以下では、このシステムが労働者にいかなる意味を持っているのかを考える。

■ 昇進政策の３つの機能

　昇進政策には、３つの機能がある。第1は、人材育成の機能である。企業内訓練をより効率的に行うために、やさしい仕事から難しい仕事へ、または、狭

い仕事の領域からより広い領域の仕事へ、キャリアが形成され、内部労働市場における従業員の育成という重要な機能を果たしている。第2は選抜機能である。昇進はより優れた人材をより重要なポストにつける選抜機能を持っている。第3は、インセンティブ機能である。従業員は昇進することによって、仕事上の権限が拡大し、賃金水準が高くなり、社会的な地位も上昇することから、従業員に対して昇進は仕事に対する強いインセンティブを与える。

　インセンティブ機能を最大限発揮するように昇進決定を行うと、しばしば、「ピーターの法則」と呼ばれる問題を引き起こす。つまり、下位の職務での成果を昇進で報いることにすると、下位の職務でもっとも優秀な人間を上位の職務につけることになるが、下位の職務と上位の職務の内容次第では、職務配置の効率性を犠牲にする可能性がある。たとえば、営業マンで非常に優秀な人材が営業部長に昇進した場合、部下の育成や評価、さらには予算の作成や、他の部門との調整といった業務をこなせず、パフォーマンスが低下する例が代表的なケースである。大学でも、研究成果の優れている人が学部長としても有能であることはまれであるとしばしばいわれる。ピーターは、「ヒエラルキーにおいて、すべての従業員は、彼らが無能になるレベルに達するまで昇進し続ける傾向がある」と述べている（大湾 2008、104頁）。

■ トーナメント（Rank-Order Tournaments）・モデルとインセンティブ

　昇進と労働に対するインセンティブとの関係は、Lazear and Rosen（1981）による「ランク・オーダー・トーナメント・モデル」として知られている。この理論では、賃金が昇進競争の賞金であり、ランクは資格ないし役職である。従業員は、危険回避的であり、また、企業は従業員の努力は観察できないが業績は評価できると仮定する。従業員の中から、もっとも高い評価を得た何割かが次のランクに昇進して高い賃金を得る。このモデルの特徴は、第1は、報酬（賞金）はあらかじめランクごとに決められていて、絶対的な成績とは関係がない。第2は、相手より相対的に高い評価であればより高い報酬（賞金）を獲得できる。第3は、従業員が昇進を目指して行う努力の度合いは、昇給額の大きさに左右される。昇進に伴う昇給額が大きいほど、昇進しようとするインセンティブは強くなる（ラジアー 1998）。このようなシステムは、従業員が一生

懸命働くことにより昇進し、その結果として報酬が増大するので、従業員に働くインセンティブを与える。

このシステムの長所として、第1は、従業員に与える外的あるいは内的な問題等（たとえば外的なものとして景気変動、内的なものとして上司の査定に関する評価のバイアス、努力の測定誤差）によって生じる従業員の報酬の変動を避けることができる。これは第5章の暗黙の契約理論で学んだように、危険回避的な従業員にとってはメリットである。第2は、企業のモラル・ハザードの問題は生じない。補充しなければならないポストがある限り、下位の従業員の評価を企業が恣意的に昇進に値しないよう評価を偽って、昇進を行わせないような企業のモラル・ハザード問題は生じない。第3に、相対評価でよいため、絶対評価に比べ査定の費用が削減できる。

問題点として、第1は、査定を行う上司の主観性の問題がある。第2は、評価は従業員間の相対評価のため、従業員間で仕事に関して協力するインセンティブを与えない。第3は、競争に敗れた者の仕事へのインセンティブをどうするかという問題が生じる。第4に、従業員間で共謀して努力水準を引き下げる誘因を持つ。同期入社を同じ職場に配置しないのはそのためといわれている。また、別の予防策としては、定期的な外部からの人材採用が挙げられる。

上述したモデルでは、短期的な視点で設計された賃金体系のために、賃金だけでは長期的視点でのインセンティブ効果が欠如するので、昇進が長期的視点から労働者にインセンティブを与えると考えている。逆に、昇進こそ従業員のインセンティブに影響を与えるため短期的に賃金の変動がないと考える理論が、ギボンズ＝マーフィーのキャリア・コンサーン理論である。

彼らの理論によれば、企業は毎年労働者の業績を観察して能力についての情報を蓄積し、それに基づいて翌年の賃金および昇進を決定する。こうした場合、従業員の今年の業績が将来のキャリアに影響を与えるので、たとえ毎年の賃金がその年の成果と一致していなくとも、長期的な評価に基づく昇進制度が存在するために、それが従業員に働くインセンティブを与える。若い従業員に対してはキャリア・コンサーンによるインセンティブ効果が強いので短期的報酬は彼の成果と一致させる必要がない一方で、定年退職が間近な人や昇進の見込みがない人に関しては、毎期の成果と賃金が等しい方が望ましい（Gibbons and

図 10-1　キャリア・ツリー（1966 年）

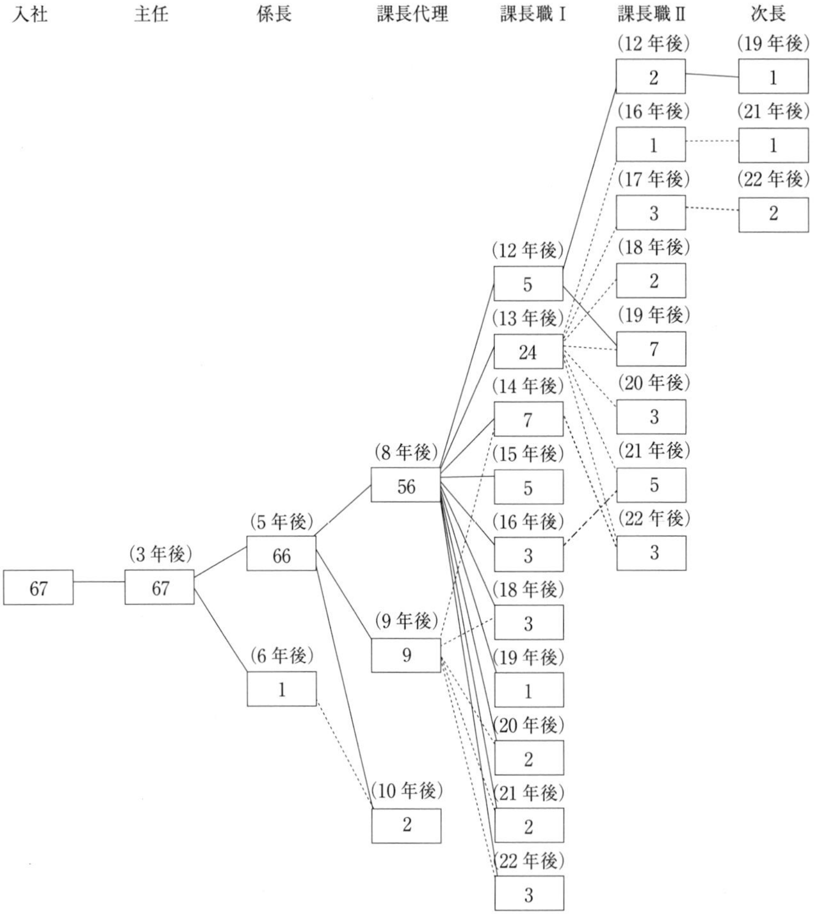

入社	主任	係長	課長代理	課長職Ⅰ	課長職Ⅱ	次長
					(12 年後) 2	(19 年後) 1
					(16 年後) 1	(21 年後) 1
					(17 年後) 3	(22 年後) 2
				(12 年後) 5	(18 年後) 2	
				(13 年後) 24	(19 年後) 7	
				(14 年後) 7	(20 年後) 3	
			(8 年後) 56	(15 年後) 5	(21 年後) 5	
				(16 年後) 3	(22 年後) 3	
67	(3 年後) 67	(5 年後) 66		(18 年後) 3		
		(6 年後) 1	(9 年後) 9	(19 年後) 1		
				(20 年後) 2		
			(10 年後) 2	(21 年後) 2		
				(22 年後) 3		

出所）竹内（1995）159頁。

Murphy 1992)。

■ キャリア・ツリーの説明

　ここで、日本企業内部での実際の昇進の実態がどうなっているのか考察してみよう。図10-1は、大手金融保険会社における従業員のキャリア・パスを示した樹形図である。竹内（1995）によれば、この図は1966年に入社し1988年ま

で勤続していた大卒者についてのキャリア・パスを描いたものである。課長職
Ⅱを除いて、資格は職位と対応していて、課長職Ⅱは職位においては課長ある
いは調査役などの課長相当職である。図の四角内の数字は、その職階に到達し
た人数を示している。また、その上の括弧内の数字は、その職階に到達するま
での勤続年数を示している。それによれば、同期入社の67人は到達する年数は
異なるものの全員が課長代理まで昇進している。その後、課長職Ⅰまでは、昇
進比率は82％、課長職Ⅱまでは39％、次長職まで昇進できるのは6％となって
いる。この図からわかるように、昇進はその職階のすぐ下の職階から選抜され
ている。たとえば、次長職は課長職Ⅱから選抜されており、決して課長職Ⅱの
職階に到達していない係長職から選抜されてはいない。つまり、昇進は勝ち抜
きトーナメント制となっている。

　図10-1は、年代こそ古いが現代でも基本には大きな変化はないが、しいて
2点変化を挙げておく。第1点は、近年、一部の会社では管理職への昇進が早
まっている（佐藤 2020）。ある調査によれば（労働政策研究・研修機構 2015）、
管理職や経営幹部の育成を目的にした「早期選抜」の実施を尋ねると、「行っ
ておらず、導入予定もない」企業が6割、現に「行っている」企業は6社に1
社程度（15.4％）にとどまり、「導入を検討中」22.1％と合わせて4割弱であ
る。しかし、海外事業を「展開している」企業（全体の17.1％）だけをみると、
早期選抜の実施率26.2％、「導入を検討中」25％と合わせると半数を超える。
こうした「海外事業展開」の会社は、海外企業との人材獲得競争により、海外
企業の早期選抜に合わせているものと思われる。第2点は、技術革新により社
内のDX関連の人材不足のため、高額の賃金を提示して社外から経験者を採
用する人事システムである。この場合は、専門職として位置づけられ、よほど
の事情がない限り採用時の職に留まる。こうした、大卒の一括採用ではない
「ジョブ型雇用」が増加することが予想される（第9章も参照）。

■ 給与体系と努力

　次に、トーナメント・モデルの第3の特徴である従業員が昇進を目指して行
う努力の度合いは、昇給額の大きさに左右されることに関して考察してみよう。
スポーツ競技において、勝者と敗者の賞金のスプレッド（差）が大きいほど、

表 10 - 1　会社内の役職別年収（2020 年）

（万円）

役職	年齢	勤続年数	所定内給与額（a）	年間賞与その他特別給与額（b）	推定年収（c）	昇進による年収の変化	区分	平均年齢	年間報酬
部長	55〜59歳	30年以上	77.1	373.3	1,298.0	226.0	会長	68.9歳	5,475
課長	50〜54歳	25〜29年	62.9	317.3	1,072.1	361.2	社長	62.5歳	6,166
係長	45〜49歳	20〜24年	43.7	187.0	710.8	184.2	副社長	64.4歳	4,255
職長	35〜39歳	10〜14年	34.2	115.7	526.6	250.7	専務取締役	59.9歳	3,639
一般職	20〜24歳	0	22.8	2.9	275.9		常務取締役	59.5歳	2,693
							取締役	56.4歳	2,171

資料）厚生労働省（2020）『賃金構造基本統計調査』、労務行政研究所（2020）『役員の報酬に関する実態調査』。

競技参加者は一生懸命に努力する。このことは企業においても当てはまり、昇進に伴う昇給が大きいほど従業員は上位の職に昇進しようと一生懸命努力する。スプレッドとは、上位従業員の給与と下位従業員の給与の差である。

　それでは、現在の日本における役職と報酬はどのようになっているのであろうか。それに答えるために『賃金センサス』（2020年）から、役職による所定内給与と賞与の額を示した（表10 - 1の左側）。この表は、役職到達への労働者の数がもっとも多い勤続年数を参考にしながら、規模1,000人以上で、男子、大卒の役員報酬を示している。それによれば、推定年収が1,000万円を超えるのは課長職であり、年齢は50〜54歳となっている。昇進でもっとも大きく年収が増加しているのは、係長から課長に昇進するときであり、年収は360万円程度増加している。課長から部長への昇進より係長から課長への昇進は、昇給額が大きくなっている。10年前と比較すれば、役職の昇進年齢が遅くなっているが、10年前の『賃金センサス』では大学卒と大学院卒が統合されているので厳密な比較ができないので注意されたい。

　表10 - 1の右側には、わが国の規模1,000人以上の役員報酬が記載されている。会長5,475万円、社長6,166万円、副社長4,255万円、専務取締役3,639万円、常務取締役2,693万円、取締役2,171万円となっている。社長は新入社員の22倍程度、職長の10倍以上の報酬となっている。また、平取締役の3倍程度となっている。

　ただし最近では、高額の報酬を得る経営者も登場している。たとえば、定年制45歳を提唱して話題になったサントリーホールディングス株式会社の社長、

図 10-2　トーナメントにおける運の役割

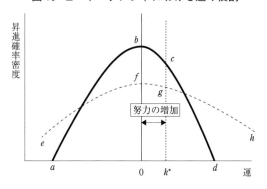

新浪剛史氏の年収は 1 億5,000万円以上と推測されている[3]。また、セブン＆アイ・ホールディングス取締役で、アメリカのセブン・イレブンのトップであるジュセフ・マイケル・デピント氏の報酬は24億7,400万円[4]、以前、日産の社長、カルロス・ゴーン氏の年収は約 9 億円で話題になった。大企業の社長とはいえ、大卒サラリーマンの生涯賃金の半分を 1 年で稼いだり、8 倍以上の金額をわずか 1 年で稼ぐことに驚いた人も多いのではないだろうか[5]。

■ 運

　昇進プロセスにおける「運」あるいは「ノイズ」の量が、報酬に影響を与えているといわれている。昇進の確率が努力に依存しなくなれば、従業員の努力は減少する。昇進が運に大きく左右されるときには、上位職と下位職の賃金スプレッドを拡大することによって、努力の減少傾向を相殺することが可能である。

　もう 1 つの方法は、運ないしノイズそのものを小さくすることにより、従業員の努力を引き出すことが可能である。図10-2は、運による昇進確率の分布を示したものである。曲線 *abcd* のような相対的に不確実性が小さな分布を持

3 ）https://atsushi-stilts.website/ce-niinamitakakeshi-mon/　2020年 9 月20日確認
4 ）https://toyokeizai.net/artticles/-/374880　2020年 9 月20日確認
5 ）こうした所得格差に関心を持たれた読者はぜひ、ハーバード大学で政治哲学を教えるサンデル教授の著作（サンデル 2010）を読んで人の能力と平等について考えてみよう。

つものと、*efgh* のような相対的に不確実性の大きな分布を持つ２つの異なった運による昇進確率の分布を示す曲線が描かれている。いま、従業員が以前より *k** の大きな努力を行ったと仮定すると、昇進確率は後者（*efgh*）の分布より、前者（*abcd*）の分布曲線の方が、より確実に昇進することが可能である。確率密度の累積である面積で示せば、前者の分布曲線の方が後者よりも *bfgc* の面積分に相当する分だけ昇進確率の上昇幅が大きいことになる。それゆえ、相対評価により、これまでの成果が高い（努力の多い）方を必ず昇進させるトーナメント制を採用することにより、従業員の努力をより多く引き出すことが可能となる。

■ 国際比較

　日本労働研究機構（1998）、佐藤（2002）の国際比較調査によれば、入社時点あるいは入社後しばらくしてから将来の幹部候補生のためのキャリア・ルートを設ける企業は、日本が8.8％、アメリカ48.5％、ドイツ38.1％となっている。また、昇進スピードに関しては、アメリカとドイツでは、昇進に初めて差がつき始める時期と同一年次入社の５割が昇進の頭打ちになる時期が、日本に比べて比較的早い。アメリカやドイツでは、平均で入社後４年弱で昇進に差がつき始め、入社後10年前後には５割が昇進の頭打ちとなる。一方、日本では、平均で見て入社後８年弱で昇進に差がつき始め、入社後22年前後でやっと５割が昇進の頭打ちとなる。こうした国によって異なる「早い昇進」と「遅い昇進」のシステムの違いは、従業員の転社に影響を与えている。アメリカやドイツでは20代ではなく30代の転社が多く、日本では30代の転社が少ない。「早い昇進」は昇進のノイズが大きく、「遅い昇進」は従業員の観察期間が長い分だけノイズが小さくなるため、日本企業は欧米企業に比べより平らな給与体系を持っていると考えられている。

　最近、ビジネスのグローバル化や社員の多様化により、「遅い昇進」が弊害となりコア人材の早期選抜が経営課題として重要となってきている（今野2016）。こうした問題提起を大湾・佐藤（2017）、佐藤（2020）が検証している。大湾・佐藤（2017）は、グローバル化の進展、社員の多様化、少子高齢化などの状況下での「遅い昇進」の弊害が、雇用保障、内部昇進、年功賃金に特徴付

けられた長期インセンティブから成果給を中心とした短期インセンティブへの
シフトを促すとしている。早期選抜を導入する企業には、大規模企業、グロー
バル企業、成果主義の導入の３つの特徴が見られることを確認している。しか
し、『賃金センサス』の個票分析結果からは、近年の管理職昇進への遅れが示
唆され、昇進年齢の早期化は確認されていない。この結果は、わが国の人口の
高齢化が寄与しているものと考えられる。

3　出向・転籍

■ 出向

　出向とは、出向元の企業との雇用関係を継続したまま、出向先の企業に労働
サービスを提供することである。こうした出向の目的としては、2013年度の調
査では、グループ企業の人材不足の補充がもっとも多く、次いで出向先の経
営・技術指導、企業グループの結束力の強化、ポスト不足への対応、雇用調整
のため、の順で続いている[6]。出向先は、グループ企業や系列企業が多い。
　出向期間に関して、定めている、定めていない、あるいはケースバイケース
など、まちまちである。出向ルールの有無については、「就業規則」あるいは
「その他の社内規程」がある企業が80％を占めていて、ある程度明文化されて
いる。出向者本人に、事前打診を行っている企業は90％近くに達しているが、
40％近い企業で、本人の同意の有無とは関係なく行われる。出向者の賃金水準
は出向元と同じであると答えた企業が、８割を超えていた。

■ 転籍

　転籍とは、現在勤めている会社との雇用契約関係を終了させて、転籍先の会
社と新たに雇用契約関係を持つことである。出向は、現在勤務している会社と
の雇用関係を維持しながら出向先の会社に勤務するのに対し、転籍は現在勤め
ている会社との雇用関係を終了するところが決定的に異なる。転籍を実施して

6）以下の出向、転籍に関する情報は、断りがない限り労働政策研究・研修機構（2014）か
　らの引用である。

いる企業の割合は23.5%となっている。転籍者の賃金水準は「転籍先の基準に
よる賃金水準」が６割を占めているが、「転籍元の賃金水準」と回答している
企業も40.7%存在した。なお転籍のルール、事前の意向打診などについては、
出典元の調査資料に当たってもらいたい。

4 退職制度[7]

　いまでも日本では、企業に定年退職制度が存在している。なぜ、退職制度が
存在しているのか。退職制度がなく、労働者を企業が継続して雇用し続けると
どうなるのか。この節では退職制度について考察する。
　年齢あるいは勤続年数とともに賃金が上昇する賃金プロファイルの形態を、
多くの企業が採用している。この賃金プロファイルの形状は、労働者が怠けな
いようにする装置として非常に有益である。こうした考えをより詳細に図を用
いて説明しよう。図10-3は、勤続年数とともに賃金が一定である賃金プロフ
ァイルと右上がりの賃金プロファイルが描かれている。労働者の効用は、どち
らも同じである。図では、生涯にわたり、労働の限界生産物価値は一定と仮定
されている。完全競争であれば、名目賃金＝労働の限界生産物価値（VMPL）
が成立している。
　ここで、企業は図の ABC で示される賃金プロファイルを提示することがで
きると仮定する。この賃金プロファイルは、勤続 F 年までは、労働の限界生
産物価値（VMPL）＞賃金の関係が満たされ、F 時点では賃金＝VMPL とな
り、それ以降では、賃金＞VMPL の関係にあると仮定されている。このため、
右上がりの賃金プロファイルは「報酬（賃金）の後払い」方式とも呼ばれる。
完全競争の場合は、勤続年数にかかわらず賃金＝VMPL となり、DBE で示さ
れるように水平に描かれる。労働者にとって、２つの収入の流列（流れ）現在
価値は同じである限り、個々の期間において支払われる労働の限界生産物価値
の契約（DBE）と報酬の後払い契約（ABC）は労働者にとり無差別である。
言い換えれば、図10-3の DBA が BCE と同じ現在価値を持つ限り、労働者

7）本節の説明は Borjas（2010）を参考にした。

図10-3　退職制度と後払い報酬

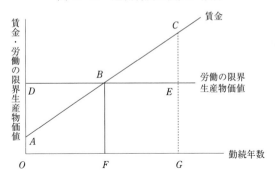

は VMPL で一定の賃金と右上がりの賃金プロファイルで同じ効用を持つ。労働者が初めに受け取る相対的に低い賃金は、後に労働者が得る高い賃金によって補償される。

　しかしながら、それらの2つの契約は、労働のインセンティブに対して異なった影響を持つと考えられる。もし労働者が個々の期間で VMPL に等しい一定の賃金を受け取る場合、企業が常に労働者を監視することができないため、労働者は怠けるインセンティブを持つ。もし企業が自由に労働者を解雇できるとすれば、労働者は怠けているところを見つかれば解雇される。その後は競争的賃金を支払ってくれる他の仕事に移ることになる。

　一方、もし企業が右上がりの ABC を提供している場合、労働者は怠けることを控えると考えられる。労働者は、彼の活動の一部は監視されており、怠けた場合、解雇されるかもしれないことを知っている。怠けることは、労働者にとってかなりの所得の損失をもたらす危険を伴う。たとえば、もし労働者が F 年以前に解雇される場合、労働者は報酬として受け取る以上に企業の生産に大きく貢献している。ある意味では、労働者は企業に貸付けを行っており、解雇される場合にはその貸付けは償還の機会がなく喪失することになる。まったく同じ論理で、労働者が F 年から G 年の期間で怠けていることが見つかった場合にも適用できる。企業は労働の限界生産物価値以上を支払っているので、労働者の雇用を維持するインセンティブを持たない。それゆえ、右上がりの賃金プロファイルは、労働者からより多くの努力を引き出し、怠ける誘因を減らし

ている。

■ なぜ退職制度は強制力を持つのか？[8]

　図10-3における年齢・賃金プロファイルで示される賃金の後払いは、企業の退職政策に関して重要な意味を持つ。企業は G 年を超える継続雇用関係を望まない。企業は、G 年目で従業員からの借入れを完済し、それ以降も労働の限界生産物価値を超える賃金で労働者を雇い続けることから企業は何らの金銭的利得を得ない。それゆえ、企業は労働者が離職してくれることを望むことになる。他方で、労働者は企業を離れることを望まない。なぜなら、労働者は働き以上の賃金をもらっているからである。この矛盾が、雇用契約において強制的退職制度が存在する理由である。一定年齢に到達すると強制的に退職させられる条項を含んだ雇用契約は、1980年代中頃よりアメリカで違法となっているが、日本ではまだ一般的である。欧米において、ある年齢で労働者を強制退職させることは、年齢差別に該当する。日本でも60歳未満の定年退職制は違法にあたる。45歳定年制を提唱している経営者がいるが、現行法では違法である[9]。

　賃金の後払い方式のモデル以外では、なぜそのような退職制度が労働市場で観察されるかを説明することは難しい。なぜ65歳定年制の企業は、64歳と364日まで相対的に高い賃金で雇用し続け、同じ労働者を1日過ぎると強制的に退職させるのか？　スポット労働市場であれば、労働者の年齢とともに生じる生産性の低下の反応が、すぐに賃金に反映される。それゆえ、スポット労働市場では労働市場契約を終了させる強制的退職制度は必要ない。

8）この退職制度の基本的モデルの考案者は Lazear（1979）である。
9）サントリーホールディングス株式会社社長・新浪剛史氏、日本経済新聞上級論説委員・水野裕司氏などによる「個人は会社に頼らない仕組みが必要」という問題提起だ。長期雇用は働き手にとっても、うまみが薄れてきているからだと（「中外時評」『日本経済新聞』2021年9月22日）、労使双方にとってのメリットを強調するが、こうした会社での就労を希望する人は多いだろうか？

190

■ 後払い賃金契約と長期雇用制度

　後払い賃金契約を利用して労働者からより高い生産性を引き出すという仮説に関して、いくつかの問題がある。労働者がそうした契約を受け入れるのは、勤続 F 年以降労働者に雇用保障が付与されていて解雇されない場合のみである。労働者は企業に貸付けをし、その後で企業に返済してもらうのであれば、企業は労働者に返済し始める F 年後に雇用契約の破棄と労働者の解雇を望むかもしれない。しかしながら、合理的な企業はこうした行動をとらない。なぜなら、企業は長期間にわたり労働市場を利用するため、この企業が、F 年目以降も労働の限界生産物価値以下の賃金しか労働者に支払わない場合や解雇を繰り返しているようであれば、企業は労働者の補充が困難となり、市場での競争ができなくなるからである。それゆえ、企業は市場での「評判」を重視し、そうした行動をとらない。

　また、こうした賃金の後払い方式は、とりわけ大企業で多く観察される。倒産のリスクが大きい企業では、労働者はこうした賃金プロファイルを望まないと考えられる。なぜなら、生産性より低い賃金を受け取った後の高い賃金を受け取る段階で企業が倒産することになれば、労働者が企業に貸付けしたところの金銭の一部が回収できなくなるからである。したがって、こうした賃金プロファイルを提示する倒産リスクの高い企業には労働者が集まらない。そのため、一部の中小企業では、初めから生産性に見合った賃金の提示がなされることになる。

　また、企業が容易に労働者の勤務ぶりを監視できる仕事に関しては、こうした右上がりの賃金プロファイルはあまり観察されない。将来の解雇のリスクがなくとも、労働者は怠けることができないからである。その結果、そうした企業では、右上がりの賃金プロファイルも観察されないし、強制的退職制度も存在しない。

　後払い報酬モデルは、なぜ年齢・賃金プロファイルがある仕事では右上がりになっているか、またなぜ強制的退職制度が労働市場に存在するのかを説明する有力なモデルである。言い換えると、初期において労働の限界生産物価値より低い賃金を設定し、その後に労働の限界生産物価値より高い賃金を設定する右上がりの賃金プロファイルは、労働者の怠業を抑制し、労働者の努力を引き

出し、企業にとって強制的退職制度の必要性を説明する。

参考文献

・安藤史江（2008）『コア・テキスト　人的資源管理』新世社。
・江口匡太（2010）『キャリア・リスクの経済学』生産性出版。
・大湾秀雄（2008）「昇進制度とインセンティブ設計」『経済セミナー』9月号、101-108頁。
・大湾秀雄・佐藤香織（2017）「日本的人事の変容と内部労働市場」川口大司編『日本の労働市場』有斐閣、20-49頁。
・今野浩一郎（2016）「労働供給制約時代の人事管理」『日本労働研究雑誌』No.674、16-25頁。
・佐藤香織（2020）「管理職への昇進の変化—「遅い昇進」の変容とその影響」『日本労働研究雑誌』No.725、43-56頁。
・佐藤博樹（2002）「キャリア形成と能力開発の日独米比較」小池和男・猪木武徳編著『ホワイトカラーの人材形成—日米英独の比較』東洋経済新報社、249-267頁。
・サンデル、マイケル・J.（2010）（鬼澤忍訳）「平等をめぐる議論—ジョン・ロールズ」『これからの「正義」の話をしよう—いまを生き延びるための哲学』早川書房、183-216頁。
・竹内洋（1995）『日本のメリトクラシー』東京大学出版会。
・日本労働研究機構（1998）『国際比較：大卒ホワイトカラーの人材開発・雇用システム—日、米、独の大企業（2）アンケート調査編』調査研究報告書 No.101。
・ラジアー、エドワード・P.（1998）（樋口美雄・清家篤訳）『人事と組織の経済学』日本経済新聞社。
・連合総合生活開発研究所（1995）『新しい働き方の創造をめざして』研究報告書。
・労働政策研究・研修機構（2014）『労働条件の設定・変更と人事処遇に関する実態調査—労働契約をめぐる実態に関する調査（Ⅱ）—』JILPT 国内情報14-12。

・労働政策研究・研修機構（2015）『「人材マネジメントのあり方に関する調査」および「職業キャリア形成に関する調査」結果―就労意欲や定着率を高める人材マネジメントとはどのようなものか―』調査シリーズ No.128。

・Borjas, G. J.（2010）*Labor Economics*, Fifth Edition, Mcgrawhill.

・Lazear, E. P.（1979）"Why Is There Mandatory Retirement?," *Journal of Political Economy*, 87(6), pp.1261-1284.

・Lazear, E. P. and S. Rosen（1981）"Rank-Order Tounaments as Optimum Labor Contracts," *Journal of Political Economy*, 89(5), pp.841-864.

・Gibbons, R. and K. J. Murphy（1992）"Optimal Incentive Contracts in the Presence of Career Concerns: Theory and Evidence," *Journal of Political Economy*, 100(3), pp.468-505.

第Ⅲ部

今日の労働問題

第11章

若者の労働市場

仕事を見つけるにはどのようにしたらいいか

　1990年頃までは、学校を卒業するとほとんどの学生が正社員としてどこかの会社に就職していた。企業は学校を卒業した新入社員を長期雇用する見通しで雇い、新規採用者に OJT を行ってきた。しかし、バブル崩壊後、若者が正規雇用に就くことが徐々に困難になってきた。2008年のリーマン・ショックにより大卒の内定率が落ち込み、不安定な非正規雇用の就労を余儀なくされる大学卒業生が顕著に増加した。その後、2013年6月に安倍政権が「日本再興戦略」としてアベノミクスを発表した。大胆な金融政策、機動的な財政政策、民間投資を喚起する成長戦略の「3本の矢」である。その結果、2014年以降有効求人倍率が1を超え、労働力不足の状態となり、若者の労働需要も回復した。しかし、2020年には、新型コロナウィルス（COVID-19）感染症爆発（パンデミック）により世界経済が大混乱を来した。こうした外的ショックは、若者、女性、一部の産業（特に、宿泊・飲食サービス業）に大きな影響を与えた。

　第1節では、若者の置かれている現状を詳細に考察し、その後、職探し理論を紹介しながら、大卒者の職探しとの関連について考える。第3節では、学校教育から労働市場を考察した上で、現在の就職活動状況とその対策を考える。そして、これから社会人となる大学生に求められている「能力」とは何かを紹介する。

表11-1　若者の労働市場の状況

(年)	フリーター数 (万人)	労働者計に占める非正規労働者の割合 (%)			無業者数 (万人)
	15～34歳	年齢計	15～24歳	25～34歳	15～34歳
2003	217	30.4	45.0	21.5	63
2009	178	33.7	45.0	25.7	62
2014	179	37.4	48.6	28.0	56
2019	138	38.3	50.9	24.8	56

出所）総務省統計局『労働力調査』、労働政策研究・研修機構（2020）『ユースフル労働統計2020』。

1　若者の就業・非就業の実態

　若者の置かれている就業環境は近年、ますます厳しくなってきている。元来、若者の失業率はいつの時代も平均失業率より高い。一般的に、若者の失業率が高いのは、若者特有の「ジョブ・ホッピング」（Job-Hopping）、つまり、自分の適職を探しながら転職を繰り返す人々が多いためと、いわれていた。しかし、1990年の中頃以降、どうもそうではなく、経済環境や社会システムの問題ととらえるようになってきた（小﨑 2004, 2010）。表11-1には、若者（15～34歳まで）の労働市場の環境状態を示している。それによれば、2003年にフリーター数が217万人となり最高を記録している。その後低下し2019年では138万人となっている。表では省略したが、年齢階級別では、15～24歳は減少傾向にあり、25～34歳はほぼ横ばい状態となっている。非正規労働者の割合は、2003年の30.4％から2019年には38％まで増加した。表11-1からわかるように、25～34歳層の非正規労働者の割合が最も高い。問題は、バブル崩壊後の1990～2000年に就職時期に当たった「就職氷河期」と呼ばれている世代で[1]、現在では若年層の分類から外れた35～44歳層であるが、その世代は2002年の25万人から増加傾向にある。また、無業者は2003年の63万人から2019年56万人へと減少した。

　こうした若年のフリーター[2]および無業者[3]は、失業の履歴現象（ヒステリ

1）「就職氷河期」に関する文献は、堀（2019）参照。

図11-1　賃金分布と留保賃金率

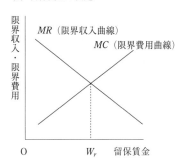

(a) 提示される賃金分布　　　　　(b) 留保賃金の決定

シス）と同様に、その状態が持続する傾向がある。その結果、生活困窮、非婚化と深刻な社会問題と結び付いていることが明らかになり、政府は「就職氷河期世代支援室」を設置して対策を講じている。また、若者の非正規労働者の増加は雇用の不安定化と労働者のスキルの向上が望めずさらに年収や社会保障が低く、そうした若者の増加は社会不安や少子化への傾向を一層強めるために社会的には望ましくない（小﨑 2010）。

2　職探し理論

　ここでは、職探しのモデル（Job Search Model）を紹介する。職探しをしている人々は、労働市場で図11-1（a）のような賃金分布が提示されていることを知っている。ここで、W_r は留保賃金で職を求める人がその会社で働いてもよいと思う賃金率である。この W_r を上回る賃金率が提示されれば、その会社

2）フリーターの定義は、15〜34歳で、男性は卒業者、女性は卒業者で未婚の者のうち、雇用者のうち「パート・アルバイト」の者、完全失業（2018年以降は失業者）のうち探している仕事の形態が「パート・アルバイト」の者、非労働力人口で、家事も通学もしていない「その他」の者のうち、家事も就業内定しておらず、希望する仕事の形態が「パート・アルバイトの者をフリーターと定義している（労働政策研究・研修機構『ユースフル労働統計2020』）。

3）若年無業者の定義は、「労働力調査（基本集計）」の15〜34歳で、非労働力人口のうち、家事も通学もしていない者（労働政策研究・研修機構『ユースフル労働統計2020』）。

の賃金を受諾することになる。逆に、W_r を下回る賃金率の提示を受けた場合は、さらに職探しを行う。$E(W)$ は期待賃金率、すなわち平均賃金率である[4]。

　こうした賃金分布のもとで、職探しを行う場合、留保賃金が高くなればなるほど、職探しをする回数が多くなり探索費用が増加することになる。それゆえ、限界費用曲線（MC）は図11‑1（b）に示されるように右上がりの線として表される。一方、限界収益率は、追加的に行われる職の探索から得られる利益である。それは、期待収益率から探索費用を差し引くことにより求められる。期待収益を一定と仮定すれば、留保賃金率が高くなるに従って探索費用も高くなるため期待収益率は低下する。つまり、追加的探索から得られる収益は低下する。よって、限界収入曲線（MR）は右下がりとなる。それゆえ、留保賃金（W_r）は、限界費用曲線（MC）と限界収入曲線（MR）の交点で決定されることになる。

　景気後退期には、相対的に高い賃金を提示する企業が少なくなることから図11‑1（a）の賃金分布は、左にシフトする。それゆえ、景気後退期に、留保賃金が不変の場合、職探しをしている人にとり留保賃金を満たす企業の数が少なく、就職するのに苦労することになる。好景気のときは、いまの話と逆になり、留保賃金を満たす企業が相対的に多くなり、就職しやすくなる。

　職探しを行う人の現在割引価値が高いほど（将来より現在により価値を置く場合ほど）、また追加的な職探しから得られる利益が小さいほど、限界収入曲線（MR）が左下方にシフトし、その結果、留保賃金は低下する。探索費用が低下すれば、限界費用は右下方にシフトし、留保賃金は上昇する。こうした現象は、われわれの目の前で起きている。その一例として、地方の大学は、東京や大阪に職探しをする場合、学生に助成金を出したり、就職活動のために東京・大阪まで出向くためのバスを出している。そうすることにより学生の職探しの限界費用を低下させ、より長く職探しができることになる。それゆえ、ここでの留保賃金も高くなる。失業したときに利用される雇用保険も同様な経済

4）注意すべきは、ここで使用している賃金率は、定年退職までにその企業で得られる賃金と貨幣価値に換算された非金銭的便益とその流列を、現在価値化した合計である（荒井1989、170頁）。

効果を持つ（雇用保険に関しては、第13章を参照）。また、他の大学生が身に付けることが難しく、加えて企業側が求める特別なスキルを身に付けることで、限界収入を右上方にシフトさせることができる。たとえば、ビジネス英語や中国語ができ、経済学や経営学あるいは統計学・コンピューター言語等をマスターしていれば、他の学生と比べ、自分の限界収入曲線を上方にシフトさせることは可能である。

3　学校教育から労働市場

■ 採用と人的資源開発（キャリア教育）

　企業の成功は、人的資源開発（キャリア教育）政策にあるといっても過言ではない。企業で働く従業員の熟練した能力や専門化は、環境変化に適用するため企業にとって必要な条件である。変化が生じるスピードを所与とした場合、企業の成功は持続的な人的資源開発（キャリア教育）政策に大きく依存する。

　人事部の1つの重要な役割は従業員の確保である。その手段の1つとして、日本では新卒の採用あるいは中途採用がある。また、特殊な専門的能力を持つ労働者を必要とする場合は、専門の仲介業者をしばしば利用する。こうして、企業はあらゆる仕事に関して、もっとも適した労働者の採用を行う。より広い意味で、人事部は労働者の採用や人事の人選のみならず、従業員のキャリア開発もまた担っている。

　労働者の採用は、企業戦略の一貫である。適切な労働者の採用は、企業の戦略的目標を実現するために行われる。こうした労働者の採用政策は企業の成功を左右するため、人事部は適切な従業員の採用を履行する責任がある。

　労働者の採用政策は、企業の内部あるいは外部労働市場、ないしはその組合せから労働者を充足する。実際の労働者の採用は、企業の目的や労働市場における状況に依存する。図11−2は、労働者の採用政策と人的資源開発（キャリア教育）政策が多くの他の制度的要因と関連していることを示している。

■ 教育システム

　教育システムは、学校卒業直後の人々の能力や特質に影響を与え、その結果

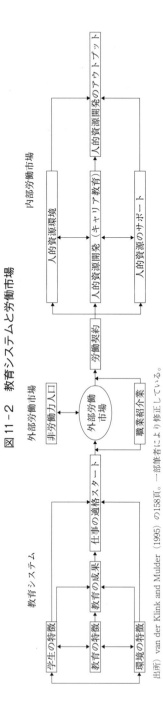

図11-2　教育システムと労働市場

出所）van der Klink and Mulder（1995）の158頁。一部筆者により修正している。

として、労働力人口における能力の差異をもたらす。いままでの大学教育は、ほとんどキャリア教育と呼ばれる職業にかかわる教育を直接的には行ってこなかった。別言すれば、そうした職業訓練を施さなくても、ほとんどの学生が就職できていた。しかし、バブルが崩壊して以後、大卒の就職率は低下してきている。その理由に、長期の景気低迷からくる労働需要の減少に加え、高齢者と若者、女性労働と若者の雇用代替が生じたことも起因している。

　最近では、2008年の秋に起きたリーマン・ショック以降、大卒者の新卒の状況は予断を許さない状況となり、大学教育の内容に変容を迫っている。現在、各大学の学部学科は、こうした状況を受け、各学部学科目とキャリア教育との関連を模索し始めている。また、大学進学率の上昇と少子化に伴い、入学者の基礎学力の低下や勉学のモチベーションの低下を受け、初年次教育を充実させ始めてきている。さらに、学生と企業の間のミスマッチ対策として、インターンシップ制度が導入されてきている。このインターンシップ制度は、ミスマッチ対策以外に、学生にアルバイトでない正社員として仕事を体験させ、実社会での厳しい現実を通して、再度勉強する意味を理解することに役立っている。また、アンケートの結果から、企業もインターンシップの経験を評価しているようである[5]。大学もこうした変化に対応して、以前は単に「就職部」と呼ばれていた部署は「キャリア就職担当」や「キャリアセンター」と変更している大学も多い。学生のキャリア形成の一翼を担うことを意識しているものと思われる。

■ 労働市場

　大卒の新卒者は、大学で獲得したスキルを持って労働市場に参入してくる。労働市場の重要な特徴の1つは、分断化されていることである。典型労働と非典型労働、内部と外部といった形で分断されている。

　典型労働は、雇用や労働条件で有利な位置を占めている。たとえば、仕事の保障や昇進の見通しに関してである。このグループの労働者については、企業で必要なスキルを持ち合わせていない場合、企業が企業特殊的訓練を行い、労

5）労働政策研究・研修機構（2007）を参照。

働に必要なスキルを身に付けさせる。一方、非典型労働は、昇進の見込みがなく、仕事の保証も低く、雇用も不安定である。必要とされる訓練はなく一般的に決まりきったマニュアル的仕事である。企業は、そうした労働者に対する追加的な投資をめったに行わない。訓練が行われるとしても、より高い職階へ結び付くキャリア・パスよりもむしろ、同じ仕事における生産性の増加やよりよいパフォーマンスを目的としている。

　さらに、労働市場は外部労働市場と内部労働市場に分断されている。外部労働市場は、雇用主が欠員を満たすために、仕事を求めている応募者のプールから必要な労働者を選択して採用する市場である。この市場には、新しく労働市場に参入する人や仕事を失った人、再参入した女性などが含まれる。一方、内部労働市場は、企業の内部（企業内）で労働者を補充するもので、企業の外部から仕事を求めている人々は除かれる。これは、現行の従業員の中からある職階の欠員を補充する場合である。追加的な訓練や企業内で得られた労働の経験は、従業員に他の地位に異動する機会を与える。この異動は、内部のヒエラルキーの上昇としばしば一致し、その従業員は同じ企業で職位や資格に関して昇進ないし昇格する。雇用主にとっては、価値ある従業員がその企業に忠誠を尽くし、企業にとどまることにより、企業経験や訓練された能力を失わないで済む。この従業員の昇進は、企業内訓練である人的資源開発（持続的キャリア教育と従業員への学習奨励）とキャリア・パスで結び付いている。

■ 労働市場と教育の連携

　労働市場は、教育とビジネス社会あるいは、企業組織と教育のリンクとして考えられる。職を探している人の能力が、企業の求めている能力や資格に合致しない場合、その企業は外部労働市場で従業員を充足することができない。つまり、外部労働市場では、求職者と企業の欠員との雇用調整が行われている。雇用調整の問題が、教育にあるのか仕事の性質にあるのかを明らかにすることは、しばしば困難を伴う。こうした労働者と企業との不一致の問題は、量ないしは質である。量の不一致は、需給の問題と関係している。

　一方、質の不一致は、提供される仕事に必要とされる能力が合わないことである。その不一致は、失業率が急上昇したときに、しばしば観察される。景気

後退局面では、企業の生産物に対する需要が減退している時期であるため、企業の設備稼動率は低い水準にある。こうしたとき、雇用主は、以前より厳格な基準でもって、仕事に応募してきた人の能力をテストする。そのため、職探しを行っている労働者に求める質の要求水準も高くなり、企業と労働者間でミスマッチが生じる。また、質の不一致は、教育システムと企業組織で展開されている特質とそのスピードが異なる場合で生じる。あるセクターでの技術が特殊であったり、技術変化が非常に速く生じ、その結果、欠員の充足が困難となる。教育（訓練）が持続的に遅れることにより、企業が求めるスキルと労働者が持つスキルとに不一致が発生する（van der Klink and Mulder 1995）。それゆえ、労働市場と教育（訓練）の連携が非常に重要となる。

■ 大卒の新卒者に求められる能力：コンピテンシー

　ここでは、就職活動の際、企業はどのような能力を学生に要求するのかについて紹介するために、JIL の調査報告（労働政策研究・研修機構 2009）を中心に見ていく。企業が学生を採用する際に求められる「能力」とは、そもそも何か。人々の行動は、知識、スキル、態度といった目に見えるものと、その人の価値観やパーソナリティーのような目に見えないものが合わさって、その人の行動となり、仕事の出来不出来を決定すると考えられていて、高業績者の行動から抽出された能力（行動特性）を「コンピテンシー（competency）」と呼んでいる。

　上述した調査によれば、企業が学生に求めている「コンピテンシー」は、「知的能力」「課題達成志向」「コミュニケーション能力」「自己コントロール能力」「人柄」「対人印象」「マッチング」の7つに分けられるとしている。その中でも、もっとも重視される能力は、「課題達成志向」と「コミュニケーション能力」の2つである。この2つについて詳細に見ていくことにしよう。

　「課題達成志向」は、「課題発見達成力」、「変化への対応能力」、および「創造性」の3つに分けられる。「課題発見達成力」とは、課題を見つけて自ら行動し、最後までやり通す能力のことである。「変化への対応能力」は、環境変化に対して適切な行動がとれるか否かの能力のことである。「創造性」は、他の人が思いつかない新しいアイデアを出した経験の有無からなっている。以上

の「課題達成志向」は、課題を達成するまでの過程で見られる行動パターンを評価するものである。

　もう一方の「コミュニケーション能力」は、「コミュニケーション能力」、「受け答えのよさ」、および「人間関係構築力」の３つに分けられている。「コミュニケーション能力」は、言葉どおり「人と会話できる能力」である。「受け答えのよさ」は、面接の場における面接担当者との言葉のやりとりが円滑に進むか否かによって評価される。「人間関係構築力」は、過去にどのような人間関係を構築してきたかを、学生の経験談やグループディスカッションの場における実際の行動から判断されるものである。「コミュニケーション能力」で重要なことは、他人の話を正確に理解し、自分の考えを伝えることではなく、中長期的に、他者とどのような人間関係を構築するかである。以上の「課題達成志向」と「コミュニケーション能力」の２つの能力が新卒採用する際、コンピテンシー評価項目の５～６割を占めている。

　この２つの項目よりウエイトが落ちるが、「知的能力」の項目が２割程度ある。「知的能力」は、「汎用性の高い知的能力」と「専門的知識・技能」に分かれている。「汎用性の高い知的能力」には、「基礎学力」と「常識」があり、「基礎学力」は、「考える力（論理的思考力、状況分析力、分析力、連続性、計画性）」と「視野の広さ」に分かれる。「常識」は、リテラシー、文章力、学習力、機転が利く、バランス感覚、地頭のよさなどとなっている。

　こうしたコンピテンシーを企業は、どのような方法で評価しているのであろうか。同報告書によれば、研修センターのような場所に学生を集め、職務上起こり得る状況を想定して、グループディスカッションやグループワークを行うとよいが、費用が嵩むため、「行動結果面接（BEI）法」を採用するようである。BEI法とは、「あなたの成功体験談を話してください」などと質問して、学生が答えた経験事例に対して、いつ・どこで・だれが・なぜ・どのように、といった項目を具体的に聞き、企業が想定しているコンピテンシーと合致するか見極める方法である。また、コンピテンシーの評価は、多くは面接とその他の評価ツールと組み合わせてなされているようである。さらに、コンピテンシーは、選抜の初めや最後に使用するより、どちらかというと中間段階の選抜で評価される傾向があると報告されている。

4 統計的差別と若者の離職およびキャリア形成

■ 統計的差別

　就職活動に際して、企業が新規学卒者を採用する際、統計的差別を使用するといわれる。どういうことなのか。具体的例を提示して説明することにしよう。いま、まったく同じ能力を持つ男子学生と女子学生が企業の採用募集に応募してきたとしよう。つまり、2人の学生は性別以外まったく同じであると仮定する。その場合、この2人から1人を採用しなければならない場合、採用人事担当者はどちらの学生を採用する傾向があるか。一般的には、企業は女子学生より男子学生を採用する行動をとる。なぜなのか。企業が人的投資を行った場合投資した費用を回収するには長く時間がかかるために、女性と比較して勤続年数の長い男性を採用する傾向がある。たとえ、実際に女子学生がその会社に就職してその男子学生より長く働く場合でも、統計的差別が生じる。つまり、企業の採用担当者は、この女子学生がこの男子学生より長く働くかどうか十分な情報を持ち合わせていない場合、一般的傾向で（統計的に）この女子学生の勤続年数を判断して男子学生を採用する。

　こうした例は、銘柄大学と非銘柄大学の企業の学卒採用行動でも見られる。企業に応募してきた学生のうち、非銘柄大学の学生の方が銘柄大学の学生より能力が高い場合でも、銘柄大学の学生を採用してしまうことがしばしば観察される。これも、統計的差別の例である。ではなぜ企業の採用人事担当者は、こうした行動をとるのであろうか。一般的傾向として、銘柄大学の学生が非銘柄大学の学生より優秀であるという統計的事実をもとにして行われる。人事担当者は、繰り返し面接や筆記試験を行うと、自分の会社に応募してきている学生の中には、銘柄大学の学生より非銘柄大学の学生が優秀である場合があるが、何百人と応募者がいて、繰り返し面接や筆記試験を行うと費用が嵩むため統計的に選別を行うことから生じる。

　統計的差別[6]は、人事採用担当者が十分な情報を持ち合わせていない場合に

6）統計的差別に関する理論モデルに関しては小﨑（2014）55-57頁参照。

生じがちである。統計的差別を繰り返している会社名が学生の間で明らかにな
った場合、そうした会社に優秀な学生が応募しなくなる恐れがある。あるいは、
能力の有無を判断していたシグナルに質的変化が生じていることに気づかずに、
過去のシグナルに基づいて学生を判断している会社があるとすれば、統計的差
別を繰り返している会社は真に優秀な学生あるいは会社にとり有益な学生の採
用を逃してしまっていることになり、その会社はいずれ市場から淘汰されるか
もしれない。

■ 若者（新卒者・既卒者）の離職とキャリア形成

　労働政策研究・研修機構（2019, 2020）では[7]、若者の離職状況と離職後の
キャリア形成を調査している。その結果によれば、新卒3年以内の離職率は、
大卒21.3%、専門・短大・高専卒34.3%、高卒33.0%となっている。この数字
は厚生労働省が2018年10月に発表した数字よりやや小さい（大卒31.8%、短大
卒41.5%、高卒39.4%、いわゆる「七五三」問題）。ただし、短大卒、高卒、
大卒の学歴順で離職率が低下しているのは同じである。
　報告書によれば、既卒者（1年以内）の転職の特徴は以下の5点にまとめら
れる。第1に、情報収集が新卒より応募経路が不正確でかつ、経験豊富な転職
組と競合することになる。そのために、入職前に得た情報と実際の労働条件が
異なることが離職要因と考えられる。第2に、既卒者は3年以内の離職率が高
い産業（小売業、サービス業、医療福祉、教育学習支援等）や中小企業への就
職率が高い。さらに「短期的に何人もの従業員が採用され辞めていく」「業務
の法令倫理違反行為が行われている」などの企業に就職する傾向が高い。第3
に、既卒者は研修等の教育訓練や上司・先輩からの働きかけるコミュニケーシ
ョンが不足しがちのため、指示が曖昧または放置された人、初めから先輩と同
等の仕事を任せられた人の割合が高く、離職へと繋がる傾向がある。第4に、
若者の職務遂行能力は、長く働くと向上する。勤続期間が短いうちは企業側の
期待水準に到達できない若者が離職し、勤続年数が長くなると能力の高い若者

7）調査対象は、2018年4月2日時点で20～33歳、正社員として勤務した経験が1回以上あ
　る最終学歴が高校以上の人。

が自分のキャリアを向上させるために離職する。勤続3～5年を超えると離職者の方の能力が高くなる。第5に、転職によって、離職理由であった賃金、労働時間、職業生活の満足度が転職後で上昇している。

　労働政策研究・研修機構（2020）は、「早期離職者」30人に早期離職理由をヒアリング調査している。その結果は、第1に、早期離職の背景には、企業が若者へ提供する職業に関する不正確な情報提供により、入職後にミスマッチが発生していた。より具体的には、採用選考時に若者に過大な期待を抱かせる曖昧な言動であったり、採用担当部門が伝えた情報と現場でのズレが生じたり、情報の解釈が企業側と若者との間に齟齬があった。また、若者の知識・経験不足に起因する根拠のない自信や思い込み、さらには雇用契約の内容を確認しないまま入社していた。第2に、現場で法令違反や倫理的に不適切な行為が放置されていた。たとえば、困難な営業達成目標の設定や、法令・倫理を犯してまでも短期的業績の達成を優先するなどがあった。第3に、マネジメントの不行き届きが若者の早期離職に影響を与えていた。人事部門と現場が、情報共有していない。配属後の教育が現場任せで部署や上司ごとの当たり外れが大きい。上司・先輩と若者の間のコミュニケーション不足。業務過多・人手不足で人材配置に余裕がない。個人単位の成果主義で短期的成果を求めるため、協力関係がないなどが挙げられている。

　次に早期離職後のキャリア形成を考察すると、①すぐ正社員、②求職・非正規を経て正社員、③正社員移行後早期離職、④非正規継続、⑤療養後に訓練・非正規の5類型を見出している。この5類型に影響を与える要因は、第1に入職時および離職時の社会変動や景況の変化、第2に、若者本人の属性（性・学歴・居住地）である。高学歴者は、戦略的・主体的にキャリア形成する傾向がある。都市部の大卒男性は「正社員」として転職するたびに前職の問題が改善されていく傾向がある。女性・非大卒・非都市部の若者は「正社員」の賃金の低さや労働条件の厳しさにより、非正規のキャリアを選択する傾向がある。非正規の掛け持ち、副業、独立起業、投資などのキャリアの補強を試みている人もいる。第3に、正社員志向でも、1社で勤め上げることを目指している人は少数派である。第4に、「初めての正社員」で心身のダメージを受けた人は離職後のキャリア形成が困難であることを見出している。

表 11 - 2　将来の仕事

自動化可能性が もっとも高い職業	自動化が可能 になる確率	自動化可能性が もっとも低い職業	自動化が可能 になる確率
電車運転士	99.8%	精神科医	0.1%
経理事務員	99.8%	国際協力専門家	0.1%
検針員	99.7%	作業療法士	0.1%
一般事務員	99.7%	言語聴覚士	0.1%
包装作業員	99.7%	産業カウンセラー	0.2%
路線バス運転手	99.7%	外科医	0.2%
積卸作業員	99.7%	はり師・きゅう師	0.2%
梱包工	99.7%	盲・ろう・養護学校教員	0.2%
レジ係	99.7%	メイクアップアーティスト	0.2%
製本作業員	99.7%	小児科医	0.2%

出所）フレイ＝オズボーン（2015）

5　若者と仕事の未来

　2013年、フレイ＝オズボーンによる論文（Frey and Osborne 2013）が発表された後、瞬く間に世界中に拡散され、多くの人々は驚愕と恐れを感じ、自分の職業に不安を覚えた。その論文の内容は、今後10〜20年でアメリカの職業の47％がなくなるという衝撃的な内容であった。その後、多くの国で同様の研究が行われ多くの国で大差がない研究結果を得ている。

　わが国では、彼らと野村総合研究所の共同研究の形で2015年「日本におけるコンピューター化と仕事の未来」が野村総合研究所から発表されている（フレイ＝オズボーン 2015）。その内容は、日本の労働人口の約49％が、技術的には人工知能やロボット等により代替できるようになる可能性が高いと推計された。表11 - 2に自動化可能性が高い職業と低い職業が記載されている。一般的には、定型業務がコンピューターやロボットに代替される確率が高く、非定型業務は代替可能性が低いと言われているが、ごく最近では、非定型業務でもAIを使用して代替可能性が高くなりつつある。

　一方で、Arntz, Gregory and Zierahn（2016）は、職業を構成するタスク（業務）でみた場合に大半のタスクが自動化される職業は9％程度に留まるとの研究結果を報告している。AIによって将来どのタスクがどの程度自動化さ

れ、職業がどう変化するか予測することは難しい。しかし、AI の導入により業務効率や生産性が向上する結果、定型的業務などが機械化され減少するが、AI を導入・運用するための必要なシステム開発やシステム運用などの業務量が増加し、これに関連する職業の雇用が増加すると考えられる。但し、業務内容が変化することにより、労働者に求められるスキルも変容することになるため、新たなスキルの獲得が必要となる（小﨑 2018）。

参考文献

・荒井一博（1989）「不確実性・情報と労働市場」大橋勇雄・荒井一博・中馬宏之・西島益幸『労働経済学』有斐閣、169-204頁。
・小﨑敏男（2004）「若年労働者を取り巻く環境変化と労働政策」『改革者』第533号、34-37頁。
・小﨑敏男（2010）「若者を取り巻く労働市場の変化と出生率の変化―若者の失業・非典型労働と出生率―」『東海大学紀要政治経済学部』第42号、103-130頁。
・小﨑敏男（2014）「高齢者就業と年齢差別」小﨑敏男・永瀬伸子編『人口高齢化と労働政策』原書房、47-82頁。
・小﨑敏男（2018）「労働力不足と技術革新」『労働力不足の経済学』日本評論社、183-215頁。
・フレイ、K. B.＝ M. A. オズボーン（2015）「日本におけるコンピューター化と仕事の未来」野村総合研究所。
・堀有喜衣（2019）「『就職氷河期世代』の現在―移行研究からの検討―」『日本労働研究雑誌』No.706, 17-27頁。
・労働政策研究・研修機構（2007）『大学生と就職―職業への移行支援と人材育成の視点からの検討―』労働政策研究報告書 No.78。
・労働政策研究・研修機構（2009）『大学新卒採用において重視する行動特性（コンピテンシー）に関する調査―企業ヒアリング調査結果報告―』調査シリーズ No.56。
・労働政策研究・研修機構（2019）『若年者の離職状況と離職後のキャリア形成Ⅱ（第 2 回若年者の能力開発と職場への定着に関する調査)』調査シリ

ーズ No.191。

・労働政策研究・研修機構（2020）『若年者の離職状況と離職後のキャリア形成Ⅱ（第2回若年者の能力開発と職場への定着に関する調査 ヒアリング調査)』資料シリーズ No.221。

・Arntz, M., T. Gregory and U. Zierahn（2016）"ELS issues in robotics and steps to consider them. Part 1: Robotics and employment. Consequences of robotics and technological change for the structure and level of employment," Rock EU Robotics Coordination Action for Europe, Grant Agreement Number, 611247.

・Frey, C. B. and M. A. Osborne（2013）"The future of employment: How susceptible are jobs to computerisation?," OMS Working Paper, University of Oxford.

・van der Klink, M. and M. Mulder（1995）"Human resource development and staff flow policy in Europe," in A. Harzing and J. V. Ruysseveldt（eds.）*International Human Resource Management*, SAGE Publications, pp. 156-178.

第12章

労働移動

転職と外国人労働者問題とは何か

　この章では、労働移動を取り扱う。第11章で、就職活動を取り上げたが、大学を卒業して無事就職できたとしても、最近では入社後３年経過すると中卒者では７割、高卒者では５割、大卒者では３割が離職するという現実がある（いわゆる「七五三問題」）。この章の前半では、入職・離職に関するデータから、日本の労働市場を考察した後、そうした労働移動とはいかなる意味を持っているのかを経済モデルで考え、その後、より広い視野で労働移動を理解するために、日本の人口減少時代における外国人労働問題を取り扱う。現在、日本政府は、外国人労働に関して、単純労働者の受入れは原則禁止、高度な技術を持つ人材は受入れという選択的政策を行っているが、果たしてそれはどのような経済学的意味を持っているのか。また、今後そうした政策を続けていくことが望ましいのかどうかについて考える。

1 転職者の実態調査概況

■ 従業員の勤続年数

　第６章でも記述したように、日本とアメリカの勤続年数を比較すると、日本の勤続年数がアメリカより長かった。こうした事実は、勤続年数別雇用者割合の数字でも確認できる。裏を返せば、日本がアメリカと比較して労働移動が相対的に低いことを意味している。これが、いかなる経済的意味を持つかについては、後の経済モデルで考察することとして、第１節では厚生労働省『雇用動

図 12 − 1　入職率・離職率の推移（2006〜2020 年）

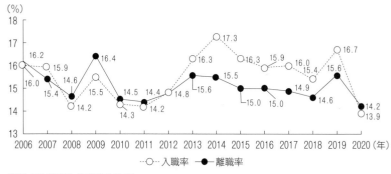

出所）厚生労働省『雇用動向調査』。

向調査』を用いて、日本の労働移動に関してより詳細な検討を行う。

■ 入職率・離職率

　厚生労働省『雇用動向調査』によれば、2020年の1年間における日本の常用労働者[1]の入職者数は710万人であり、常用労働者数の13.9％を占めている。一方で、離職者数は727万人で常用労働者数の14.2％であった。これを一般労働者とパートタイム労働者に分けると、一般労働者[2]では、入職者391万人、離職者393万人で、離職者が約2万人上回っている。一方、パートタイム労働者数は、入職者数319万人、離職者334万人で、離職者が約15万人上回っている。

　図12−1は、日本の入職率（年初の常用労働者数に対する入職数の割合）と離職率（同じく離職者の割合）の推移を示したものである。2008年から2012年まで、離職率が入職率を上回っている。これは、リーマンショックの影響と考えられる。ある大きな外的なショックが発生すると、5年程度影響を受けることを示唆している。その後に、労働需要が減少した産業から成長産業へと労働移動が発生する。その期間がアベノミクスの2013年から2019年で、この間わが

1）次のいずれかに該当する労働者をいう。①期間を定めず雇われている者、②1カ月を超える期間を定めて雇われている者、③1カ月以内の期間を定めて雇われている者。
2）一般労働者は、常用労働者のうち、パートタイム労働者以外の労働者。

国は高齢化（医療・介護）といわゆる「第4次産業革命（ITの進化とDXの改革)」が起こり、生産年齢人口が減少する中での景気回復となり、入職率が離職率を上回った。2020年は、コロナ感染症の拡大によって再び景気が低迷し、離職率が入職率を上回った。

■ 産業別入職・離職率の状況

次に、産業別の状況を見てみよう。産業別で見ると、2020年において入職率と離職率がもっとも高い産業は、「宿泊業、飲食サービス業」で入職率26.3%、離職率26.9%であり離職超過となっている。前年（2019年）と比較して、入職率が10.0%ポイント減少、離職率が6.7%ポイントの減少となっている。入職・離職率ともに減少している。

次に高い産業が「サービス業（他に分類されないもの）」で、入職率17.5%、離職率19.3%で離職超過となっている。「生活関連サービス業、娯楽業」は、入職率15.8%、離職率18.4%で離職超過となっている。このように、比較的入職・離職率が高い産業は、離職超過となっている。一方、情報産業は5.4%ポイントの大幅な入職超過となっている。

2009年と比較すると、上述されている産業はすべて入職率・離職率共に低下している。2009年の「宿泊業、飲食サービス業」の入職率は33.2%、離職率は32.1%であった。2009年は金融危機（リーマンショック）であり、今回はコロナショックである。同じ外的ショックを受けているにもかかわらず、入職率・離職率の値が低いのは、わが国の労働の流動性が低下しているからかもしれない。

■ 年齢階級別の入職・離職の状況

表12-1は、2020年における年齢階級別の入職率と離職率および入職に占めるパート比率を示している。最初に、年齢階級別入職・離職率を考察する。一見してわかるのは、入職率・離職率が若年者と高年齢者で高い数値を示していることである。特に前期若年層（15〜24歳）で極端に高く、入職率が離職率を超える大幅な入職超過を示している。その後、一部の例外はあるものの、概して入職・離職率ともに40歳代まで低下し、男性は35歳以上で離職超過、女性は

表12-1　年齢階級別入職率・離職率及び入職に占めるパート比率

単位：%

入職・離職率	入職率	離職率	入職率	離職率	入職者に占める パートタイム労働者割合	
年齢／性別	男性		女性		男性	女性
19歳以下	77.5	38.7	70.8	36.2	62.6	73.0
20～24歳	33.1	29.1	36.3	28.4	31.2	31.4
25～29歳	15.8	16.4	17.3	19.4	20.0	37.7
30～34歳	12.4	11.1	13.9	17.0	18.6	48.5
35～39歳	8.2	9.4	14.2	14.3	15.2	53.0
40～44歳	6.5	6.7	13.7	11.8	18.5	63.4
45～49歳	5.4	6.6	10.7	11.5	19.6	57.4
50～54歳	4.7	6.4	10.5	10.1	22.0	59.5
55～59歳	5.4	7.3	9.2	10.9	25.4	68.1
60～64歳	13.4	17.0	8.4	14.8	43.8	76.3
65歳以上	12.5	25.4	6.2	18.7	74.4	90.4

出所）厚生労働省『雇用動向調査』。

35～44歳を除き離職超過が観察される。女性の25～39歳は子育て期間と重なり離職超過となっている。

　なぜ前期若年層（15～24歳）と60歳以降の年齢階級で入職率・離職率が他の年齢階層より高いのだろうか。その1つの要因として、若者の労働市場への参入、つまり学生から社会人への身分変更、若者特有のジョブ・ホッピング行動、結婚、出産、定年制といった人生のイベントと遭遇する年齢であることなどと関係している。さらに、その年齢層でパート労働者比率が高い。19歳以下の入職者に占めるパートの割合は、男性62.6％、女性73.0％と高い値を示している。この比率はその後年齢の上昇とともに低下するが、65歳以上になると男性は74.4％、女性は90.4％になる。

　ここで、離職の理由を見ると、もっとも多いのは「個人的理由」で70.9％、それ以外の理由としては「契約期間の満了」、「経営上の都合」、「定年」となっている。性別で見ると、女性は男性と比較して「個人的理由」が多く約7割強を占めている。女性の「個人的理由」の内訳を見ると、「結婚」1.9％、「出

産・育児」1.7%、「介護」1.4%となっているが、むしろ「その他の個人的理由」69.6%が圧倒的に多くなっている。年齢階級別で見ると、59歳未満では「個人的理由」が圧倒的に多いが、60歳以上ではそれに加え「定年」「契約期間の満了」の比率が高くこの3つの要因で8割以上となる。

　次に、転職入職者の状況を概観しておこう。年齢別で見ると、男性は20〜24歳から50〜54歳まで一貫して低下する。それ以降、定年の60歳から64歳まで上昇し、その後再び低下に転じる。女性は結婚・出産年齢の30〜44歳を除き、65歳まで一貫して低下している。

　転職入職者が前職を辞めた理由は、「その他の理由（出向等を含む）」31.3%を除くと、相対的に高い理由は、男性では「定年・契約期間の終了」16.0%、「給料等収入が少なかった」9.4%、「職場の人間関係が好ましくなかった」8.8%、「労働時間、休日等の労働条件が悪かった」8.3%と続いている。女性では、「その他の理由」26.9%を除けば、「職場の人間関係が好ましくなかった」13.3%、「定年・契約期間の終了」12.7%、「労働時間、休日等の労働条件が悪かった」11.6%と男性と女性の辞めた理由の上位の理由が共通していることがわかる。

■ 転職入職者の賃金変動

　転職による賃金変動に関する研究結果から以下のことが明らかにされている。賃金が相対的に高い産業や相対的に大きな規模の企業を離職して転職した労働者の賃金低下は大きく、逆に賃金が相対的に高い産業や希望企業への転職者の賃金上昇は大きい。また、離職理由が自発的か否かで賃金変動に違いが生じる。非自発的理由で離職した場合には、自発的理由で離職した場合に比べ、賃金は前職より低下する。とりわけ、55歳以上での非自発的理由による転職の経済的損失が大きい。また、労働市場における需給状態によっても変化する。好景気で労働市場が逼迫している場合は、転職による賃金の低下は小さい（阿部1996, 2005）。

　樋口（2001）は、転職前後の賃金変化率と再就職までに要する期間に注目して、転職コストの分析を行っている。家計経済研究所の『消費生活に関するパネル調査』の個票を使用した分析によれば、転職者は転職前よりも転職後の方

が賃金率の上昇している人が多いとして、日本が米国と比べて、転職率が低いのは、転職コストが高いからではないと結論付けている。また、『雇用動向調査』の個票を用いた分析では、再就職に要する期間は、自発的離職者であろうと非自発的離職者であろうと、専門・技術職や管理的職業従事者で短く、専門・技術職の人々は、同一の職種内で転職する人が多いことから、彼らの転職コストが低いことを報告している。

　リーマンショック後の転職者の賃金変動は、会社都合で製造業から非製造業へ転職した生産工程従業員は、20歳台、大企業間、同職種間での転職の場合、賃金は低下するものの、相対的に影響は大きくない。一方、40歳台以上では、中堅企業間、事務、販売、サービスへの転職の場合、相対的に賃金低下が大きかったことを報告している（内閣府 2013）。

　転職による賃金の上昇が判明する『雇用動向調査』の結果（2020年）では、前職の賃金に比べ「増加」した割合は34.9％、「減少」した割合は35.9％、「変わらない」28.4％となっている。「増加」した人のうち「1割以上の増加」24.7％、「減少」した人の「1割以上の減少」は26.8％となっている。2020年はコロナ禍の影響を受けていることを忘れてはいけない。ある意味、特異な年である。しかし、前年の2019年[3]を著者が計算してみたが、記述された数字とほとんど変化はなかった。

　転職による賃金変動は、その時の景気変動・産業構造の変化・業種間・年齢等の労働需給が複雑に絡みあって変動していることがわかる。

2　労働移動の経済的効果：「労働移動モデル（2部門モデル）」

　前節で見てきた、労働移動は、経済学的にはどのような意味を持つのか考えてみよう。図12-2は、2部門モデルと呼ばれる図である。左側の L_a からA社の雇用量、右側の L_b からB社の雇用量を測定する。左側の縦軸にA社の労働の限界生産物価値、右側の縦軸にB社の労働の限界生産物価値をとることに

3）2019年を含めて、「毎月勤労統計」の「統計不正」により過去数年間「結果の概要」を公表しているが、再計算後の「結果の概要」は厚生労働省から公表されていない。

図12-2　労働移動の経済効果

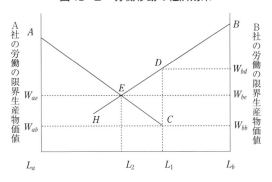

する。第2章で学んだように、労働の限界生産物価値＝名目賃金という関係が
想定されている。いま、2つの企業しかないモデルを考えるとA社とB社それ
ぞれの労働需要曲線がそれぞれ AC と BH で与えられていると仮定する。労
働移動の前では、A社の賃金率が W_{ab} で、雇用量が L_1-L_a であるとしよう。
また、B社の賃金率が W_{bd} で、雇用量が L_1-L_b であると仮定する。この場合、
2社の間には賃金格差 DC が生じる。そこで、低い賃金率の労働者が高い賃金
率を求めて転職を行うと、その結果として、社会全体の賃金率は、$W_{ae}=W_{be}$
となり、A社とB社の賃金格差は解消される。また、A社の雇用量は L_2-L_a
で、B社の雇用量は L_2-L_b となる。社会全体の生産量は△EDC だけ増加す
る。

　こうした動きは、所得の分配面に影響を与えることになる。労働移動が生じ
る前では、A社の企業主の生産者余剰は、△$AW_{ab}C$ で、長方形 $W_{ab}L_aL_1C$ が
労働者側の賃金総額である。労働移動が生じると、企業主の生産者余剰が△
$AW_{ae}E$ に減少し、賃金率は W_{ab} から W_{ae} へと上昇する。すなわち、これによ
り、労働者の賃金が上昇する一方、企業主の生産者余剰が減少する。B社では、
逆に、生産者余剰が増加し、賃金が低下する。その結果、両社の賃金格差は解
消することになる。

　しかし現実の世界では、労働移動率はたかだか15％程度であり、会社間や産
業間の賃金格差を解消するような規模となっていない。これは、転職コストが
非常に高く、スムーズな労働移動が起きていないことを意味している。しかし

低い収益の産業から収益性の高い産業へと移動がスムーズに行うことができれば、人的資源を有効に効率よく使用でき社会的余剰を増加させることができる。さらなる流動化のメリットとデメリットをみんなで、考えてみよう。

3　外国人労働者の現状

　前節までは、企業間や産業間の労働移動に関して見てきたが、この節では国境を越えた労働移動を考える。政府は2018年12月に「外国人材の受入れ・共生に関する関係閣僚会議」を開催している[4]。そこでは、わが国に在留する外国人264万人、働く外国人128万人となり、新たな在留資格を創設して、外国人材の適正・円滑な受入れの促進に向けた取り組みとともに、外国人との共生社会の実現に向けた環境整備を推進するとしている。

　これに関連して、2018年11月2日に「入管法改正案」を閣議決定し、2019年4月から改正法が施行されている。その後、2019年6月に「外国人材の受入れ・共生のための総合的対応策の充実について」議論されている。第1は、外国人材の円滑かつ適正な受入れの促進（特定技能外国人の大都市圏への集中防止策等）。第2に、共生社会実現のための受入れ環境整備。第3に、留学生の在籍管理の徹底・技能実習制度の更なる適正化。第4に、留学生等の国内就職などの促進。また、同年12月に「外国人の受入れ・共生のための総合的対応策（改訂）」が出されている。2020年7月には、新型コロナウイルス感染症への対応を適切に行いながら、外国人材受入れ環境の充実の観点から、総合対策の改訂を行っている。2020年末時点では外国人が289万人、外国人労働者172万人（2020年10月末）と過去最高を記録した。2021年6月には、コロナ感染拡大に伴って問題となった非常時における外国人向けのセーフティネット・支援策など、外国人受入れの環境のさらなる充実の観点から改訂している。

　ただし、こうした政府の政策対応に欠けている視点が存在する。それは、「共生」という言葉の含意は「共に生きる」という意味であるが、生物学者に

4）以下の内容は官邸のホーム・ページより。外国人材の受入れ・共生に関する関係閣僚会議（kantei.go.jp）。

よれば「共生者」は時として、牙を剥くという。健康体ではなんら問題ないが、一旦体力が弱れば、共生者は牙を剥くことがある。そうした視点が不足しているので、より総合的視点から議論した方が良い（小﨑 近刊）。

　わが国は、以前は外国人労働者の受入れに慎重であったが、2013年以降労働力不足が顕在化して、特に単純労働の不足が目に付くようになった。単純労働の受入れは、わが国では原則禁止の方針を採って来た。唯一、国際協力の名目で「技能実習」制度があったが、この制度は実習期間を満了すると母国に帰ることとなっていて、労働力不足の解消にはならないため、新たに外国人材受入れを目的とした在留資格制度を創設した。それが2018年の在留資格「特定技能」の創設である。この資格を取得するためには、一定以上の技能実習経験があるか、定められた日本語能力やビジネススキルの試験に合格する必要がある。また、「特定技能」で就労が認められている業種は14に限定されている[5]。

　在留資格「特定技能」は２つに分かれる。第１は、「特定技能１号」である。１号は不足する産業上の分野に属する相当程度の知識又は経験を要する技能を要する業務に従事する外国人向けの在留資格である。最長５年の滞在が許可されるが、家族の帯同は認められない。第２は、「特定技能２号」で、同分野に属する熟練した技能を要する業務に従事する外国人向けの在留資格である。家族の帯同も許可されており、滞在期間を更新できる。

　日本で働く外国人労働者は、「活動に基づく在留資格」と「身分・地位に基づく在留資格の２つに分けられる。（表12−２参照）。第１の活動に基づく在留資格は、就労可能と就労原則不可にわけることができる。表12−２では、１−１と１−２が就労可能な在留資格であり、１−２は上陸許可基準の適用がある。「特定活動」は就労が指定されている活動のみ可能である。経済連携協定（EPA）に基づく外国人看護師・介護福祉士候補者、外交官などに雇用される家事使用人、ワーキングホリデーなどが含まれる。１−３と１−４は原則就労不可能である。原則就労は不可であるが資格外活動を許可された留学生は、アル

5）特定技能14業種（産業分野）は、介護業、ビルクリーニング業、素形材産業、産業機械製造業、電気・電子情報関連産業、建設業、船舶・舶用業、自動車整備業、航空業、宿泊業、農業、漁業、飲食料品製造業、外食業である。

表12-2　在留資格と就労活動の不可否及び最大在留期間

1．活動に基づく在留資格		
1-1.　＜各在留資格に定められた範囲で就労活動が可能＞		
	在留資格	最大在留期間
	外交	外交活動の期間
	公用、教授、芸術、宗教、報道	最長 5 年
1-2.　＜就労資格、上陸許可基準の適用あり＞		
	高度専門職	無期限
	経営・管理、法律・会計業務、医療、研究、教育	最長 5 年
	技術・人文知識・国際業務、企業内転勤、介護、技能	
	興行	最長 3 年
	特定技能 1 号	最長 1 年
	特定技能 2 号	最長 3 年
	技能実習 1 号	最長 1 年
	技能実習 2 号・3 号	最長 2 年
1-3.　＜非就労資格＞		
	文化活動	最長 3 年
	短期滞在	90 日
1-4.　＜非就労資格、上陸許可基準の適用あり＞		
	留学	最長 4 年 3 月
	研修	最長 1 年
	家族滞在	最長 5 年
1-5.　＜特定活動＞		最長 5 年

2．身分・地位に基づく在留資格＜在留活動の制限なし＞		
	永住者	無期限
	日本人の配偶者等、永住者の配偶者等	最長 5 年
	定住者	最長 5 年

資料）法務省『出入国管理及び難民認定施行規則』より筆者（小﨑）作成。

バイトなどが認められている。たとえば、留学生の場合は1週間28時間以内であれば、報酬を受け取る活動が許可されている。1-4も上陸許可基準の適用がある。

　第2に、身分・地位に基づく在留資格とは、「永住者」、「日本人の配偶者等」、「定住者」（主に日系人）であり、就労活動が可能である。

　法務省出入国在留管理庁「出入国管理統計」および「在留外国人統計」によ

表12-3　外国人労働力人口（ストック）とその割合

a）各国の外国人人口 千人（%）

国/年	2005年	2010	2015	2017
日本	1,906(1.5)	2,087(1.6)	2,232(1.8)	2,561(2.0)
アメリカ	20,836(7.1)	22,460(7.3)	22,426(7.0)	―
イギリス	3,035(5.0)	4,524(7.2)	5,592(8.6)	6,137(9.3)
ドイツ	6,755(8.2)	6,753(8.3)	9,107(11.2)	10,624(12.9)
フランス	3,501(5.6)	3,705(5.7)	4,207(6.3)	―
韓国	485(1.0)	918(1.9)	1,143(2.3)	1,172(2.3)
シンガポール	797(18.7)	1,305(25.7)	1,632(29.5)	1,646(29.3)

b）労働力人口に占める外国人労働力人口割合 （%）

国/年	2005年	2010	2015	2017
日本	1.1	1.0	1.4	1.9
アメリカ	14.7	15.8	―	―
イギリス	4.9	7.5	9.4	10.4
ドイツ	9.3	7.8	―	―
フランス	4.8	5.2	―	―
韓国	0.5	2.0	2.0	1.9
シンガポール	30.8	36.2	39.9	39.7

出所）労働政策研究・研修機構（2019）『データブック　国際労働比較』。
注）a）の括弧内の数字は総人口に占める外国人の割合。世界銀行のデータとJILPT
　　（2019）同上、第2-14表の外国人人口の数字から筆者（小﨑）が計算した値。
　　b）の労働力人口に占める外国人労働力人口割合は、世界銀行が公表している労働力人
　　口と同上、第2-15表の数値を基に筆者（小﨑）が計算した値。

れば、2019年のわが国出入国者数（日本人＋外国人）は約1億263万人で、内訳を見ると、入国者約5,141万人、出国者約5,123万人となっていたが、2020年はコロナ禍の影響で前年の約85％と大幅な減少となっている。外国人の出入国者に限ってみても同様に大幅減少している。2013年から2019年までで、外国人の出入国者数は約3倍に増加している。一方、「在留外国人統計」によると2020年12月末時点の在留外国人は約288.7万で、アジア243.5万人、ヨーロッパ7.5万人、アフリカ1.8万人、北米7.1万人、南米27.2万人、オセアニア1.3万人となっていて、圧倒的にアジアが多くなっている。

　表12-3は、外国人人口と各国の総人口に占める外国人人口割合および労働力人口に占める外国人労働者の割合の国際比較である。まず、はじめに上段の外国人人口と総人口に占める外国人人口割合を考察すると、日本では2017年時

表12−4　外国人労働者の推移（在留資格別）

単位：千人

在留資格／年	総数	身分に基づく在留資格	資格外活動	技能実習	特定活動	専門的・技術的分野の在留資格
2008 年	486	224	83		95	85
2009 年	563	253	97		112	100
2010 年	650	297	108	11	123	111
2011 年	689	320	110	130	6	121
2012 年	692	309	108	134	7	124
2013 年	718	319	122	137	8	133
2014 年	788	339	147	145	9	147
2015 年	908	367	192	168	12	167
2016 年	1084	413	240	211	18	201
2017 年	1279	459	297	258	26	238
2018 年	1460	496	344	308	35	277
2019 年	1659	532	373	384	41	329
2020 年	1724	546	370	402	46	360

資料）厚生労働省『外国人雇用届け出状況』。

点では外国人は約256万人、人口割合では2％程度となっていて、表の中で示されている国ではもっとも外国人割合が低い。もっとも高い国はシンガポールで総人口の約3割が外国人で、次いでドイツ、イギリスの順である。次に、下段の労働力人口に占める外国人労働者の割合は、シンガポールがもっとも高く4割を占めている。2010年のデータでは、アメリカ15.8％、ドイツ7.8％、イギリス7.5％となっている。2017年ではイギリス10.4％となっている。わが国は2010年1％であったが2017年には2倍程度となっていて、韓国と同じである。表で示されたように、多くを外国人労働に依存する国もある一方、わが国のように比較的低い国もあり、色々であることがわかる。こうした外国人労働の多寡は、その国がどのような国を目指しているかにより異なる。

　表12−4は、わが国の外国人労働者の推移を在留資格別で表記したものである。それによると、2020年の外国人労働者は約172万人と過去最高を記録している。内訳は「身分に基づく在留資格」が約55万人、「技能実習」が約40万人、「資格外活動」約37万人、「専門的・技術的分野の在留資格」36万人、「特定活動」4.6万人となっている。ここで、「資格外活動」とは、在留資格に属さない収入を伴う活動で留学生のアルバイト等が含まれる。また、「専門的・技術的

図12-3 外国人労働者の受入れの経済効果

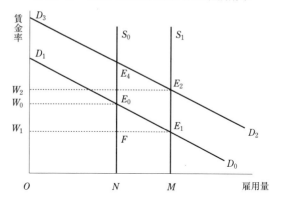

分野」の外国人が2019年以降増加しているのは、2018年「入管法改正」で特定技能の資格がここに含まれることになったことに起因する。時系列的に考察すると、「身分に基づく在留資格」は一貫してその増加率が低下している。一方、「特別活動」を除く「資格外活動」「技能実習」「専門的・技術的分野の在留資格」は増加率の値が一貫して増加している。

4 外国人労働者受入れの経済効果

　この節では、外国人労働者受入れの経済効果を考察する。図12-3で、縦軸に賃金率を横軸に雇用量をとる右下がりの労働需要曲線（D_0D_1）と垂直な労働供給曲線（S_0）が描かれると仮定する。そこでの国内総生産は、台形D_1ONE_0で示される。生産者側は$D_1W_0E_0$であり、労働者側はW_0ONE_0である。ここで、労働力不足のため外国人労働者を受け入れた場合、図はどのように変化するか考えてみよう。労働供給曲線はS_0からS_1に右側にシフトすると考えられる。その結果、賃金はW_0からW_1に低下する。外国人労働者を受け入れた雇用量分だけ雇用が増加する。NMの雇用量の増加となっている。受入れ後の国内総生産は、D_1OME_1となりE_0NME_1の国内総生産の増加が観察される。この増加した国内総生産のうち、外国人労働者を雇うことに伴う費用$FNME_1$を差し引いたE_0FE_1が純粋な国内総生産の増分（外国人労働者受入

れによる余剰＝移民余剰）である。

　外国人労働者受入れによる余剰の純増部分 E_0FE_1 は、国内の生産者余剰の増加である。一方、国内の労働者の受取りは、OW_0E_0N から W_1ONF となり、$W_0W_1FE_0$ だけ減少する。外国人労働者受入れにより、企業側が国内労働者の賃金低下相当分と外国人労働者受入れによる生産者余剰分だけ、生産者余剰が増加する一方、国内労働者の賃金低下が生じることになる。これが外国人労働者受入れの短期的な効果である。他方、長期的には外国人労働者の受入れで利益が増えた企業が、その余剰分を国内で再投資すれば、労働需要曲線は D_0D_1 から D_2D_3 へ上方シフトし、国内雇用者の賃金増加や雇用増加を生み出すことになる。

　図12-3に基づいて、現在の日本の外国人労働者の受入れ政策に関する方針を検討する。現在の日本政府の方針は、上述したように、単純労働者の受入れは原則禁止であり、高度な技術を持っている外国人労働者のみを受け入れている。一般的に、高度な技術を持っている労働者はそうでない単純労働者より労働の限界生産物価値が高いため、高度な人材を受け入れた場合、図の労働需要曲線 D_0D_1 から D_2D_3 に上方シフトすることになる。この場合、NM の外国人労働者を受け入れても、受入れ前の賃金率 W_0 より高い W_2 となり、国内労働者の賃金は上昇し、さらに生産者余剰も減らすことなく国内総生産を増加させることができる。それゆえ、日本政府の見解には、経済的合理性が存在しているのである。それでは、現在なぜ単純労働者を含めた外国人労働力受入れの議論が起きているのか。

　その答えは、日本が現在直面している人口減少問題と関係している。人口減少による労働力人口の減少は、労働供給曲線を S_1 から S_0 に左シフトさせることとなり、国内総生産の減少を生み出す。それにより賃金が上昇し、生産者余剰が減少する。この結果、長期的には労働需要曲線は下方にシフトするかもしれない。企業は、経費の削減を余儀なくされ、労働者の雇用を削減するか、より人件費の安い海外に工場を移転させ、そこで労働者を雇用することになる。また、少子高齢化は年金などの社会保障をはじめ日本の財政に深刻な影響を与えている。さらに、厄介なことには、この人口減少の傾向は、超長期であり景気後退のような短期的問題ではなく、また、その政策の効果は非常にゆっくり

としか現れない。たとえ少子化対策の効果として国内の人口が増加し始めたとしても、それが労働力人口を増加させるには、最低でも15〜20年程度の歳月がかかる。こうした人口減少の影響を緩和させるための対策として、現在、外国人労働者の受入れ政策がとられている。

　また、外国人労働者の受入れ問題を議論する場合は、国内の労働者と外国人労働者との関係、つまり代替か補完かを議論する必要がある。高度な人材、たとえば外国人医師を受け入れることにしても、国内の看護師が不足している場合は、外国人医師のみを受け入れても十分な効果は期待できない。日本に単純労働者が不足している場合には、単純労働者を受け入れることも経済的合理性に適う選択となり得る。単純に、高度人材の受入れはよく単純労働は受け入れないというような素朴な議論はできないことも理解しておく必要がある（小﨑2015, 2018、小﨑・佐藤編 2019）。

参考文献

・阿部正浩（1996）「転職前後の賃金変化と人的資本の損失」『三田商学研究』第39号第1号、125-139頁。
・阿部正浩（2005）『日本経済の環境変化と労働市場』東洋経済新報社。
・大橋勇雄・中村二朗（2002）「転職のメカニズムとその効果」玄田有史・中田文編著（2002）『リストラと転職のメカニズム』東洋経済新報社、145-173頁。
・大橋勇雄・中村二朗（2004）『労働市場の経済学—働き方の未来を考えるために』有斐閣。
・厚生労働省（2021）『平成21年雇用動向調査の概況』。
・小﨑敏男（2008）「人口減少と外国人労働政策」『東海大学紀要政治経済学部』第40号、99-130頁。
・小﨑敏男（2015）「移民受け入れの経済学的検討」『東海大学紀要政治経済学部』第47号、87-109頁。
・小﨑敏男（2018）「労働力不足と外国人労働」『労働力不足の経済学』日本評論社、105-131頁。
・小﨑敏男・佐藤龍三郎編（2019）『移民・外国人と日本社会』原書房。

・小﨑敏男（近刊）「コロナ禍の外国人労働者の変容」。

・内閣府（2013）『平成25年度 年次経済財政報告』。

・中村二朗（2002）「転職支援システムとしての公的職業紹介機能」『日本労働研究雑誌』No.506、26-37頁。

・樋口美雄（1991）『日本経済と就業行動』東洋経済新報社。

・樋口美雄（2001）「だれの転職コストが高く、だれの転職コストが低いのか」『雇用と失業の経済学』日本経済新聞社、197-240頁。

・労働政策研究・研修機構（2019）『データブック 国際労働比較 2019』。

・Castles, S.（2009）"Some Key Issues of Migrant Integration in Europe," Ministry of Foreign Affairs of Japan, International Organisation for Migration, Symposium on Migrant Integration in Japan, pp.13-20.

第13章

社会保障と労働市場

失業と退職後のセーフティネット

　この章では、失業と引退後の所得保障について、日本の社会保障制度を中心に取り扱う。日本の失業問題は、1990年以降バブル崩壊の後遺症に加え経済のグローバル化による産業空洞化の影響もあり、それ以前とは様相を変えて厳しい状況が続いてきた。特に、2008年秋のリーマン・ショックに端を発した世界経済の混乱は日本の雇用情勢を大きく悪化させたが、その後は世界経済の回復と国内労働力人口の減少もあり、日本の雇用統計は順調な回復を示してきた。具体的には、有効求人倍率はリーマン・ショック直後の2009年の0.47倍を底に2019年には1.60倍まで回復し、完全失業率についても2009年の5.1％から2019年には2.2％まで低下した。もちろん、同期間中でも非正規雇用の増大や所得格差の拡大などの問題が指摘され続けてはいたが、雇用統計上は着実な回復基調が確認された10年間であった。

　他方、転職者数は2000年以降現在まで300万人前後で安定的に推移してきている。しかし、その内訳は景気の拡大期と後退期では異なってくる。特に、リーマン・ショックやコロナ・ショックのような景気の後退期には、「会社倒産・事業所閉鎖のため」「人員整理・勧奨退職のため」という労働需要側の要因が強く作用する傾向が生まれる。つまり、労働供給側の労働者から見れば望まない失業と転職のリスクが高まることを意味する。こうした場面でセーフティネットの機能を果たす制度が雇用保険である。

　また、日本人の平均寿命は、戦後の経済発展に伴う食料事情の改善や医療制度の充実により着実に伸びてきた。2020年時点での日本人の平均寿命は、男性

81.64歳、女性87.74歳で、ともに9年連続で過去最高を更新している。他方で、ほとんどの日本企業は正規雇用に対しての定年制を設けていることに加え、「高年齢者雇用安定法」の改正により1998年度から60歳定年が義務化され、次いで2006年改正では、公的年金の支給開始年齢の65歳への引上げに対応するかたちで、企業に65歳までの雇用確保措置の導入が義務付けられた。さらに、2021年4月改正高齢者雇用安定法では、70歳までの就業機会の確保に向けて事業主に対し多様な選択肢を用意し制度化することへの努力義務が課されることになった。こうした雇用の長期化と安定化に向けた制度改正は、日本政府による財政再建に向けた取り組みの一環でもある。つまり、公的年金制度や公的高齢者医療制度などの受給資格年齢の引上げなどにより社会保障給付の膨張を抑制しつつ、税や保険料を負担する労働力の範囲を65歳以上の高齢者にも拡大することで、増大と累積を続けてきた財政赤字を抑制し、ひいてはその削減に結び付けることを目的とした「税と社会保障の一体改革」と呼ばれる政策の一環である。同時に、少子高齢化に伴う生産年齢人口の減少を補い、育児や介護と両立可能な働き方への社会的ニーズの高まりに対応することで、経済成長に必要な労働力を確保するため、日本政府は正規雇用に限らず柔軟な雇用を可能にする制度改正である「働き方改革」を進めてきた。2019年4月から施行された「働き方改革関連法」は、8つの労働法を同時に改正する大胆な改革であり、日本の労働市場のかたちを大きく変えようとする政策である。

　こうした高齢者の就労を促す環境整備が進められている一方で、2020年時点での日本人の65歳時の平均余命は、男性で20.05年、女性で24.91あり、日本社会での長寿による無就業期間の長期化のリスクは依然として高い水準にある。「人生100年時代」の到来に向けて、個人の人生設計と社会の制度設計のいずれもが変更を求められている。

　この章では、こうした失業のリスクや長寿のリスクに対して所得保障を実現する「雇用保険」や「公的年金」など、日本の社会保障制度の中で離職に関連する制度に焦点を当て、その基本的な枠組みと経済的機能について説明する。

表13-1　日本の社会保障制度

広義の社会保障	狭義の社会保障	社会保険	雇用保険（失業保険）、労災保険、年金保険、健康保険、介護保険等
		公的扶助	生活保護
		社会福祉	老人福祉、身体障害者福祉、精神薄弱者福祉、児童福祉、児童扶養手当、児童手当等
		公衆衛生及び医療	上下水道、廃棄物処理、結核、精神病、ハンセン病、麻薬・伝染病対策等
		老人保健	老人医療等
	恩　給		文官恩給、旧軍人恩給等
	戦争犠牲者援護		戦没者遺族年金等

出所）村上（1999）7頁。

1　日本の社会保障制度の概要

　離職することの理由は、勤務先の企業の倒産や業績悪化による解雇だけでなく、病気やケガを負った場合、転職あるいは転職を目指す場合、定年を迎えて退職する場合などさまざまであるが、次の勤務先が決まっている転職を除いては、一時的あるいは残りの生涯での稼得の機会を失うことになる。社会保障制度の機能の1つは、こうした離職による経済的リスクを社会全体でシェアし、個人のリスク負担を軽減することである。結果として、リスクが生じなかった個人からリスクが生じた個人への所得再分配を実現することで、国民を極端な困窮に陥ることから救うセーフティネットの機能を果たす。

　日本の社会保障制度は、狭義には「社会保険」「公的扶助」「社会福祉」「公衆衛生及び医療」「老人保健」の5つから構成され、これらに「恩給」「戦争犠牲者援護」を加えたものが広義の社会保障制度である（表13-1参照）。

　社会保障制度の運営に関する基本的な考え方には、次の2つがある。第1は「保険原理」である。経済的な損失を伴うリスクを社会全体でお互いにシェアすることで個人のリスク負担の軽減を図ろうとする考え方である。また、国民のだれもがリスク発生前の負担と引き換えにリスク発生後の給付サービスを受けられるという意味で、「普遍主義」の考えに基づいて運営されている。制度

運営のための財源は加入者が拠出する保険料である。第2は「扶助原理」である。人間として最低限の生活が維持できなくなり、それが何らかの理由で保険の仕組みから外れた場合に、個別の必要性に応じて救済しようとする考え方である。保険原理がリスクに対する事前の対応であるのに対して、扶助原理はリスクが生じて困窮状態にある国民への事後的対応への根拠を与える。給付の必要性を確認するための資産調査（ミーンズ・テスト）や所得調査（インカム・テスト）を受けることが前提であり、必要性が客観的に確認された者にのみ支給する「選別主義」の考えに基づいている。制度運営のための財源は税金を主とする一般財源である。

　日本の社会保障制度では、雇用・年金・医療・介護などの社会保険が基本的にはこの保険原理に基づいて運営されている。ただし、保険料をおもな財源とする一方で、一部は国庫負担として税金によって賄われているため、完全な「保険方式」というわけではない。他方で、扶助原理に基づく社会保障制度としては公的扶助としての生活保護が典型である。

2 雇用保険：失業したならば

　文部科学省『学校基本調査』によれば、4年制大学卒業者の就職率は2010年3月卒業者の60.8%を底にその後は9年連続で上昇し、2019年3月卒業者については78.0%に達した。翌2020年3月の卒業者については、新型コロナウィルス感染拡大が始まった時期と重なったこともあり、その就職率は77.7%にとどまったが、これに進学者（11.3%）と臨床研修医（1.7%）を加えると89.7%に達し、4年制大学卒業者の就職環境は依然として良好といえる。もちろん、この背景には団塊の世代の労働市場からの引退に伴う労働力人口の大きな減少がある。

　他方、就職してもすぐに離職して、再び就職活動をしなければならない若年労働者も少なくない。厚生労働省「新規学卒者の離職状況」の2020年調査によれば、2017年3月卒業者の3年以内（2020年3月まで）の離職率は大卒者32.8%、高卒者39.5%、中卒者59.8%であり、またいずれの学歴でも1年目の離職率がもっとも高く、2年目、3年目と勤続期間が長くなるに従って低くな

る。こうした背景もあり、年齢階級別の失業率を見ると、若年層ほど高い値を示す傾向が明確に見てとれる。総務省の『労働力調査』によれば、2020年の年平均値で15～24歳の年齢階級の完全失業率は4.6％ともっとも高く、全年齢階級の平均値2.8％を大きく上回っている。失業のリスクは、若年層ほど大きいのである。この節では、失業者への所得保障を担う雇用保険制度について見ていくことにする。

■ 雇用保険の概要と保険料

　「雇用保険」は、国が保険者として業種や地域の垣根なく日本全国を単位として運営し、ほとんどすべての雇用労働者を被保険者とする社会保険である。逆に保険の対象外となるのは、自営業者など非雇用労働者や、保障が厚く雇用が安定している公務員、あるいは週20時間未満のパートタイマーなどである。この雇用保険の事業内容は、失業した人に対する金銭給付を行う「失業等給付」が主であり、これに雇用安定、能力開発、雇用福祉の「雇用保険三事業」が加わる。

　年金や医療など他の社会保障制度と同様、雇用保険も社会保険方式で運営されている。雇用保険の保険料の徴収は、国が都道府県ごとに設置している「都道府県労働局」が各企業から労災保険の保険料と合わせて行っている。失業等給付に向けられる保険料は、2021年度は一般の事業で給与および賞与の0.9％であり、そのうち労働者が0.3％、事業主が0.6％負担している[1]。これ以外に、「雇用保険二事業」と呼ばれる雇用安定と能力開発の２つの事業の財源として、給与および賞与の0.3％（2021年度）が事業主負担で別に徴収されている。給付のための財源として、休職者給付や雇用継続給付に対しては国庫負担が加わるが、雇用保険二事業に対しては国庫負担がない[2]。

1）雇用保険の保険料率は1.55％であった2010年以降、2012年に1.35％、2016年に1.10％、2017年に0.9％と段階的に引き下げられ、2021年現在に至っている。
2）求職者給付に対しては給付費の25％が、雇用継続給付に対しては12.5％が、それぞれ国庫負担で賄われる。ただし、コロナ・ショックへの対応の一環として雇用調整助成金等による雇用対策が講じられる一方で、2020～2021年度の求職者給付については、時限措置として従来の10分の１である2.5％に引き下げられている。

表 13 - 2　雇用保険の失業等給付の分類

失業等給付	求職者給付	基本手当、技能習得手当、寄宿手当、傷病手当、特例一時金、高年齢求職者給付金、日雇労働求職者給付金
	就職促進給付	就職促進手当、移転費、広域求職活動費
	教育訓練給付	教育訓練給付金
	雇用継続給付	高年齢雇用継続給付、育児休業給付、介護休業給付

資料）ハローワーク・インターネットサービス HP「雇用保険制度の概要」より作成。

■ 失業等給付

　保険給付の申請は、自分の住所がある地域の「公共職業安定所」（ハローワーク）で行うが、2016年より申請書へのマイナンバー（個人番号）の記載が義務化されている。ハローワークは2021年時点で全国に544カ所あり、雇用保険給付に加えて職業案内も業務としている。雇用保険からの失業等給付は、大きくは「求職者給付」「就職促進給付」「教育訓練給付」「雇用継続給付」の４つに分類され、表13-2に示される各種の金銭給付を行う。

　「求職者給付」は、文字どおり、働く意思と能力があるにもかかわらず仕事に就くことができずに次の職を探し求めている者を支給対象とする。一般に失業給付といえば、この求職者給付と理解して差し支えない。結婚や出産などの自己都合で退職し働く意思のない者や、病気やケガで働くことができない者は、支給対象から除外される。また、正規雇用者の場合、最低でも離職前の２年間で賃金支払いの対象となった月数が12カ月以上なければ給付は受けられない。派遣労働者など非正規雇用者については、2017年改正までは適用対象から除外されてきたが、改正後は一定の条件を満たせば雇用保険を含む社会保険への加入が可能になった[3]。

　求職者給付の給付額は、１日当たりの金額である「基本手当日額」と、給付を受け取ることができる期間の長さである「給付日数」を基準に算定される。

3）非正規雇用労働者への社会保険の適用には、以下の５項目を満たすことが条件となる。①１週間当たりの労働時間が20時間以上であること、②１カ月当たりの賃金が88,000円以上であること、③雇用期間の見込みが１年以上であること、④学生でないこと、⑤従業員数が501人以上の会社で働いているか、それ以下の会社で社会保険加入について労使で合意がなされていること。

　基本手当日額は、離職直前の６カ月間に支払われた賃金（残業代含む、賞与は除く）の合計を６カ月の日数180で割って算出した金額のおよそ45～80％とされる。ただし、保険料率は賃金の高低にかかわらず0.9％で一定であるが、給付率（45～80％）は高い賃金を支給されていたケースほど低くなる。また、基本手当日額には年齢階級に応じた上限額が定められているが、経済状況や保険財政の状況に応じて毎年改正される。2021年度の基本手当日額の上限は6,760円（29歳以下）から8,265円（45歳以上60歳未満）の範囲である。

　他方、「給付日数」についても上限が設定されており、再就職先が見つからなくとも期限がくれば給付は打ち切られる。この給付日数の算定には、加入期間の長さが反映される。給付を受け取ることができる期間は、原則として離職した日の翌日から１年間であり、申請の遅延等の理由で給付日数を残すような場合が生じたとしても離職から１年が経過すれば給付は打ち切られる。表13－3に示されるように、基本手当の給付日数は90～330日で、雇用保険への加入期間が長い人ほど、給付日数も長くなる。また、離職の理由が倒産やリストラなど企業側の都合による場合は、「特定受給資格者」として優遇され、加入期間の長さに加え、再就職が難しい年齢の人ほど、給付日数は長くなる[4]。さらに、事故や病気により障害者となった場合には、「就職困難者」としてより長期（最長360日）の給付が受けられる。

　「就業促進給付」と「教育訓練給付」は、失業者ができる限り早期に再就職するよう促すことを目的とする制度である。就業促進給付は、再就職する失業者が求職者給付の給付日数を一定以上残している場合に、その支給残日数に応じて基本手当の一定割合を給付することで、できるだけ早く再就職先で働き始めるインセンティブを与えようとする制度である。他方、教育訓練給付は、労働者の就業力を高めることで、早期の再就職を促進する制度である。原則３年以上の加入者を対象に、IT関連や会計関連の資格取得や、教育訓練機関での受講など厚生労働大臣が認めるところの教育訓練を修了した場合に、その教育

4）2020年６月に、「新型コロナ・ウイルス感染症等の影響に対応するための雇用保険法の臨時特例等に関する法律」に基づき、雇用保険の基本手当の給付日数が30～60日延長される特例が設けられた。

表13-3　雇用保険の給付日数

一般受給資格者（自己都合による離職者や定年退職者）

	被保険者としての加入期間				
	1 年未満	1 年以上 5 年未満	5 年以上 10 年未満	10 年以上 20 年未満	20 年以上
15 歳以上 65 歳未満	—	90 日	90 日	120 日	150 日

特定受給資格者（倒産、人員整理、リストラ等の企業側の都合による離職者）

	被保険者としての加入期間				
	1 年未満	1 年以上 5 年未満	5 年以上 10 年未満	10 年以上 20 年未満	20 年以上
15 歳以上 30 歳未満	90 日	90 日	120 日	180 日	—
30 歳以上 35 歳未満	90 日	120 日	180 日	210 日	240 日
35 歳以上 45 歳未満	90 日	150 日	180 日	240 日	270 日
45 歳以上 60 歳未満	90 日	180 日	240 日	270 日	330 日
60 歳以上 65 歳未満	90 日	150 日	180 日	210 日	240 日

資料）ハローワーク・インターネットサービス HP「基本手当の所定給付日数」より作成。

訓練費用の一定割合が支給される。給付金は、教育訓練の講座等の分類に基づき「一般教育訓練給付金」「専門実践教育訓練給付金」「特定一般教育訓練給付金」に分けられる。

「雇用継続給付」は、労働者の就業継続を促進するための制度であり、高年齢雇用継続給付、育児休業給付、介護休業給付の３つの給付がある。このうち、育児休業給付の一部と介護休業給付は、労働者が休業を終えてその職場復帰が確認された後に支給される。就業継続を促進することを目的とする制度であるため、退職した場合には支給されない。

　日本の失業率は、リーマン・ショック直後の2009年の5.1％をピークに、コロナ・ショック前の2019年の2.2％まで低下してきた。その期間中、雇用保険の受給人数が減少し続け、雇用保険財政も黒字が積み上がり、2015年には積立金が６兆4,260億円に達した。経済界からの事業主負担軽減の要請もあり、政府は2016年以降２回の雇用保険料率の引下げを実施し、2019年には積立金が４兆487億円まで減少した。そして、2020年からのコロナ・ショックでは、特例措置の発動や受給者数の急増により給付が拡大する一方で、保険料率を据え置

表13-4　リーマン・ショックとコロナ・ショックの経済的影響

(年率での比較)

	年	経済成長率	完全失業率	有効求人倍率
リーマン・ショック	2009年	−2.4%	5.1%	0.47倍
コロナ・ショック	2020年	−4.4%	2.8%	1.18倍

資料）内閣府「国民経済計算」、総務省「労働力調査」、厚生労働省「職業安定業務統計」より作成。

いてきたことで、積立金も1兆円台に急減し、2021年に枯渇する可能性が現実味を帯びてきた。一時的措置として、一般会計からの繰り入れ等で乗り切ることは可能であっても、日本政府の財政状況を踏まえればその恒久化は不可能であろう。コロナ禍終息後に雇用や経済がどの程度の速度で回復するかにもよるが、労働者のセーフティネットとしての雇用保険制度を維持するためには、支給基準の厳格化や給付額の引下げ、あるいは保険料の引上げなどの制度改定が必要になる。

■ コロナ・ショックと雇用保険

　2020年は新型コロナ・ウイルスの感染拡大に伴い、世界全体で経済活動が急速に縮小し、日本の経済成長率（実質）も、リーマン・ショック直後の2009年度の−2.4%を超えて、2020年度は−4.4%と大きく落ち込んだ。こうした経済活動の縮小は雇用面にもマイナスの影響を及ぼしたが、完全失業率と有効求人倍率はともにリーマン・ショック時ほどの悪化は回避された（表13-4）。

　この背景にある要因として、厚生労働省（2021）は、感染拡大前の2019年までは労働市場が人手不足基調にあったことや、今般のコロナ感染拡大を受けてリーマン・ショック期を上回る規模で広範な雇用対策等が講じられたことを挙げている。特に、後者としては「雇用調整助成金」および「緊急雇用安定助成金」の支給による完全失業率の抑制効果が大きかったことが指摘されている。

　産業別の雇用者数の変化では、リーマン・ショックでは「製造業」を中心に幅広い産業で雇用者数の減少が生じたが、2020年のコロナ・ショックでは「宿泊業・飲食サービス業」「卸売業・小売業」「生活関連サービス業・娯楽業」での減少幅が大きかった。こうした状況への対応として、雇用の維持・継続に向

けた具体的な雇用支援策が大規模に実施された。まず、今回のコロナ・ショックでは「雇用調整助成金」について特例措置がとられ、助成額の日額上限や助成率の引上げが行われた。また、従来は雇用調整助成金の助成対象は雇用保険被保険者のみであったが、雇用保険被保険者以外の労働者（週労働時間20時間未満の労働者など）についても助成の対象とした「緊急雇用安定助成金」が設けられた。同時に、雇用調整助成金の特例措置に関する申請手続きが大幅に簡素化され、申請手続きに関する事業主負担の軽減と、都道府県労働局による支給事務の迅速化が図られた。さらには、失業者の求職活動の長期化への対応として雇用保険の基本手当（失業手当）の給付日数の延長なども実施された。

3 年金：引退したならば

　政府が運営する公的年金制度はなぜ必要か。誰もが加齢によりやがては働くことができなくなる。ならば、自分の老後に備えるため働いているときに稼いだ所得から貯蓄に励むべきであるという、自助の考え方もできる。しかしながら、人間は必ずしも長期的な計画に則して合理的な行動をとるわけではなく、短期的な快楽や目の前の都合を優先して近視眼的行動をとることもある。有名なイソップ寓話「アリとキリギリス」は、冬に備えて蓄えを着実に続けるアリと、夏に遊びに興じ冬への蓄えを怠ったキリギリスの話である。公的年金制度の存在理由の一つは、このキリギリスに強制貯蓄をさせるという「父権主義」（パターナリズム）的な考え方がある。国民の誰がキリギリスのタイプであるかを識別することは容易ではなく、識別できるとしても費用が高くつくため、国民全体で強制的に老後に備えさせるということになる。また、個人の寿命にはリスクが伴う。平均寿命はあくまでも平均値であり、実際に自分が何歳まで生きるのかは誰にもわからない。平均寿命を想定して、現役期間中に老後の蓄えを行っても、早死にして蓄えが無駄になることもあれば、平均寿命を大きく超えて長生きし老後の生活費に不足が生じるような事態に直面するかもしれない。公的年金制度は、こうした老後の生活にかかわる経済的リスクを社会全体でシェアし、高齢者に最低限度の所得を保障するための制度でもある。

■ 日本の公的年金制度の仕組みと概要

　日本の公的年金制度は、「賦課方式」と呼ばれる世代間扶養の仕組みで運営されている。20歳以上65歳までの現役労働者を中心とした人たちが保険料を支払い、それを財源として同じ時期に共存している高齢者の人たちに対して年金給付を行う、という仕組みである。現役の働き手が支払った保険料は積み立てられずにそのまま同時期の高齢者への給付のために使われてしまうが、支払った保険料に応じて将来の年金給付を受け取る権利が与えられる。そして、実際に引退後に受け取る年金給付は、その時点での現役の働き手が支払う保険料で賄われることになる。この意味では、日本の公的年金制度は老後に備えるための強制貯蓄というよりも、むしろ世代間扶養による老後の生活のための所得保障というのが妥当な記述である。

　賦課方式という仕組みは、人口が増加し、また経済成長により現役の人たちの所得が増大している社会ではうまく機能し得る制度ではあるが、少子高齢化が進展し人口減少と低成長が続く日本のような社会ではその持続可能性が問題となる。15〜64歳の生産年齢人口に対する65歳以上の高齢者人口の比率（％）は「老年従属人口指数」と呼ばれ、その値は1970年の10.2％から、1990年は17.3％、2000年は25.5％、2010年は35.2％、2019年には47.8％にまで上昇しており、さらに2023年には50.0％を超え、2065年には74.6％に達するものと推計されている（国立社会保障・人口問題研究所 2021）。これは、1970年におおよそ10人の働き手で1人の高齢者を支えていた状況が、2023年には2人の働き手で、さらに2065年には1.34人の働き手で、1人の高齢者を支えることになることを意味する。単純に、この期間中で高齢者への給付を一定に保とうとすれば、働き手の負担は7.5倍にせねばならない。こうした現役世代の極端な負担増を回避するため、これまでに何度も年金制度改正が繰り返されてきた。近年の公的年金制度の改正は、主に年金財政の改善を目的に実施されてきが、それは保険料収入の増加と給付総額の削減のいずれかあるいは両方によって実現される。ここで、公的年金財政収支を以下の式のように与える。

$$C \times N + G = P \times Z$$

左辺の C は1人当たり年金保険料、N は年金保険料を負担する勤労世代の人数、G は国庫負担をそれぞれ意味する。他方、右辺の P は1人当たりの年金

図 13-1　日本の公的年金制度と被保険者の構成

2020年 3 月末現在

		厚生年金	公的年金制度
	国民年金　（基礎年金）		
職　種⇒	自営業者	専業主婦	民間被用者　国家公務員 地方公務員　私学教職員
号分類⇒	第 1 号 被保険者	第 3 号 被保険者	第 2 号被保険者
人　数⇒	1,453万人	820万人	4,488万人
	公的年金被保険者総数　6,762万人		被保険者の構成

資料）厚生労働省年金局（2020）より作成。

給付額、Z は年金受給者数をそれぞれ意味する。保険料収入の増加は、左辺の 1 人当たり年金保険料 C を引き上げるか、保険料を負担する被保険者の範囲（人数）N を拡大するか、あるいは国庫負担 G を増やすことが基本となる。他方で、給付総額の削減は、1 人当たりの年金給付額 P を引き下げるか、支給開始年齢の引上げなどによる年金受給者の範囲（人数）Z を削減することが基本となる。2004年の年金制度改革で導入された「マクロ経済スライド方式」も、その範囲での調整システムであり、現役の働き手の保険料負担 C には上限が設定され、働き手の減少や平均寿命の伸びなどによる N や Z の変化の影響を年金給付額 P の変更で調整するというものである。財政再建の課題を抱える日本政府にとっては、国庫負担 G を減らす、あるいは少なくとも増やさない方向で調整することが、こうした年金制度改正の基本方針となる[5]。

　次に、日本の公的年金制度の概要を示す。図13-1 に示されるように、日本の公的年金制度は 2 階建てである。1 階部分は、「国民年金」（基礎年金）と呼

5）第 8 章で説明した「働き方改革」は、現在の公的年金制度が前提とする日本の雇用システムを大きく変化させ、結果として公的年金制度を含む社会保障制度のかたちを大きく変更させる可能性がある。

ばれ、20歳以上60歳未満の日本に居住するすべての国民を被保険者とする共通部分である。自営業者、専業農家、学生、あるいは無業者は第１号被保険者と呼ばれ、公的年金はこの国民年金にのみ加入している。そして、公的年金制度の２階部分として、民間企業の被用者、および公務員や私立学校の教職員が加入する「厚生年金」がある[6]。この２階部分の厚生年金の加入者を第２号被保険者と呼ぶ。また、この第２号被保険者に扶養されている専業主婦などの配偶者を第３号被保険者と呼び、国民年金に加入させている。個人や企業によっては、これら２階建ての公的年金制度に加え、企業年金や確定拠出型年金など「私的年金」が３階部分として上乗せされる。

　国民年金の保険料は、2021年度で月額16,610円の一律定額である。国民年金の保険料は、2004年改正で定められた保険料額にその年の「保険料改定率」（＝前年度保険料改定率×名目賃金変動率）を乗じて求められ、段階的に引き上げられてきた。2004年度改正では2017年度以降は月額16,900円に固定されることが決められており、これに2019年度以降は産前産後期間の保険料免除制度の施行に伴い月額100円上乗せされ、月額17,000円が上限額となっている。また、第２号被保険者の妻で専業主婦などの第３号被保険者は、国民年金の加入者ではあるが、年収が130万円未満であれば保険料を支払う必要がなかったが、2020年改正によりパートやアルバイトなど短時間労働者の一部も一定の条件を満たす場合には公的年金を含め社会保険の被保険者に組み込まれることになった[7]。さらに、学生については、住民登録のある市区役所・町村役場の窓口へ申請することで在学中の保険料の納付が猶予される「学生納付特例制度」が設けられている。この猶予期間は、保険料を納付していなくても加入期間に組み入れられる。他方、国民年金の財源としては、被保険者が納付する保険料以外にも、国民の税金から拠出される国庫負担分がある。国民年金（基礎年金）の国庫負担は、2009年度よりそれまでの３分の１から２分の１へ引き上げられている。

6）2015年10月には公務員や私立学校の教職員を被保険者とした「共済年金」が厚生年金に統合され、公的年金の２階部分は厚生年金に一元化された。それに伴い、共済年金の３階部分であった「職域部分」は廃止され、新たに公務員制度の一環としての「年金払い退職給付」制度が設けられることになった。

　厚生年金の保険料は、報酬比例となっており、2021年度で賃金・ボーナスの18.3％を労使折半で9.15％ずつ負担している。この保険料率は2004年改正によってそれ以降13.58％から毎年0.354％ずつ引き上げられ、2017年10月以降は18.3％で固定されてきた[8]。ただし、5年毎に行われる年金財政再計算に基づく制度改正によって、再び引き上げられる可能性は残されている。

■ 年金給付

　各公的年金制度は、老齢（退職）・障害・遺族の3つの年金給付制度を備えており（表13-5参照）、加入者は3つすべてに同時に加入している。

　以下では、高齢者の退職後の生活を賄う「老齢年金」を中心に説明する。老齢年金は、3つの公的年金制度の中では最大規模であり、公的年金制度として取り上げられる場合は基本的に老齢年金を意味しているものと理解して差し支えない。

　国民年金の老齢年金は、「老齢基礎年金」と呼ばれ、資格期間が10年（120カ月）以上ある65歳以上の者が支給対象となる。資格期間とは、保険料を納付した期間に、失業や修学を理由に申請した免除や猶予の期間を加えたものである。加入義務のある20歳から60歳までの40年間（480カ月）すべてに保険料を支払

7）民間会社員や公務員の妻で専業主婦の第3号被保険者の国民保険料は無料である一方で、第1号被保険者である自営業者に扶養される妻は、夫とは別に国民年金の保険料を支払わねばならない。また、第3号被保険者の給付の財源は、結局は共稼ぎや単身者にも負担してもらっていることになり、これらの点で不公平な制度との批判も多かった。さらに、税制上の配偶者特別控除と同様に、年金保険料の負担回避のため130万円の壁を越えない程度にしか働かず、その労働供給を阻害しているとの批判もあった。2020年改正では、公的年金財政を支える被保険者の対象者を広げる目的と合わせて、同時に進められた「働き方改革」との整合性を確保するため専業主婦等の労働供給を阻害する要因の見直しの一環として、以下の4つの条件をすべて満たす短時間労働者の社会保険への加入を義務付けることになった。その条件とは、①週の所定労働時間が20時間以上あること、②雇用期間が2カ月超見込まれること、③賃金月額が8.8万円以上（年収106万円以上）であること、④学生でないこと、の4つである。

8）2015年に厚生年金に一元化された公務員共済年金も、厚生年金と同様に労使折半で定率の報酬比例であったが、保険料率は1年遅れの2018年10月以降に、厚生年金と同じ水準の保険料率18.3％で固定された。また、厚生年金との間で保険料率の格差が大きかった私学共済年金の保険料率は2027年度10月以降に、同じ水準の18.3％で固定される予定である。

表13-5　公的年金制度の概要

年金	被保険者	加入期間	保険料	給付期間	年金給付	給付の種類
国民年金 （基礎年金）	自営業者等 （第1号）	20歳から 60歳まで	定額 2021年度： 16,610円／月	65歳から 死亡月まで	定額 2021年満額： 65,075円／月	老齢基礎年金 障害基礎年金 遺族基礎年金
	専業主婦等 （第3号）	20歳から 60歳まで	無料	65歳から 死亡月まで	定額 2021年満額： 65,075円／月	
厚生年金	民間会社員 公務員 私学教職 （第2号）	就職から 退職まで	報酬比例 18.3％＊	65歳から 死亡月まで	報酬比例	老齢厚生年金 障害厚生年金 遺族厚生年金

注）＊労使折半。旧私学共済保険加入者の保険料率は、2021年現在で16.478％であり、毎年0.354％ずつ段階的に
　　引き上げられ、2027年に18.3％に達する予定である。
資料）厚生労働省 HP「ライフコース別にみた公的年金の保障」より作成。

った場合、満額の給付を受け取ることができる。2021年度で満額の老齢基礎年
金給付額は年額で780,900円（月額65,075円）である。保険料の納付期間が4
分の3の30年であれば、給付額も4分の3に減額される。他方、保険料を支払
った資格期間が10年（120か月）に満たない場合には、たとえ9年間の保険料
の支払った実績があっても、老齢基礎年金の給付はゼロである[9]。また、学生
等の事由で免除期間があった場合、免除期間の長さと免除率（100％・75％・
50％・25％の4段階）に応じて給付額が減額される。ただし、免除率100％の
全額免除の場合でも、国庫負担割合の2分の1だけは給付額に反映される。
　支給開始年齢は原則65歳であるが、それを繰り上げて60歳から受給すること
もできる。その場合、1カ月の繰上げに対して0.5％だけ年金給付額が減額さ
れる。最大で5年間（60カ月）の繰上げで60歳からの支給を申請すると、30％
減額されることになる。もちろん、繰上げ支給によりその分だけ年金の受給期
間が長くなるため、65歳以降も減額された給付しか受け取ることができない。

9）老齢基礎年金の受給条件として、資格期間（保険料納付済期間に保険料免除期間などを
　合算した期間）が10年以上必要である。2017年7月以前は、資格期間が25年に設定されて
　いたが、それを短縮することで保険料の未納者を減らし、無年金問題の解消に向けて一定
　の効果が期待されている。

逆に、支給開始年齢を70歳まで繰り下げることもできる。その場合、1カ月の繰下げに対して0.7％だけ年金給付額が増額される。最大で5年間（60カ月）の繰下げで70歳からの支給を申請すると、42％増額された年金給付を生涯にわたって受け取ることができる。

　公的年金制度の2階部分である厚生年金からの「老齢厚生年金」の受給資格は、老齢基礎年金の受給資格期間10年を満たしており、厚生年金の被保険者期間が1カ月以上あることである。つまり、老齢基礎年金を受給できない人は、厚生老齢年金も受給できない。支給開始年齢は、1994年の制度改正で男性は2025年、女性は2030年から完全に65歳に引き上げられることになったが、それまでの期間については経過措置として60歳から段階的に引き上げられる。支給開始年齢が完全に65歳になるのは、男性で1961年4月以降に生まれた人たち、女性で1966年4月以降に生まれた人たちである。

　厚生年金の保険料は、報酬比例で徴収されることから、賃金・ボーナスが高い人ほどより高額な保険料を納付することになる。したがって、厚生年金の給付額についても、加入期間の長さだけでなく、この報酬比例の部分が反映されなければ不公平である。老齢厚生年金の給付額にこの報酬比例部分を反映させるための概念が「平均標準報酬額」であり、保険料を納めた過去の平均の賃金・ボーナスである。厚生老齢年金の給付年額の計算式は、次のように与えられる。

厚生老齢年金の給付年額

＝　平均標準報酬額　×　加入期間月数　×　給付乗率

　他方、支給開始年齢を65歳以前に繰り上げる場合は、老齢基礎年金と併せて申請することが条件となる。逆に、支給開始年齢を66歳以降に繰り下げる場合は、老齢基礎年金とは別に申請することはできる。その場合、老齢基礎年金の支給開始年齢の繰下げと同様に、1カ月の繰下げに対して0.7％だけ年金給付月額が増額される。最大で5年間の繰下げで70歳からの支給を申請すると、42％（＝0.7％×12カ月×5年）分だけ増額された年金給付を70歳以降生涯にわたって受け取ることができる[10]。

　個人によっては、公的年金以外にも、3階部分として企業年金や個人年金など私的年金から受給する者もいる。企業年金は、民間企業が従業員のために別

法人を設立して管理・運営している年金制度であるが、すべての企業が設けて
いるわけではない。公的年金制度ではないので国庫からの補助は出ないが、政
府は税制上の優遇措置により奨励している。企業年金には、保険料等に応じて
あらかじめ将来の給付額が確定している「厚生年金基金」や「確定給付企業年
金」と、給付額が運用次第で変動する「確定拠出型年金」などがある。

　老齢年金以外の公的年金制度としては、「障害年金」と「遺族年金」がある。
障害年金は、病気やけがによって生活や仕事が制限される状態になった加入者
に対して支給される年金である。年齢に関係なく支給対象となるが、20歳以上
65歳未満の被保険者については支給に「保険料納付要件」が課されている[11]。
遺族年金は、国民年金または厚生年金保険の被保険者または被保険者であった
人が死亡した場合に、その死亡者によって生計を維持されていた遺族が受ける
ことができる年金である。

10) 厚生労働省年金局（2020）によれば、2019年度の国民年金（基礎年金）と厚生年金の平
　　均支給額（月額）は、国民年金が56,049円、厚生年金の男性で164,770円、同女性で
　　103,159円である。この金額に基づき、会社員の夫と専業主婦の妻の世帯については、月
　　額220,819円（＝164,770円＋56,049円）の給付が平均値となる。
　　　他方、2019年6月に金融庁が作成した「老後資金の2,000万円不足」を指摘した報告書
　　は、平均的な高齢無職夫婦二人暮らしで、平均的な実収入209,198円に対し、消費支出と
　　非消費支出の合計が263,717円であるため、月に約5.5万円の赤字が生じ、老後30年間で約
　　2,000万円（≒5.5万×12×30＝1980万円）の資産の取り崩しが必要といった内容であった。
　　この報告書は、総務省の「家計調査報告」の2017年データに基づいた推計であったが、そ
　　の後の同調査では月当たりの不足額が縮小し、2020年データでは月1,500円にまで低下し、
　　2,000万円問題は取り上げられなくなった。
11) 20歳以上65歳未満の被保険者が障害年金を受けるためには、障害の原因となった病気や
　　けがの初診日の前日において、次の「保険料納付要件」のいずれかを満たしていることが
　　必要である。
　　①初診日のある月の前々月までの公的年金の加入期間の3分の2以上の期間について、保
　　険料が納付または免除されていること
　　②初診日において65歳未満であり、初診日のある月の前々月までの1年間に保険料の未納
　　がないこと
　　上記の条件を満たさない場合、障害を負っても障害年金の支給は受けられない。

■ 国民年金の保険料の納付率とベーシック・インカム

第１号被保険者のみを対象とした国民年金の保険料の納付率は、2011年の現年度実績で過去最低の58.6％に落ち込んだが、その後は日本年金機構による未納者に対する強制徴収や納付督励など積極的な収納対策の展開の効果もあり、2019年の現年度実績では69.3％まで回復している。一時期は保険料納付率が低下し続けて60％を下回る年が続き「国民年金空洞化問題」として注目されたが、その背景には、リーマン・ショック等の景気後退によって失業者数が増大し、免除申請をしない失業者の保険料が未納扱いとなっていた影響もあった。また、高所得者の未納も増えており、納付しても割に合わない、あるいは将来の給付が当てにならないという年金制度への不信の影響も理由の一つと考えられる。国民年金（基礎年金）の保険料は、給料から天引きされる民間のサラリーマンや公務員等の第２号被保険者がほぼ100％の納付率で拠出しているので、第１号被保険者の未納が増えたからといって国民年金の財政がすぐに破綻するようなことはない。また、未納者には将来の年金給付がその分だけ行われないのだから、長期的には年金財政への影響は限定的である。しかしながら、保険料未納の期間はそのまま資格期間の短縮になるため、資格期間が10年に達しない無年金者が将来は多数出てくる可能性が懸念されている。現在の制度では、国民年金の未納保険料を２年まで遡って支払う「事後納付」が認められているが、無年金者や低年金者を救済するために、2012年10月から2015年９月までの３年間（第１期）に限って、保険料の事後納付期間が２年間から10年間に延長された。さらに、2015年10月から2018年９月までの３年間（第２期）でも再延長され、保険料の事後納付期間が５年に拡大された。こうした「後納制度」を利用した人の数は、第１期で約118.5万人、第２期で約29.5万人あり、また後納保険料の納付額は第１期で約2,397億円、第２期で約363億円に達した。事後納付には、延滞期間に応じた延滞料が保険料に加算されるので、長期間分の事後納付は負担が大きくなり、未納分を追納して無年金から有資格に変われる者は、10年の資格期間に数カ月足りないような一部の未納者であった。

さらには、現在は国民年金にのみ加入する非正規雇用労働者が増大する傾向にあるため、厚生年金など２階部分の給付がない低年金者が将来増大することが予想される。そうなると、国民の最低限度の生活（ナショナル・ミニマム）

を実現するための社会保障制度としては、老後の生活が立ち行かない無年金者・低年金者に対して、生活保護など年金以外の別の社会保障制度によって老後の所得保障を行わねばならず、結局はその財源として国民の税負担が増大することになる。こうした問題に対応するため、2020年年金制度改正では、短時間労働者を被用者保険の適用対象とすべき事業所の企業規模要件を現行の従業員数500人超から段階的に引き下げ、2022年10月に100人超規模、2024年10月に50人超規模に縮小することが決定されている。合わせて、勤務期間要件についても現行の「1年以上」から、フルタイムの被保険者と同じ「2か月超」という要件を適用することになった。

　上記の取り組みは、基本的にはより多くの国民を現行の公的年金制度の傘の下に取り込もうとする政府の対応であるのに対して、公的年金制度だけでなく社会保障制度全体を大きく見直す提案も出されている。その代表的なものが、国民に対して政府が最低限の生活を送るために必要な金額を支給する「ベーシック・インカム」制度である。基本所得保障とも呼ばれるベーシック・インカム制度は、現行の社会保障制度の生活保護、失業保険、基礎年金等の個別の名目ではなく、それらを廃止しベーシック・インカム制度に一本化することで、無年金者やワーキング・プアなど現行の社会保障制度では対応に限界がある貧困層も含めすべての国民を完全にカバーするセーフティネットを実現することになる。それにより、社会保障制度を簡略化し行政コストの削減も可能になる。生活保護の不正受給への対策としての資産調査（ミーンズ・テスト）も省略できる。他方で、支給範囲や給付額によっては給付総額が膨大になるため、ベーシック・インカム制度を支える安定的財源が確保できなければ、むしろ経済的には不安定要因になりかねないという指摘もある。また、資産調査を伴う生活保護でさえ受給者の堕落を招いているという現状を無視し、すべての国民に無条件に最低生活を保障するベーシック・インカム制度の導入はより大きな規模で国民の怠慢や精神的堕落を招くなど倫理面からの批判も根強い。しかし、国民の間で年金不信に代表される社会保障制度の持続可能性への懸念や、所得格差や貧困層が拡大する中での「働き方改革」の推進による雇用の更なる不安定化への懸念、さらには日本企業の国際競争力の低下やコロナ・ショックに伴う経済構造の変革の影響などへの懸念も重なり、日本の国民の将来不安が膨れ上

がる中にあって、ベーシック・インカム制度は国民からの注目度が高い政策として各政党にとっては無視できないものとなってきている[12]。

4 社会保障制度の労働市場への影響

　雇用保険や公的年金などの社会保障制度の存在、あるいはその制度上の変更は、労働者および企業の経済活動に影響を与える。この節では、社会保障制度の労働市場への影響を労働供給と労働需要に分けて見ていくことにする。

（1）社会保障制度の労働供給への影響

　雇用保険の労働供給への影響としては、「職探し（サーチ）理論」が指摘するとおり、雇用保険の存在がよりよい条件での雇用を探し求めようとする労働者の失業期間を長期化させている可能性が考えられる。また、失業保険給付を一定期間受け取れるということで安易に離職したり、あるいは再就職先で働き始めることができるにもかかわらず意図的に失業期間を長引かせたりするなどの「モラル・ハザード」の問題が挙げられる。雇用保険の受給については、正規雇用者の場合には離職前2年間の就業期間が12カ月以上あることが要件として設定されている。非正規雇用者の場合には、さらに要件が厳しくなる。これは、安易な雇用保険の給付が労働者の頻繁な離職を招くという問題を回避するための仕組みである。しかし、一度受給要件を満たして求職者給付（失業給付）を受給できることになれば、最低でも90日間、最長で330日間の給付日数が保証される。この点で、労働者が失業給付を受給できるがために意図的に失業期間を長引かせるという問題を生じさせている可能性がある。実際、失業給付の受給者が給付期間の上限までフルに受給した後に就職する傾向があることは、以前から指摘されてきた事実である。特に、この傾向は定年を迎えた60～64歳の年齢階級で顕著であり、場合によっては求職していることを装って給付日数の上限まで失業給付を受け取った後に引退するという、失業給付を第

---

12) ベーシック・インカム制度の導入は、日本だけでなく、世界中で政治的争点になっており、ドイツ、イタリア、オランダ、カナダ、フィンランド、ブラジル、カタールなど一部の国では既に試験的な導入を実施している。この背景として、グローバル化やICT化の進展に伴う所得格差の拡大が世界全体で生じていることが挙げられる。

2の退職金のごとく考えて行動している可能性が指摘されている。高齢者の求
職の意思が本当であるか否かは別として、外形的には求職活動がなされている
以上は失業給付を受給することができ、結果として失業給付が高齢者の労働意
欲を阻害することで統計上の失業率を押し上げる効果を生じさせている。また、
失業給付の給付日数が加入期間に応じて長くなることもあり、年齢階級が上が
るほど実績としての受給期間が長期化する傾向にある。これは、高齢者ほど求
人が少なく再就職が困難になるという労働需要側の要因の表れとも見ることが
できるし、事実、雇用保険の給付日数の設定はその点を反映させてのことであ
る。しかしながら、長期の給付日数が与えられているために失業期間を長期化
させるという、労働供給側の要因も確かに働いていると考えられる。こうした
失業給付が労働供給側のモラル・ハザードを招くことの影響を少しでも抑制す
るために、雇用保険では就業促進給付や雇用継続給付などの制度が設けられて
いる。

　次に、公的年金制度の労働供給への影響としては、65歳での年金受給権の獲
得により退職後に一定の収入が確保されるため、労働意欲が低下し退職時期を
早める可能性がある。これは公的年金の「退職促進効果」と呼ばれるものであ
る（Feldstein 1977）。65歳以上で働く機会が与えられているにもかかわらず、
年金を受給できるから、あるいは勤労所得を得るとその分だけ年金給付が減額
されるから働かない、という高齢者の労働供給を抑制する効果である。日本の
場合、老齢基礎年金は、所得の有無にかかわらず減額されることはないが、2
階部分の老齢厚生年金は、65歳以上の者で賃金と年金の合計額が月額47万円を
超えると賃金2に対して年金1の割合で減額される。老齢厚生年金を月額10万
円受給する資格のある者ならば、賃金が月額57万円を超えると老齢厚生年金か
らの給付がゼロになる。このような年金受給資格のある高齢在職者への年金給
付額を調整する仕組みを「在職老齢年金」と呼ぶが、高齢者の労働意欲をでき
る限り阻害しないことと、高所得の高齢者への年金給付を抑えて公平な分配を
実現することの間で一定のバランスをとろうとする制度である。

（2）社会保障制度の労働需要への影響

　次に、社会保障制度の労働需要への影響について考える。社会保障制度は、
自動安定化装置として、景気後退局面では雇用保険制度などを通じて給付が増

える一方で、所得に応じて徴収される税や保険料が低く抑えられるため、消費を通じて総需要を底支えする機能を持つ。したがって、マクロ経済的には、総需要の底支えを通じて労働需要に対してプラスに作用する。

　他方、ミクロ経済的には、雇用保険や公的年金の保険料は労使折半であり、労災保険のそれは全額企業負担であることから、企業にとって社会保険料負担は労働者を雇用することの費用と認識される。よって、その引上げは労働需要にマイナスの影響を与えることになる。

　公的年金は老後に備えるための強制貯蓄ととらえることができるため、公的年金の存在は、それがない場合と比較して、労働者の勤労期間中の個人貯蓄を減少させる。これを「資産代替効果」と呼ぶ（Feldstein 1977）。賦課方式で運営される公的年金の場合、保険料は積み立てられずに同時期の年金給付に使われるため、労働者の貯蓄の減少はそのままマクロでの貯蓄の減少につながる。そして、この貯蓄の減少は資本市場を通じて投資の減少となり、短期的には総需要の減少を通じて労働需要にマイナスの影響を与える。また、長期的には資本蓄積の減少を通じて経済の生産能力を低下させ経済成長にマイナスの影響を与えることになる。

　日本の社会保障給付費は、2021年度予算ベースで総額129.6兆円、国民1人当たりで100万円を超える水準まできており、人口高齢化の影響により今後さらに拡大することが予想されている。現在の制度を維持することを前提とすれば、団塊の世代の全員が後期高齢者（75歳以上）になる2025年には150兆円を超える水準に到達するという推計もある。社会保障制度は社会の安定や国民の幸福に必要不可欠な制度ではあるが、その肥大化は国民負担の増大に直結し国民経済の活力を失わせることから、より効率的な制度への改革が求められている。当然ながら、その改革の影響は労働者の生活にも企業活動にも及ぶことになるため、私たちは改革の行方を注視していく必要がある。

参考文献

・厚生労働省（2021）『令和3年度版　労働経済白書』日経印刷。
・厚生労働省年金局（2020）「令和元年度　厚生年金保険・国民年金事業の概況」。

・厚生労働省「ライフコース別にみた公的年金の保障」
（https://www.mhlw.go.jp/seisakunitsuite/bunya/nenkin/nenkin/zaisei01/dl/zu05.pdf　2021年10月確認）。

・厚生労働省「新規学卒者の離職状況」
（https://www.mhlw.go.jp/stf/seisakunitsuite/bunya/0000137940.html 2021年10月確認）。

・国立社会保障・人口問題研究所（2021）「人口統計資料集・2021年版」

・村上雅子（1999）『社会保障の経済学（第２版）』東洋経済新報社。

・厚生労働省年金局年金財政ホームページ
（http://www.mhlw.go.jp/topics/nenkin/zaisei/index.html　2021年10月確認）。

・厚生労働省ハローワーク・インターネットサービス
（https://www.hellowork.mhlw.go.jp/　2021年10月確認）。

・Feldstein, M. S.（1977）"Social Security and Private Savings: International Evidence in an Extended Life-Cycle Model," in M. S. Feldstein and R. P. Inman eds., *The Economics of Public Services*, Macmillan, pp 174-205.

第14章

労働市場の未来

日本の労働市場はどのように変化するか

　この章では、第1に少子化や高齢化が労働市場や経済に与える影響について成長会計などの手法を使って説明する。第2に少子化や高齢化によって生じる経済成長に対する負の効果を抑えるために、女性や高齢者の就労支援による労働力率の上昇について述べる。また、これらの政策に伴う問題点などについて述べたい。そこでこの章の概要は以下のとおりである。第1節では日本の少子高齢化の現状について、第2節では女性の就業促進について、第3節では高齢者の就業促進について説明を行う。

1 人口減少社会と労働市場の現状と将来

■ 戦後日本の合計出生率の推移

　図14-1は日本の合計出生率の動きを示したものである。戦後直後は合計出生率が4.5を超えていたが、その後、合計出生率は急速に低下した。1950年代末から1970年代末にかけては、1966年の丙午を除いて[1]、2を若干上回っていた。1975年に2を下回ると、それ以降は長期間にわたり低下傾向が続き、1989年には1966年の丙午の水準よりも低下した。この状況は1.57ショックと呼ばれ、政府も少子化が問題であると認識するようになった。その後、少子化問題に対

1）丙午（ひのえうま）に生まれた女性は夫を短命にするなどという迷信のために、出産の
　　時期をずらしたためだと解釈される。

図14-1　戦後日本の合計出生率と出生数の推移

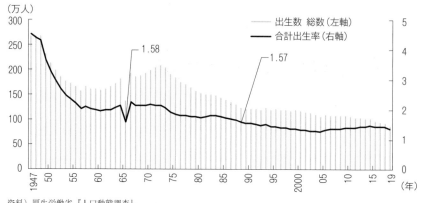

資料）厚生労働省『人口動態調査』。

処するための政策を行ってきたが合計出生率を改善させることなく、合計出生率の低下に歯止めがかかっていない。出生数は終戦直後では200万人を超えていたが、2016年には100万人を下回り、2019年には86.5万人となった。

　日本の人口推移に関しては、他の西欧諸国と同様、初めに死亡率が低下してその後出生率が低下するという人口転換理論と整合的な動きをしている。人口転換理論で、経済が発展するにつれて、初期の多産多死からまず死亡率が低下して多産少死となり、さらには出生率も低下して少産少死となるというモデルである。死亡率低下の原因は、経済構造が近代化して所得水準が上昇し、食糧の供給が適切に行われ、栄養状態、衣類、住居の質が向上し、さらに公衆衛生、医療技術の面で改善がもたらされたからである。合計出生率の低下の要因は、現在の日本では婚外子の割合が非常に低いために、晩婚化や非婚化による有配偶率の低下と、既婚世帯における子ども数によってもたらされる有配偶出生率の低下によって、説明できる。岩澤（2002）は合計出生率の変化を有配偶率の変化と有配偶出生率の変化に要因分解し、それぞれの寄与率を計算している。その結果、1970年代から2000年に至るまでの出生率の低下の7割は、有配偶率の低下によって説明でき、3割が有配偶出生率の低下によって説明できると説明している。

　有配偶率の低下をもたらす晩婚化や非婚化の要因として、小﨑（2006）では

以下の要因を挙げている。(1) 女性の就業機会の拡大、(2) 結婚相手の探索コストの上昇、(3) 男女の人口比、(4) 結婚後の退職による機会費用の増加という結婚に伴う費用の上昇、(5) 女性の高学歴化による男女間の賃金格差の縮小である。

　有配偶出生率の低下の要因に関して、ライベンシュタインは以下のように述べている。彼は子どもを持つ効用として、子どもがいること自体が家族の喜びになるという「消費効用」、自分が年老いたら将来自分の介護などの面倒を見てもらうという「年金効用」、子どもが働いて世帯所得に貢献してくれる「労働効用」の3つを指摘する。また、子どもを持つ費用として、養育費や教育費などの子どもに直接的にかかる「直接費用」、子どもを産むために仕事を休んだり、辞めたりすることによって生じる機会費用を表す「間接費用」の2つを指摘する。経済が発展するとともに、年金効用や労働効用は低下し、逆に費用に関しては直接費用、間接費用ともに上昇するために世帯子ども数が減少すると説明する。

■ 人口ボーナスから人口オーナスへ

　先ほど戦後日本においては出生率が低下傾向にあり、西欧各国と同様に多産多死から少産少死の人口転換を経たことを説明した。また、図14-2が示すように、2000年代後半をピークに日本の人口が減少しはじめて、今後も人口減少が続くことが予測されている。

　また、人口に関してはその水準だけではなく人口構成が重要になってくる。つまり、同じ1億人という人口であっても、高齢者層が多い場合と、若年者層が多い場合では経済に与える影響は異なる。そこで、人口構成を見る必要がある。人口構成を表す代表的な指標として、高齢化率が存在する。高齢化率は65歳以上人口/総人口と定義される。つまり高齢化率とは、全人口の中で65歳以上がどの程度存在するかを意味しており、高齢化率が7〜14%の場合を高齢化社会、14〜21%の場合を高齢社会と呼ぶ。

　日本の人口変動の特徴として、高齢化のスピードが急速であったことが指摘される。高齢化のスピードを表す指標として倍化年数がある。倍化年数とは、高齢化社会となる水準である高齢化率が7％に到達したときから、高齢社会と

図14-2　日本の人口水準と人口分布の推移

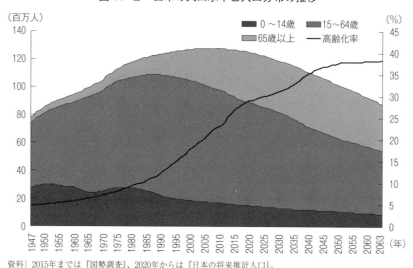

資料）2015年までは『国勢調査』、2020年からは『日本の将来推計人口』。

なる水準である高齢化率が14％になるまでの所要年数のことである。ドイツで
は40年、イギリスでは47年、アメリカでは73年、スウェーデンでは85年、フラ
ンスでは115年といったように、欧米では40〜100年以上かけて高齢化社会から
高齢社会へと変化した。それに対して、日本では1970年に高齢化率が7％を超
え、その24年後である1994年に高齢化率が14％を超えた。このように、日本の
高齢化は欧米諸国と比較して急速に進行していることがわかる。

　しかしながら、高齢化率だけでは不十分であるため、老年人口指数、年少人
口指数、従属人口指数を併用する。老年人口指数は65歳以上人口の生産年齢
（15〜64歳）人口に対する割合、年少人口指数は年少（0〜14歳）人口の生産
年齢人口に対する割合、従属人口指数は老年人口指数と年少人口指数の和と定
義される。

　従属人口指数は1950年ぐらいから減少し、1970年から2000年頃までは50％以
下の水準である。これは生産年齢人口2人で従属人口1人を支えるという比率
となっており、人口構成から見ると経済に負担を与えない構造になっている。
このような状態を人口ボーナスと呼ぶ。しかしながら、2000年頃から従属人口
指数が上昇して、2050年には100％近い水準になる。従属人口指数が上昇する

表 14 - 1　労働力率の推移

(年)	15歳以上男性	65～69歳男性	70歳以上男性	15歳以上女性	65～69歳女性	70歳以上女性
1980年	79.8	60.1	28.4	47.6	25.8	9.6
1990年	77.2	54.1	26.3	50.1	27.6	10.4
2000年	76.4	51.1	24.3	49.3	25.4	9.8
2010年	71.6	48.9	19.6	48.5	27.4	8.4
2020年	71.4	62.3	25.7	53.2	40.3	12.2

資料）総務省統計局『労働力調査』。

　ということは、人口構成から考えると経済に対して負荷を与える可能性があり、このような状態を人口オーナスと呼ぶ。

■ 労働力人口の推移

　日本の人口の水準の変化や人口構成の変化について見てきた。その結果、日本では戦後合計出生率は低下傾向にあり、1975年には合計出生率は2を切っていた。その後も低下傾向から回復せず、2005年には1.3を切ることになった。次に労働力人口がどのように推移しているのかについて、表14-1は労働力率の推移を示したものである。15歳以上の労働力率をみると、男性は低下傾向であり、1980年には79.8％であったが2019年には71.4％と8.4ポイント低下している。女性は1980年の47.6％から2020年の53.2％と、上昇傾向となっている。その結果、男女計では少子高齢化が進展しており、生産年齢人口（15～64歳）の減少が問題視されているにもかかわらず、労働力率は大きく変化していない。また、男性の65～69歳層の労働力率は1980年から2010年にかけては低下傾向であったが、近年は急激に上昇している。女性の場合は、2010年から2020年にかけて急激に上昇している。一方、70歳以上の労働力率は大きな変化は見られない。

■ 労働力人口とマクロ経済

　合計出生率の低下は従属人口指数の上昇につながり、労働力人口の減少をもたらしうるが、女性や高齢者の就業促進など労働力率を上昇させる政策が機能すれば日本全体の労働力率の低下を食い止めることが可能であることがわかる。

次に人口が減少すると経済全体についてどのような影響を与えるのかについて、理論的に説明したい。

初めに、需要の側面から人口減少の効果について説明する。ケインズは人口成長が企業家に将来の需要に対する楽観主義をもたらすことによって、投資を促進させるといった可能性を指摘し、逆に、減退する人口は企業家に悲観主義をもたらすことにより投資を減少させる可能性を指摘する。さらに、1930年代では人口転換に伴う人口の減少ないし停滞が消費者の減少ないし停滞をもたらしたとする。このように、人口減少は投資や消費の減少を通じた総需要の低下をもたらす[2]。

■ 成長会計を使った考察

次に、供給の側面から人口減少が経済に与える効果を説明したい。マクロ経済学で経済成長を分析する一般的な手法である成長会計を用いると、GDP 成長率を以下のように分解できる。

$$\Delta Y/Y = \Delta A/A + a\Delta K/K + (1-a)\Delta L/L \tag{1}$$
$$\text{GDP 成長率} = \text{技術進歩率} + a\,\text{資本の成長率}$$
$$+ (1-a)\,\text{労働力人口の成長率}$$

この式からわかるように、人口減少や少子高齢化は技術進歩率、労働力人口の成長率、資本の成長率のそれぞれに影響を与える。この節では特に人口減少や少子高齢化と労働力人口の成長率の関係について説明する。

ただし、1人当たりの GDP 成長率に関しては以下のように考えることができる。いま、労働力人口の増加率と人口の増加率が等しいと仮定して、(1) の両辺から人口成長率 $\Delta L/L$ を引くと以下 (2) 式のようになる。

$$\Delta Y/Y - \Delta L/L = \Delta A/A + a\Delta K/K + (1-a)\Delta L/L - \Delta L/L \tag{2}$$

さらに、(2) 式右辺の第2項と第3項を資本分配率 a で括ると以下のようになる。

2）大淵・森岡（1981）を参照。

$$\Delta Y/Y - \Delta L/L = \Delta A/A + a(\Delta K/K - \Delta L/L) \qquad (3)$$

1人当たりのGDP成長率 $\Delta y/y$ はGDP成長率から労働力人口の成長率を引いたものであり、1人当たりの資本の成長率 $\Delta k/k$ は資本の成長率から労働力人口の成長率を引いたものである。この結果、(3) 式は1人当たりのGDP成長率（$\Delta y/y = \Delta Y/Y - \Delta L/L$）は技術進歩と1人当たりの資本の成長率（$\Delta k/k = \Delta K/K - \Delta L/L$）によって決定されるということを示している。

　具体的な数値例で考えてみよう。たとえば、資本分配率が0.3とする。この場合、労働分配率は$1-0.3 = 0.7$となる。このとき、生産性の成長率が3％、資本の成長率が2％、労働力人口の成長率が1％であるとする。(1) 式に当てはめると、GDP成長率は $\Delta Y/Y = 3+0.3\times2+0.7\times1 = 4.3$となる。ここで、労働力人口の成長率が1％ポイント低下して0％となったと仮定すると、GDP成長率は3.6％となる。このように、労働力人口の成長率が減少すると、経済成長率が低下する。

　一方、労働力人口の成長率が1％のときの1人当たりのGDP成長率は$4.3-1 = 3.3$％であり、労働力人口の成長率が0％のときの1人当たりGDP成長率3.6％である。このようになる理由は、人口が減少すると1人当たりの資本が蓄積することで、1人当たりのGDPが上昇するからである。

　要約すると以下のようになる。人口成長率の減少は労働力人口の成長率の低下をもたらすために (1) 式からもGDP成長率を低下させることがわかる。しかしながら、人口成長率の低下は1人当たりの資本の成長率を増加させることによって、1人当たりのGDPについてはむしろ増加させる可能性がある。このため、人口減少自体は経済に負の影響を与えるとは限らない。経済に対して負の影響を与える可能性があるのは人口減少社会ではなく、前節で述べたように従属人口指数が上昇する人口オーナスである。

　労働力率という観点で考えると、たとえさらに高齢化が進行して従属人口が増えたとしても、労働力率を上げることで労働者の減少を抑えることができる。少子高齢化社会がもたらす労働力人口の減少に対する政策として、①女性の就業を促進すること、②高齢者の就業を促進することが存在する。それらの政策について以下で説明する。

2　人口減少と女性労働政策

　第1節では労働力人口減少に対する政策として、女性の就業を促進させること、高齢者の就業を促進することを挙げた。そこで、第2節では女性の就業状況と就業促進政策について説明を行いたい。

■ データで見る日本の女性労働力率

　この節では、人口減少社会における1つの政策として女性労働力を上昇させる政策について説明したい。もう一度、図1-7を見てみよう。1980年の女性の場合、20～24歳がひとつの山となっており、その後低下して、25～29歳と30～34歳が谷となっている。その後、40～44歳と45～49歳にもうひとつの山があるような形となっている。この状況を女性の労働力率のM字カーブと呼ぶ。このような形となる理由は、女性の場合、学校卒業後に就職し、その後結婚や出産を契機に仕事を辞める。その後、子どもが成長すると再びパートなどの仕事に就くということが一般的であったからである。

　次に、1980年と比べて、2000年や2020年の労働力率は、どのように変化したのだろうか。2000年では、M字カーブの谷が浅くなり、さらに右側にシフトしている。右側にシフトした理由は女性の晩婚化や晩産化のためであり、谷が浅くなった理由は非婚化や少子化が理由として考えられる。しかしながら、2000年でもM字カーブは残っている。2020年ではさらに、M字カーブの底が右上方にシフトして、M字カーブの底が35～39歳となり谷もさらに浅くなった。しかし、M字カーブの谷が浅くなったとはいえ、未だにM字カーブの形状は残っていることがわかる。スウェーデンなどでは、女性の労働力率は男性と同様に台形となっている。このようなM字カーブを解消し、女性の就業を促進することが人口減少社会における労働力不足といった問題へのひとつの対策となり得る。

■ 女性の就業決定の要因について

　それでは、女性の就業を促進するにはどのような政策が必要か。そもそも女

性はどのような要因によって就業するかどうかという選択を行っているのであろうか。女性の就業を抑制する要因として以下の4点が考えられる。第1に、結婚や育児のために女性が労働市場から退出して非労働力化する。第2に、企業における男女間の賃金格差などによる賃金格差が存在する。第3に、「夫は仕事、妻は家事」という意識である。第4に税制の問題がある。

　第1の要因に関しては、結婚や出産を期に女性が仕事を辞めざるを得ない状況を改善することが必要である。結婚している女性の就業を左右する主な要因として、妻の賃金、夫の賃金、子どもの有無などが考えられる。本人の賃金に関しては、前の章で説明したように、賃金が高いほど留保賃金よりも実際の賃金が高くなり、就業が促進されると考えられる。夫の所得に関しては、かつては夫の所得が高いと妻の就業を抑制するというダグラス＝有沢の法則が指摘されたが、近年ではこのような傾向は弱くなってきている。仕事と育児の両立に関しては、「育児と就業の両立」で詳しく述べる。

　第2の要因の男女の賃金格差に関しては、近年縮小傾向であるが、それでも平均して女性の賃金は20％以上低い。それではなぜ男女の賃金格差が生じるのか。男性と女性では学歴や勤続年数が異なるからであるのか、それとも同じ学歴や就業年数であっても、男女の賃金格差が発生しているのか。オハカ＝ブラインダー分解を用いることで、男女の賃金格差の男女で学歴や勤続年数といった属性で説明できる部分と、できない部分によって分解して考察することができる。山本（2015）に具体的な方法の説明がある。また川口（2008）は、教育や職業選択のジェンダー格差を説明する理論として、人的資本理論、家計生産理論、補償賃金仮説を紹介している。

　第3の要因に関しては、2016年の『社会生活基本調査』において、共働き世帯について、土日を含む週7日間における1日当たり平均生活時間（週全体）を見ると、家事時間（買い物を含む。以下同じ）は夫がわずか46分であるのに対して、妻が4時間54分となっており、男女の家事負担割合の格差が大きいことがわかる。第4の税制に関して、いわゆる「103万円の壁」、「130万円の壁」の問題が指摘されている。詳しくは「女性の労働供給と税制・社会保険料」で述べる。

■ 育児と就業の両立

　いままで見てきたように、人口減少社会においては出生率の上昇とともに女性の就業を促進することが重要である。従来はこの２つは両立不可能なものであるという考え方が根強く存在した。しかしながら、両者には完全なトレードオフが存在するとは限らない。つまり、女性の就業と出生率を両立させるような政策が存在し得る。

　仕事と育児を両立させる政策として育児休業制度と保育施設の拡充の２つが考えられる。第１に、育児休業に関しては、1991年に「育児休業等に関する法律」が制定されて、その後、数度の改正を経て、2017年の改正によって原則１歳までである育児休業を６カ月延長しても保育所に入れない場合等につき、２歳まで延長できるようになった。また、３歳に達するまでは時間短縮などの措置をとることが企業に義務付けられている。育児休業中の所得は雇用保険制度から休業前賃金の一定割合が「育児休業給付金」として支給される。支給割合は、2014年の改正により、休業開始後６カ月は休業前賃金の67％、その後は50％とされる。2018年の育児休業の取得率に関して、女性は82.2％、男性は6.16％となった（厚生労働省「雇用均等基本調査」）。男性の取得率は上昇傾向にあるものの、男性と女性の取得率には大きな差がある。

　育児休業制度の効果を実証分析した先行研究としては、永瀬（2014）が2009年に法制化された３歳未満児のいる雇用者に対する育児短時間の義務化の効果を取り上げている。この制度の義務化は100人以上の企業に対して行われており、義務化されていない100人未満の企業との差が外生的に生じていることを自然実験とみなして、DID分析（第３章参照）を用いて政策効果を識別している。一方、Asai（2015）は「就業構造基本調査」を用い、育休給付金の引上げが外生であることを利用して、1995年と2001年の育児休業制度の改正が女性の就業継続に及ぼした効果を検証している。その結果、育休給付金が母親の就業継続を押し上げたという証拠は見つからなかったとする。

　第２に、保育所の整備に関しては、子育て中の保護者が保育所または学童保育施設に入所申請をしているにもかかわらず入所できず、入所待ちしている状態の児童である「待機児童」の問題もある。

　2018年４月時点にて、待機児童数は19,895人で前年比6,186人の減少したも

のの（厚生労働省『保育所等関連状況取りまとめ（平成30年４月１日）』）、いまだ２万人近く存在している。鈴木（2018）はここで示される待機児童数は氷山の一角であり、潜在的には何倍もの待機児童がいるとしたうえで、その原因として①認可保育の安すぎる保育料設定、②認可保育所と無認可保育園の保育料格差、③認可保育所の高スト構造と公費依存体質、④認可保育所の参入規制があるとする。

　ただし、近年は保育施設の拡充や、新型コロナウイルスを警戒した利用控えで、2021年４月時点の待機児童数は、前年より6,805人少ない5,634人になったと発表した。４年連続で減少し、統計を取り始めた1994年以降で最少となった（『読売新聞』2021年８月27日）。

■ ワーク・ライフ・バランスと働き方改革

　また、政府が育児支援をするだけではなく、企業も従業員のワーク・ライフ・バランスのためにさまざまな取組みを行っている。そのような取組みをファミリーフレンドリー施策と呼び、そのような企業はファミリーフレンドリー企業と呼ばれている。具体的な施策としては、育児休業や介護休業などの休業制度のほか、短時間勤務制度、フレックスタイム制、事業所内託児施設、在宅勤務などが存在する。

　政府も「同一労働同一賃金」の標語のもとで、個人のライフスタイルに合わせた多様な働き方を促進することを目的として、働き方改革を推進した。安倍政権は2016年に「ニッポン一億総活躍プラン」を閣議決定し、女性や高齢者の就業促進計画を進めた。これは、①働き方改革、②子育て環境整備、③介護の環境整備、④すべての子どもが希望する教育を受けられる環境の整備を柱にしている。働き方改革とは日本の雇用慣行を見直す方向による改革である。働き方改革の柱は①長時間労働の是正、②正規就業と非正規就業の格差を是正し、同じ仕事であれば同じ賃金を支払うこと（＝同一労働同一賃金）、③高齢者の就業促進である。その結果、2018年には「働き方改革関連法」が成立した。

■ 女性の労働供給と税制・社会保険料

　さらに女性の労働供給に影響する要因として、税制・社会保険制度の問題が

存在する。いわゆる「収入の壁」といわれる問題である。収入の壁とは、パート等で働く主婦の収入が一定水準を超えると配偶者控除が適用されなくなり、家計全体ではかえって手取額が減少する問題で、「130万円の壁」あるいは「103万円の壁」ともいわれる。

　たとえば「130万円の壁」とは、以下のような問題である。サラリーマンの妻は年金制度上の「第3号被保険者」となり、保険料は扶養している夫（第1号被保険者）の加入している厚生年金が、扶養されている妻の分も含めて国民年金に拠出する。ただし、年収が130万円以上の場合は国民年金の第1号被保険者として、自分で保険料を納付する必要がある。このため、第3号被保険者は、年収130万円以内に収まるように労働時間を調整しているといわれている。これを「130万円の壁」という。ただし、あとで述べるように一定の条件を満たしたパートタイム労働者も厚生年金への加入が求められるようになり、2016年以降は一定の条件を満たした労働者は年収106万円を超えると勤務先の社会保険への加入が必須となった。

　また、給与所得の配偶者控除が適用上限となる「103万円の壁」も女性の就業を妨げることや専業主婦（夫）への優遇などの批判もあり、廃止を含めて議論が存在したが、2018年からは配偶者特別控除が拡大され、妻の年収が103万円超150万円以下なら、夫は配偶者特別控除として38万円の所得控除が受けられるようになった（松浦 2020）。

3　人口減少と高齢者就業対策

■ 高齢者の就業意欲と現状

　女性と並んで高齢者の就業促進も労働供給を増やすために重要となる。第1節で説明したように、日本は高齢化が急速に進展して、現在は世界でもっとも高齢化率が高い国となっている。しかし、高齢者に分類されることになる65歳が過去と現在で同じと考えるのは正しいだろうか。このことを考える1つの手掛かりとして、平均余命に着目したい。表14-2は年齢別の平均余命の推移である。男性（女性）の場合、1960年の65歳の平均余命は11.6（14.1）年であったが、2010年では18.7（23.8）年と10年近く伸びている。平均余命の長さが平

表 14 - 2　平均余命の推移

(年)	平均余命 (年)							
	男性				女性			
	50歳	65歳	75歳	90歳	50歳	65歳	75歳	90歳
1960	22.4	11.6	6.5	2.6	26.0	14.1	7.9	2.9
1990	28.4	16.2	9.5	3.5	33.4	20.0	12.0	4.1
2010	31.4	18.7	11.4	4.2	37.5	23.8	15.3	5.5
2030	33.5	20.6	13.1	5.1	39.7	25.8	17.1	6.7
2060	35.5	22.3	14.6	5.9	41.7	27.7	18.9	7.9

出所)　金子・佐藤 (2016)。
資料)　2010年以前は「完全生命表」、2030年、2060年は「将来推計人口
　　　(平成24年1月推計・死亡中位仮説)」を用いて算出。

均的な健康度を表すとすれば、1960年の65歳と2010年の65歳を同じ年齢として
考える必要はない。つまり、高齢者が医療技術の発達によって健康になったこ
とを考えると、高齢者の就業促進を行う余地は十分にあると考えられる。

■ 高齢者就業促進の政策と課題

　次に高齢者の労働力率の国際比較に着目する。図14 - 3からもわかるように、
日本の高齢者の労働力率はシンガポールと比較するとやや低く、また高齢者の
就労意欲も高いと言われている。これらから、高齢者の就労促進の余地がある。
ただし、1985年と比べると2016年の就業率は低下している。表14 - 1 が示すよ
うに、65～69歳の労働力率は上昇しており、70歳以上の労働力率も一定である。
しかし、労働力率の低い70歳以上の割合が増えたこともあり、65歳以上の男性
の労働力率は低下していることには注意が必要である。

　そこで、次に高齢者の就労の状況を説明するために、日本の定年制度につい
て解説をしたい。定年制は、大正時代から大企業を中心に導入され、戦後、
1955年頃には定年制の普及率は高まり、定年年齢は55歳が一般的になった (清
家編 2009、216頁)。1971年には高年齢者雇用安定法が制定された。1980年代
には55歳定年制が一般的であった。高年齢者雇用安定法は2004年に改正され、
定年の定めをする場合は60歳を下回ることはできないとした。さらに、65歳未
満の定年を設定していた企業に対しては65歳までの安定した雇用を確保するた

図 14 - 3　65 歳以上男性の労働力率

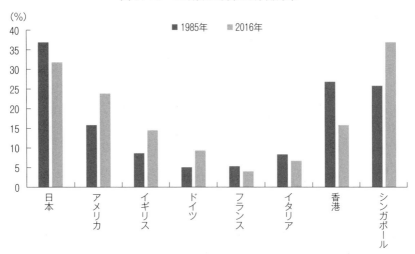

資料）日本労働政策研究・研修機構『国際労働比較（2018年）』。

め、①定年の引上げ、②継続雇用制度の導入、③定年の定めの廃止のいずれか
の措置を講じなければならないとした。2021年 4 月から「70歳までの就労機会
確保を企業の努力義務とする」改正法が施行されている。

　このような定年延長の法整備が行われる背景には、年金の受給年齢の引上げ
がある。表14 - 2 で説明したように、1960年の男性の65歳時点の平均余命は
11.6歳であったのに対して、2010年の場合は18.7歳と長くなっている。このた
め、同じ年齢であれば年金受給期間も長くなる。そこで、厚生老齢年金は男性
については、支給開始年齢が60歳から65歳に向けて2001年度より、女性は 5 年
遅れで段階的に引き上げられ、2013年には定額部分の支給開始が65歳になった。
また、報酬比例部分に関しても同様に支給開始年齢が引き上げられ、2025年か
ら支給開始年齢が65歳となる[3]。

　今後、高齢者就業の促進のためにどのような政策が必要であり、どのような
困難があるのかについて紹介しよう。高齢者就業を促進するため、清家編
（2009）は 3 つの政策について述べている。第 1 に公的年金の改革である。第

3）菅野（2019）を参照。

2に企業の定年延長制度や採用などの年齢制限の見直しである。第3に高齢者の能力開発を促進する政策である。高齢者の就業を促進することは、労働力率を高めて経済の供給能力の向上につながる。

　一方で、高齢者の就業が若年世代の雇用を減らす可能性も指摘されている。仮に高齢者の仕事と若年世代が行う仕事が補完的であるならば高齢者に雇用を増加させると若年世代の仕事が増える。しかしながら、高齢者の仕事と若年世代の仕事が代替的であるならば、高齢者に仕事が増えると、若年世代の仕事が減少することになる。この効果のことを置換効果と呼ぶ。玄田（2001）では、中高年層の雇用と若年層の雇用の代替関係を実証し、中高年層の雇用の確保が新卒採用を抑制し、若年層の失業率を増加させるとしている。若年失業率の上昇は出生率の悪化をもたらし、就業条件の悪化がさらなる少子化を促進することも懸念される。

参考文献

・岩澤美帆（2002）「近年の期間 TFR 変動における結婚行動および夫婦の出生行動の変化の寄与について」『人口問題研究』58(3)、15-44頁。
・大淵寛・森岡仁（1981）『経済人口学』新評論。
・金子隆一・佐藤龍三郎編（2016）『ポスト人口転換期の日本』原書房。
・川口章（2008）『ジェンダー経済格差』勁草書房。
・玄田有史（2001）「結局、若者の仕事がなくなった―高齢社会の若年雇用」橘木俊詔・デービッド・ワイズ編『日米比較―企業行動と労働市場』日本経済新聞社、173-202頁。
・小﨑敏男（2006）「人口減少と女子労働政策」『中央大学経済学論纂』第46巻第1・2号合併号、31-50頁。
・鈴木亘（2018）『経済学者、待機児童ゼロに挑む』新潮社。
・菅野和夫（2019）『労働法 第十二版』弘文堂。
・清家篤編（2009）『高齢者の働きかた』ミネルヴァ書房。
・橘木俊詔・太田聰一（2004）『労働経済学入門』有斐閣。
・永瀬伸子（2014）「育児短時間の義務化が第1子出産と就業継続、出産意欲に与える影響：法改正を自然実験とした実証分析」『人口学研究』50、

　29-53頁。

・松浦司（2020）『現代人口経済学』日本評論社。

・森剛志・浦川邦夫（2009）「配偶者特別控除の廃止が労働供給に与えた影響のパネルデータ分析」『甲南経済学論集』第49巻 第2・3・4号、11-35頁。

・山本勲（2015）『実証分析のための計量経済学』中央経済社。

・Asai, Y.（2015）"Parental Leave Reforms and the Employment of New Mothers: Quasi-experimental Evidence from Japan," *Labour Economics*, 36, pp. 72-83.

索 引

あ 行

アカロフ，ジョージ・A.　90
アザリアディス，コスタス　87
新しい評価制度　171
後払い賃金契約　191
後払い報酬　189
アベノミクス　197
暗黙の契約理論　87, 88
育児・介護休業法　149
育児休業給付金　262
育児休業制度　156, 262
育児休業等に関する法律　262
イクメン　155
遺族年金　245
1.57ショック　253
一般的訓練　65
移民　49
インサイダー・アウトサイダー理論（モデ
　ル）　87, 90
インセンティブ　180
　──ペイ　129
インターンシップ　203
売手独占　23
M字カーブ　260
M字型労働力率　15
縁辺労働力　106, 107
OJT（On the Job Training）　64, 102,
　160, 173
オズボーン，マイケル・A.　210
遅い昇進　186
オハカ＝ブラインダー分解　261

Off-JT（Off the Job Training）　64, 102,
　160, 173

か 行

GAFA　115
GAFAM　115
解雇回避努力　38
外国人労働者　220
　──受入れの経済効果　225
　──の推移　224
　──問題　213
外国人労働力人口（ストック）　223
会社組織　97
買手独占　25, 35, 41
　──市場　43
　──市場モデル　45
外部昇進制　104
学生納付特例制度　241
確定給付企業年金　245
確定拠出型年金　245
家計生産理論　261
学校教育　201
間接費用　255
完全競争市場　35, 41
完全失業（率）者　5, 72
機会費用　60, 255
企画業務型裁量労働制　147
企業特殊技能　109
企業特殊的訓練　65, 203
企業内教育　64
企業の等利潤曲線　133
企業別組合　101

企業別労働組合　103
技術進歩率　258
技術的技能　67
基礎年金　240
期待インフレ率　85
技能実習制度　221
ギフト交換モデル　90
基本給　138
ギボンズ，ロバート　181
逆選択モデル　89
キャリア・コンサーン理論　181
キャリア・ツリー　182
キャリア・パス　107, 175, 176, 182
キャリア教育　201
キャリア形成　115, 207, 208
求職者給付　234
給与体系　183
教育訓練給付　235
教育訓練システム　102
教育システムと労働市場　202
狭義の（日本的）雇用システム　101, 102
業績評価　168
緊急雇用安定助成金　237, 238
均衡　35
　　——賃金　44
　　——の安定性　35
　　——の効率性　35
勤続年数　213
　　——別賃金格差　124
継続雇用制度　266
ケインズ，ジョン・M.　71
ケインズ派　83
ゲーム理論　110
限界生産物価値曲線　42
限界費用曲線　42
現金給与総額　136
広義の雇用システム　106
公共職業安定所（ハローワーク）　234

合計出生率　253, 257
厚生年金　241
構造的失業（ミスマッチ失業）　79, 80
公的年金制度　238, 239, 240, 243
行動結果面接（BEI）法　206
高年齢者雇用安定法　230, 265
後方屈曲型労働供給曲線　14
効率賃金（仮説）論　87, 89
高齢化社会　255, 256
高齢化率　255
高齢社会　255, 256
国民年金　240
雇用継続給付　236
雇用形態　5, 145
雇用契約と賃金　125
雇用システム　108
雇用調整（速度）　38
雇用調整助成金　93, 237, 238
雇用動向調査　214, 218
雇用のミスマッチ　50
雇用保険　233
雇用量調整　39
コロナ・ショック　73, 237
コロナ禍　93
コンピテンシー　168, 172, 205

さ　行

在職老齢年金　249
最低賃金審議会　43
最低賃金制度　35, 43, 44
最適労働供給　11
最適労働時間決定モデル　151
在留資格　222
　　——特定技能　221
さぶろく協定　144
サロップ，スティーブン・C.　89
産業別最低賃金　43

三種の神器　101

360度評価　171

GDP 成長率　259

死荷重　42, 44

時間外手当　136

支給開始年齢　243

事業場外みなし労働制　147

事業部制組織　100

シグナリング（仮説）効果　63, 130

自己申告制度　179

資産代替効果　250

自然失業率仮説　85

七五三問題　208, 213

失業　71

　　——完結期間　77

　　——期間　78

　　——対策　92

　　——等給付　234

　　——のフロー分析　74

　　——の履歴現象（ヒステリシス）
　　198

　　——問題　71

　　——率　73

　　自発的——　78

私的年金　241

自発的な離職　72

資本分配率　258, 259

社会学モデル　90

社会生活基本調査　261

社会的余剰　35

社会保険料　51

社会保障（制度）　229, 231, 248

社内 FA（Free Agent）制度　179

社内公募制度　179

シャピロ，カール　89

就業構造基本調査　262

就業促進給付　235

就職氷河期問題　105

終身雇用制度　101

囚人のジレンマ・ゲーム　111

修正フィリップス曲線　84, 86

従属人口指数　256, 259

出向　187

需要不足失業　82

障害年金　245

昇格　179

少産少死　254

昇進（政策）　179

消費効用　255

情報の不確実性　129

将来の仕事　210

職探しのモデル（Job Search Model）
　　199

職種給　138

職能給　139

職能資格制度　159

職能別組織　100

職務価値　161

職務記述書　161

職務給　138

職務等級制度　161

職務分析　161

所定外労働時間　7

所定内給与　136

所定内労働時間　7

所得効果　11

所得税　51

初任配置　176

ジョブ・ホッピング　198

ジョブ型雇用　165, 183

ジョブ型人事制度　161

進学率　9

新型コロナウィルス　72, 197, 263

審議会方式　43

新規学卒一括採用　105

人口オーナス　255, 257, 259

人口減少社会　259
人工知能　210
人口転換理論　254
人口ボーナス　255, 256
人材活用・育成システム　103
人事異動　175
人事管理システム　102
人事考課　167, 170
人事システム　157, 158
人事評価　157, 167
人選の合理性　38
人的資源開発　201
人的資本（理論）　56, 108, 120, 130, 261
推移確率　75
数量調整　38
スタグフレーション　84
スティグリッツ，ジョセフ　89
スノウァー，デニス・J.　87, 90
生活給　139
生産関数　20
生産年齢人口　4, 257
成長会計　253, 258
税と社会保障の一体改革　230
整理解雇の四要件　38
セーフティネット　231
絶対評価　168
選抜の論理　169
選別主義　232
専門業務型裁量労働制　147
総合決定給　139
相対評価　168
属仕事主義人事　158
属人主義人事　158
組織的技能　67

た　行

第1号被保険者　264

待機児童　262
第3号被保険者　264
退職促進効果　249
代替効果　11
ダイバーシティ・マネジメント　173
ダグラス＝有沢の法則　17, 261
多産少死　254
多産多死　254
多面的評価制度　171
多様な働き方　145
弾力性　46
地域別最低賃金　43
置換効果　267
超過労働供給（失業）　37, 44
超過労働需要　37
長期雇用（慣行）制度　38, 191
調整失業率　73
直接費用　255
賃金　119
　――・年齢プロファイル　58
　――決定（の理論）　119, 125
　――硬直性　91
　――システム　119
　――制度　135
　――体系　136
　――調整　38, 39
　――の後払い方式　190
　――プロファイル　119, 122, 130, 188
　――変動　217
DID（差の差の検定）　45
　――分析　262
DX　116
定年退職制（度）　188, 190
テレワーク　149
転職（入職者）　213, 217
転籍　187
同一労働同一賃金　123, 263
統計的差別　207

トーナメント・モデル　180
ドーリンジャー，ピーター・B.　109
特定技能1号（2号）　221

な 行

内定　175
内部育成制度　103
内部収益率　61
内部昇進制　104
内部労働市場　109
怠け者のモデル　89
ニッポン一億総活躍プラン　263
2部門モデル　218
日本的雇用慣行　263
日本的雇用システム（の変化）　97，100，
　　108，115
ニュー・ケインジアン　87
入職率・離職率の推移　214
認可保育所　263
年功賃金制度　101
年次有給休暇　144
年少人口指数　256
年齢・賃金プロファイル　190，191

は 行

倍化年数　255
配偶者特別控除　264
配置転換　177
働き方　143
　　──改革　230
　　──改革関連法　263
早い昇進　186
ピーターの法則　180
ピオレ，マイケル・J.　109
非自発的失業　37，78
1人当たりのGDP成長率　258

130万円の壁　261，264
103万円の壁　261，264
費用最小化　29
歩合給制度　126
歩合給の賃金制度　127
ファミリーフレンドリー企業　263
フィリップス曲線　39，84
賦課方式　239
不完全競争　35
　　──市場　41
扶助原理　232
普遍主義　231
フリーター　198
フリードマン，ミルトン　84
プリンシパル＝エージェンシー理論（モデ
　　ル）　112，113，129
フレイ，カール・B.　210
フレックスタイム制　146
平均余命　264
ベーシック・インカム　247
ヘクシャー＝オリーンの定理　31
ペティ＝クラークの法則　32
ヘドニック賃金（仮説）関数　132，134，
　　135
変化する賃金制度　139
変形労働時間制　146
報奨金制度　128
法定外福利費　137
法定週労働時間　7
法定福利費　137
法定労働時間　144
保険原理　231
補償賃金仮説　132，261

ま 行

マーフィー，ケビン・J.　181
摩擦的失業　79

マトリックス組織　100
未活用労働指標　78
ミスマッチ　80
ミスマッチ失業　→　構造的失業
みなし労働・裁量労働制　147
無業者　198
無限定正社員　173
無差別曲線　10
名目賃金の下方硬直性　39
目標管理制度　171
モラル・ハザード　248

や　行

役割習熟給　164
役割成果給　164
役割等級制度　163
有業者方式　4
有効需要政策　84
有配偶出生率　254, 255
有配偶率　254
UV 曲線　78, 81
余剰分析　39

ら　行

リーマン・ショック　73, 197, 237
利潤最大化　21
留保賃金　16, 155, 261
リンドベック，アサール　87, 90
労働移動　213
　　──の経済効果　219

──モデル　89, 218
労働供給曲線（のシフト）　13, 23, 35, 48
労働供給の賃金弾力性　52
労働協約方式　43
労働係数　33
労働時間　143, 145
　　──制約モデル　151, 152, 153, 154
労働者の無差別曲線　132
労働需要曲線　23, 35
労働需要の賃金弾力性　47, 52
労働のインセンティブ　189
労働の成果測定と賃金理論　125
労働分配率　259
労働力人口　72
労働力調査　72
労働力方式　4
労働力率　6, 257
老年人口指数　256
老齢基礎年金　242
老齢年金　242
ローテーション　171, 177

わ　行

ワーク・シェアリング　83
ワーク・ライフ・バランス　135, 148,
　　149, 263
ワイス，アンドリュー　89
若者と仕事の未来　210
若者の就業・非就業　198
若者の労働市場　197
割増賃金　144

●執筆者紹介

小﨑敏男（こさき・としお）／編者　　第5、6、7、9、10、11、12章担当
　　現職：東海大学政治経済学部経済学科教授

牧野文夫（まきの・ふみお）／編者　　第1、2、4章担当
　　現職：法政大学経済学部教授

吉田良生（よしだ・よしお）／編者　　第6、7、8章担当
　　元椙山女学園大学現代マネジメント学部教授

久下沼仁筰（くげぬま・ひとし）　　第13章担当
　　現職：京都先端科学大学経済経営学部経済学科教授

松浦　司（まつうら・つかさ）　　第3、14章担当
　　現職：中央大学経済学部准教授

李　青雅（り・せいが）　　第8章担当
　　現職：東京福祉大学留学生教育センター講師

キャリアと労働の経済学 第2版

2011年3月20日　第1版第1刷発行
2022年3月15日　第2版第1刷発行

編著者──小﨑敏男・牧野文夫・吉田良生
発行所──株式会社日本評論社
　　　　　〒170-8474　東京都豊島区南大塚3-12-4
　　　　　電話 03-3987-8621（販売），8595（編集），振替 00100-3-16
印　刷──精文堂印刷株式会社
製　本──株式会社難波製本
装　幀──図工ファイブ
検印省略 © T. Kosaki, F. Makino, and Y. Yoshida, 2022
Printed in Japan　ISBN978-4-535-54029-3